# EDI

# Editorial

Le Petit Futé, grâce à l'appui de ses centaines de correspondants sur tout le territoire national, propose un nouveau maillon de sa collection Les 1001 Meilleurs. Un ouvrage indispensable, qui présente les meilleures maisons d'hôtes en France pour vivre ses étapes différemment.

Les habitudes en matière d'hébergement ont beaucoup changé en France ces dernières années. L'hôtellerie traditionnelle conserve son rang et ses atouts, animée par de véritables professionnels, mais parallèlement, et dans la foulée des « vacances vertes » qui privilégient les rapports avec les habitants d'une ville ou d'une région, le public s'est tourné vers une forme de tourisme plus proche de ses préoccupations en fréquentant ces chambres d'hôtes, dont l'offre est aujourd'hui considérable.

Quel éditeur, hormis le Petit Futé et ses antennes dans toute la France, pouvait relever le défi d'une sélection sur tout le territoire ? Chambres à la campagne, au cœur d'un village, dans un site naturel privilégié ou près de monuments historiques, les possibilités sont immenses. Nous n'avons pas souhaité, comme dans les autres éditions « 1001 », sélectionner les établissements dans une fourchette de prix : vous trouverez ainsi la petite chambre modeste, mais de cachet, et à tout petit prix, ou la nuitée châtelaine dans quelque demeure seigneuriale.

Cet ouvrage évoluera également grâce à votre concours. N'hésitez pas à nous faire part de vos impressions, lors de votre visite dans les établissements proposés. Nous effectuons régulièrement des contrôles, mais il est évident qu'appartenir à la sélection « 1001 » impose un niveau de qualité rigoureusement respecté. Dans le même esprit, nous serons également sensibles aux suggestions de nouveautés que vous pourriez nous soumettre, afin d'enrichir notre fichier de sélection et de les proposer à nos enquêteurs.

Nous espérons que ces 1001 chambres d'hôtes répondront à vos attentes et nous vous souhaitons un très bon voyage dans la France des régions et de ses habitants.

**LES 1 001 MEILLEURES CHAMBRES D'HOTES - EDITION 2002**

NOUVELLES EDITIONS DE L'UNIVERSITE - LE PETIT FUTE DES 1001 MEILLEURES CHAMBRES D'HOTES
Petit Futé, Petit Malin, Globe Trotter, Country Guides et City Guides sont des marques déposées ™®©
Nouvelles Éditions de l'Université - Dominique AUZIAS & Associés©
18, rue des Volontaires 75015 PARIS ✆ 01 53 69 70 00 - Fax 01 42 73 15 24
Internet : www.petitfute.com - Email : info@petitfute.com

ISBN : 2746902737
Imprimeur : Deprez, Béthune.

Auteurs et directeurs de la collection : Dominique Auzias, Jean-Paul Labourdette
Sélection et rédaction : Marc Esquerré et la Onzième Heure
Responsable partenariat presse-médias : Jean-Mary Marchal - Distribution et promotion : Christophe Didierlaurent
Maquette et montage : Marie-Hélène Martin, La Onzième Heure et LC Photogravure - Direction du studio : Françoise Dekowski
Photos : ADT Haut-Rhin Colmar, Z. Vardon, Massif 7, F. Pouzol, CDT Lot et Garonne, M. Esquerré, CDT Puy de Dôme, D. Massacrier, Yonne et tourisme, Chastel-Courtois, CDT Macôn, M. Horiot, M.troncy, CDT Finistère, S. Szeremeta, CDT Loiret, CDT Eure et Loire, Studio Roche, CDT Nîmes, BNIC, A. Bevilacqua, J.F. Poussard, CDT du Lot, J.L. Tastet, R. Sramski, OT. Villiers sur mer, CDT Essonne, CDT Dourdan, CDT Loire-Altlantique, V. Sarazin, CDT Draguignan, Ducornet-Narino, G. Godet, CDT Drôme, A. Mejia, F. Isler.

# SOMMAIRE
# Sommaire

Prolongez vos envies d'évasion sur
LOISIRSOUTDOOR.com
Le site des loisirs en plein air
Lipton Ice Tea
Le partenaire de vos loisirs de plein air

# MODE *d'emploi*

*Les établissements présentés ont fait l'objet d'un travail de sélection rigoureux effectué par nos spécialistes et par les correspondants régionaux du Petit Futé. L'ordre adopté est celui alphabétique des régions administratives, avec certains regroupements géographiques. A l'intérieur d'une région, les chambres d'hôtes sont présentées par département, classsé par ordre numérique croissant.*

*Vous trouverez ainsi 1001 chambres d'hôtes réparties sur tout le territoire, sans limitation de prix. Nous avons veillé à ne sélectionner que celles offrant un bon rapport qualité-prix, quelle que soit leur catégorie. Nous n'avons pas non plus établi de quota par régions. Certaines, par tradition d'accueil, par leur topographie ou leur plus grande surface non urbanisée offrent un choix plus important que d'autres.*

*Chaque maison est présentée avec une illustration, de l'extérieur ou de l'intérieur, sa localisation ou une phrase la caractérisant, une description simple, ses atouts (les « plus »), les possibilités de loisirs sur place et les informations pratiques : coordonnées et tarifs.*

*Vous trouverez ainsi, au cours de tous vos déplacements, une ou plusieurs chambres d'hôtes dans le département que vous traversez. Selon leur situation et votre envie, de paysage, d'ambiance, de cadre, vous aurez ainsi la possibilité de faire étape chez l'habitant, dans une atmosphère authentique.*

Illustration de la chambre d'hôte

Nom de la chambre d'hôte

Caractéristiques du lieu

**CHATEAU DE LABESSIERE**

**Le lieu** Un beau château du XVIIIe dans un petit parc avec piscine privée.

**Les chambres** 1 suite et 3 chambres de 54 à 60 €, toutes décorées avec style.

**Les plus** Le salon Louis XV, la salle à manger Louis XVI.

**Les environs** Verdun, la forêt d'Argonne, le Parc Régional de Lorraine.

**Pour réserver** Château de Labessière. Eich nauer René Ancem t 55320 Dieue-sur-Meuse © 03 29 35 70 21.

Description des chambres

Les atouts de la chambre d'hôte

Coordonnées de la chambre d'hôte

# ALSACE-LORRAINE

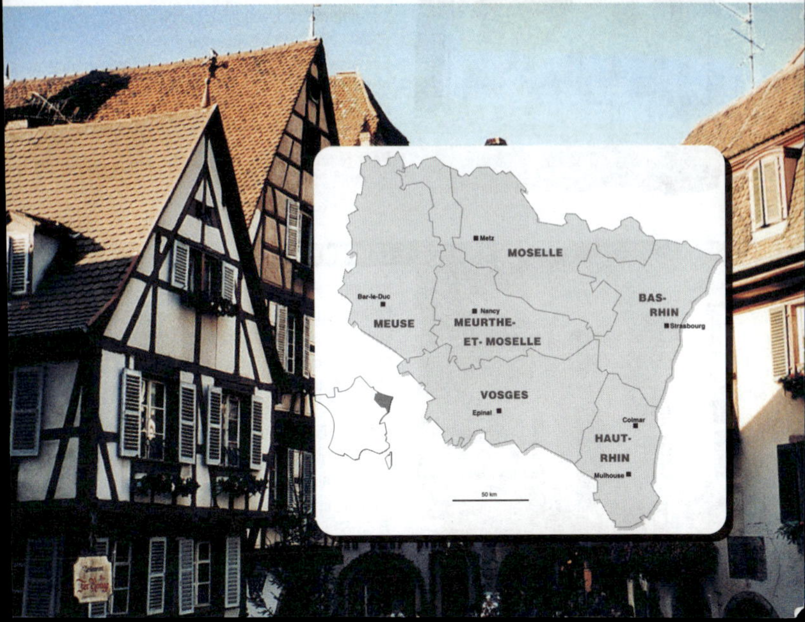

## JACQUES KARST

5 chambres de 53 à 61 €

**Le lieu** Un château du XVIe siècle dans un joli parc arboré.

**Les chambres** Très agréables, décor néo-rustique, bon confort contemporain.

**Les plus** Un cadre superbe, piscine privée ; menu lorrain à table.

**Les environs** Plan d'eau à 5 km ; Nancy, Toul, Pont-à-Mousson.

**Pour réserver** Château de Morey 54610 Belleau-Morey
✆ 03 83 31 50 98 - Fax 03 83 31 50 98

## MME JAKIRCEVIC

3 chambres à 39 €

**Le lieu** Au cœur du village, une maison de caractère, construite en 1804.

**Les chambres** 3 chambres spacieuses et bien équipées (TV), meublées d'ancien.

**Les plus** Le cadre chaleureux, avec cheminée, poutres apparentes, jardin. Table régionale.

**Les environs** Marville, Montmédy et sa citadelle, Torgny.

**Pour réserver** 4, rue Coquibut 54260 Charency-Vezin
✆ 03 82 26 66 26 - Fax 03 82 26 66 26

## GILBERT ET BRIGITTE BREGEARD

20 chambres à 42 €

**Le lieu** Une ferme lorraine en grès rose, construite en 1850.

**Les chambres** Tranquilles et confortables, avec de grands lits et un équipement suffisant.

**Les plus** Atmosphère agréable, cuisine régionale avec produits locaux et légumes du jardin.

**Les environs** Baccarat et son musée du cristal, lac de la Pierre Percée.

**Pour réserver** 7, route Nationale 54450 Herbeviller
✆ 03 83 72 24 73 - Fax 03 83 72 24 73

## LAURENT COTEL

3 chambres à 39 €

**Le lieu** Une ancienne maison forte du XIIe dans une cour et son jardin d'agrément.

**Les chambres** Au rez-de-chaussée ou à l'étage, un cadre au charme rustique avec un beau mobilier ancien.

**Les plus** Le tranquille jardin clos, le cadre de caractère

**Les environs** Châteaux à 15 km, Toul à 20 km, le pays de Jeanne d'Arc à 40 km.

**Pour réserver** 69, rue Carnot 54550 Maizières
✆ 03 83 52 75 57

## CHATEAU DE LABESSIERE

3 chambres à 60€ (demi-pension)

**Le lieu** Un beau château du XVIIIe dans un petit parc, avec ses deux tours.

**Les chambres** Décorées avec style et caractère.

**Les plus** Ambiance vie de château, avec le salon Louis XV, la salle à manger Louis XVI.

**Les environs** Verdun, la forêt d'Argonne, le Parc Régional de Lorraine.

**Pour réserver** 55320 Ancemont
✆ 03 29 85 70 21 - Fax 03 29 87 61 60

## DANIELLE NOISETTE

2 chambres à 39€

**Le lieu** Une vieille ferme lorraine restaurée.

**Les chambres** Installées à l'étage, dans un style rustique, avec un beau mobilier régional.

**Les plus** Décor rustique avec poutres apparentes, piscine privée, kitchenette à disposition.

**Les environs** Vaucouleurs, Domrémy, Neufchâteau.

**Pour réserver** 27, Grande Rue 55140 Maxey sur Vaise
✆ 03 29 90 85 19 - Fax 03 29 90 82 88

## MARIE-JOSE WURTZ

3 chambres à 39€

**Le lieu** Une ancienne maison lorraine de vigneron au pied des côtes de la Meuse.

**Les chambres** Coquettes à la déco personnalisée (rétro, rose, art nouveau).

**Les plus** Spécialités lorraines en table d'hôtes, le jardin fleuri avec le vieux four à pain.

**Les environs** Verdun, les forts de Douaumont et de Vaux, la ligne Maginot.

**Pour réserver** Le Logis des Côtes
4, rue Basse 55160 Ronvaux
✆ 03 29 87 32 21 - Fax 03 29 87 32 21

## CHAMBRES D'HOTES DU VAL DE MEUSE

2 chambres à 40€

**Le lieu** Une spacieuse maison de maître du XIXe siècle.

**Les chambres** Spacieuses, confortables, l'une donnant sur le jardin.

**Les plus** La terrasse, le jardin, les produits maison, miel, confiture au petit déjeuner.

**Les environs** Le Lac de Madine à 20km, Commercy.

**Pour réserver** 11, rue de la Paix 55300 Sampigny
✆ 03 29 90 70 70 - Fax 03 29 90 70 70

## MARYSE EVRARD

3 chambres à 42 €

**Le lieu** Une ancienne maison lorraine restaurée entourée d'un jardin.

**Les chambres** Tranquilles et confortables, dans l'atmosphère comme le décor.

**Les plus** Sur place, étang de pêche, terrain de tennis en terre battue ; cuisine locale.

**Les environs** Amnéville à 30 km, l'église de Valmunster à 8 km ; base de plein air à 3 km.

**Pour réserver** 2, rue des Peupliers 57220 Bockange ✆ 03 87 35 70 40

## CHATEAU ALINE

5 chambres à 46 €

**Le lieu** Une jolie maison particulière, précédée d'un fronton à balustrade.

**Les chambres** Vastes, avec un grand lit et donnant tranquillement sur la cour intérieure.

**Les plus** Atmosphère conviviale, par exemple autour du barbecue. Balade autour de l'étang.

**Les environs** Lunéville, Metz, Saint-Avold, Morhange.

**Pour réserver** 18, rue de l'Eglise 57340 Brulange ✆ 03 87 01 05 52 - Fax 03 87 01 05 52

## ALINA CAHEN

2 chambres à 42 €

**Le lieu** Une maison lorraine typique au cœur du village

**Les chambres** Du caractère, sanctionné par un prix de restauration exemplaire des hébergements de Lorraine.

**Les plus** Un cadre soigné et rustique, les produits bio en table d'hôtes.

**Les environs** Metz à 25 km, centre thermal d'Amnéville à 30 km, Luxembourg à 60 km.

**Pour réserver** 51, rue de Lorraine 57220 Burtoncourt ✆ 03 87 35 72 65

## FERME DE HAUTE RIVE

4 chambres à 46 €

**Le lieu** Dans une ferme restaurée qui tire ses origines du XIIIe siècle.

**Les chambres** Spacieuses et personnalisées avec un adorable mobilier peint.

**Les plus** Un cadre soigné, un charmant jardin (fleurs, potager).

**Les environs** Metz, Gorze et son abbaye, Sillegny et son église.

**Pour réserver** M. et Mme Morhain 57420 Cuvry ✆ 03 87 52 50 08 - Fax 03 87 52 60 20

## MAISON VERTE

2 chambres de 23 à 31 €

**Le lieu** Une grande maison contemporaine dans un cadre de verdure.

**Les chambres** Spacieuses au décor simple et soigné, ameublement moderne.

**Les plus** Accueil et décor chaleureux, une étape agréable.

**Les environs** Bitche, Sarreguemines, ligne Maginot, site de Bliesbruck.

**Pour réserver** Faber René : 34a, rue de Rimling 57720 Epping © 03 87 96 76 12

## MARIE-JOSEE ET PIERRE GIRAUD

1 chambre à 40 €

**Le lieu** Une ancienne ferme, avec ses pierres apparentes.

**Les chambres** Un décor clair et rustique, avec un sobre mobilier en bois clair, entrée indépendante.

**Les plus** Un salon réservé, une belle situation dans un joli village fleuri.

**Les environs** Contrexéville, Vittel, Domrémy et le pays de Jeanne d'Arc.

**Pour réserver** 20, rue de la Genoise 88140 Aingeville © 03 29 07 21 91

## DOMAINE DES IRIS

5 chambres de 29 à 68 €

**Le lieu** Une grande maison construite dans un parc avec des arbres centenaires, un verger, un potager, des étangs, au bord de la Meurthe.

**Les chambres** Confortables et bien équipées, avec accès indépendant.

**Les plus** Pêche en étang, la forêt à quelques pas ; spécialités régionales à la table d'hôtes.

**Les environs** Lac de Gérardmer, Colmar.

**Pour réserver** 563, rue du Val de Meurthe 88650 Anould © 03 29 57 01 09 - Fax 03 29 57 01 09

## AU PRINCE DE SALM

2 chambres de 35 à 40 €

**Le lieu** Une maison de caractère, ancien relais de poste du XVIIIe.

**Les chambres** Simples à la décoration bourgeoise classique.

**Les plus** Un beau jardin fleuri et une terrasse réservée aux hôtes.

**Les environs** Baccarat, Donon, château de la Pierre Percée, le Hohwald.

**Pour réserver** Renée et François Martin 30, Grande Rue 88210 Belval © 03 29 41 00 08

## BENOIT BRETON

4 chambres à 65 €

**Le lieu** Au cœur du village, une maison lorraine du XVIIIe, entièrement rénovée.

**Les chambres** Vastes et soignées, donnant sur le jardin.

**Les plus** Un cadre très agréable, un superbe mobilier ancien (XVIIe-XIXe). Petit déjeuner copieux.

**Les environs** Contrexéville, Vittel.

**Pour réserver** 74, rue des Recollets 88140 Bulgneville ✆ 03 29 09 21 72 - Fax 03 29 09 21 72

## STEDEL TOURISM

5 chambres de 38 à 56 €

**Le lieu** Une maison sympathique avec un jardin.

**Les chambres** Entrée indépendante (digicode) et télévision, bon confort.

**Les plus** Table d'hôtes simple et chaleureuse autour des recettes régionales, belle vue sur la montagne et beaucoup de calme.

**Les environs** Lac de Pierre Percée, Baccarat, massif du Donon.

**Pour réserver** 40, rue d'Alsace 88110 Celles-sur-Plaine ✆ 03 29 41 20 93 - Fax 03 29 41 20 93

## LE HAUT VAN

5 chambres de 29 à 39 €

**Le lieu** Une ancienne ferme rénovée, avec son étage surélevé en bois.

**Les chambres** Vastes et agréables, avec un cadre moderne et clair, toutes avec un balcon.

**Les plus** La tranquillité de la situation, les 4 ha avec verger et étang au milieu des forêts, la cuisine autour des produits de la propriété.

**Les environs** Lac de Gérardmer, stations des Hautes Vosges.

**Pour réserver** 3, chemin de la Roche 88230 Fraize ✆ 03 29 52 73 37 - Fax 03 29 52 73 37

## CHALET L'EPINETTE

6 chambres de 49 à 54 €

**Le lieu** Un grand chalet confortable sur un terrain de ha en bordure de forêt.

**Les chambres** Agréables, lit à baldaquin dans deux d'entre elles.

**Les plus** Vue imprenable sur la vallée, équipement confortable (sauna), cuisine régionale à la table d'hôte

**Les environs** Epinal à 40 km, Colmar à 50 km.

**Pour réserver** 70, chemin de la Trinité 88400 Gérardmer ✆ 03 29 63 40 06 - Fax 03 29 63 40 06

## MARIE-CLAIRE CHASSARD

3 chambres à 38€

**Le lieu** Une maison de maître très spacieuse dans une propriété de 6 ha.

**Les chambres** Spacieuses et lumineuses, très calmes.

**Les plus** Vue sur la campagne et la forêt, cuisine familiale (les produits de la propriété).

**Les environs** Bains les Bains, ville thermale à 5 km, Epinal, les Hautes-Vosges.

**Pour réserver** 9, Les Grands Prés 88240 La Chapelle aux Bois ✆ 03 29 36 31 00 - Fax 03 29 36 31 00

## MONIQUE ET DENIS LAURENT

5 chambres à 39€

**Le lieu** Un ancienne écurie au cœur du village avec une terrasse et un jardin d'agrément qui conduit à la ferme.

**Les chambres** Confortablement aménagées.

**Les plus** Visite commentée de la ferme, ambiance conviviale.

**Les environs** Le Parc Thermal de Vittel, les lacs de Contrexéville à 3 km.

**Pour réserver** 27, Grande Rue 88800 Norroy ✆ 03 29 08 21 29 - Fax 03 29 08 21 29

## LA CHARRIOLE

6 chambres de 37 à 46€

**Le lieu** Une ferme vosgienne typique du XVIIIe sur 6 ha de prairies.

**Les chambres** Décorées avec beaucoup de goût, dont deux mansardées pleines de charme, avec vue sur le jardin ou la forêt.

**Les plus** Les plats régionaux à la table d'hôtes, le cadre pimpant et typique.

**Les environs** Les lacs, la route des vins.

**Pour réserver** 225, chemin de la Haute-Fosse 88100 Taintrux ✆ 03 29 50 07 32 - Fax 03 29 50 07 36

## JEAN-DANIEL FREYSZ

3 chambres de 35 à 40€

**Le lieu** Une ancienne ferme.

**Les chambres** Agréables, avec de beaux parquets en chêne.

**Les plus** Un étang de pêche privatif, une cuisine en libre-service, la télévision dans chaque chambre, un restaurant à 300 m.

**Les environs** Strasbourg et son patrimoine, la route des Vins, le plan d'eau de Brumath.

**Pour réserver** 1, route d'Olwisheim 67370 Berstett ✆ 03 88 69 54 33 - Fax 03 88 59 48 45

## CHEZ JOELLE ET CHRISTIAN KRUMEICH

4 chambres de 34 à 53 €

**Le lieu** La maison d'un artisan potier, dans un jardin paysager.

**Les chambres** De tailles différentes, toutes décorées des poteries de la région.

**Les plus** Un séjour paisible à la découverte d'un savoir-faire ancestral, terrasse dans le jardin.

**Les environs** Les Vosges du Nord, forêt de Haguenau, Soufflenheim.

**Pour réserver** 23, rue des Potiers 67660 Betschdorf
✆ 03 88 54 40 56 - Fax 03 88 54 47 67

## FERME-AUBERGE DU NOUVEAU CHEMIN

2 chambres à 34 €

**Le lieu** Une ferme vosgienne tranquillement isolée au cœur d'un adorable vallon ensoleillé.

**Les chambres** Simples et agréables, avec un balcon ouvert sur le vallon.

**Les plus** Un cadre nature à 550 m d'altitude, cuisine régionale à base de produits fermiers.

**Les environs** La route des Vins, le Haut Koenigsbourg, le mont Sainte-Odile, Sélestat.

**Pour réserver** Mme Kreiss 67420 Bourg Bruche
✆ 03 88 97 72 08 - Fax 03 88 97 72 08

## ANNE KLEIN

3 chambres de 35 à 38 €

**Le lieu** Une maison typique à colombages avec cour fleurie et grand jardin d'agrément.

**Les chambres** Un cadre plutôt chaleureux.

**Les plus** Au cœur d'un village viticole ; le baeckœffe, le poulet au riesling à la table d'hôtes.

**Les environs** Wissembourg, Strasbourg ; randonnées, piscine, vélo.

**Pour réserver** 59, rue Principale
67160 Cleebourg ✆ 03 88 94 50 95

## RESTAURANT SCHAEFFERHOF

6 chambres de 32 à 47 €

**Le lieu** Une ancienne ferme au style alsacien typique.

**Les chambres** Confortables et bien équipées, donnant sur la cour ou le jardin.

**Les plus** Le cadre typique et la cuisine alsacienne du restaurant.

**Les environs** Strasbourg, route des Vins, mont Sainte-Odile.

**Pour réserver** 2, rue des Roses 67120 Duppigheim
✆ 03 88 50 70 81 - Fax 03 88 50 70 81

## MURIEL VOUIN

3 chambres à 37 €

**Le lieu** Une maison contemporaine, respectueuse du style régional.

**Les chambres** Personnalisées, avec un beau mobilier et un décor chaleureux, vue sur le mont Sainte-Odile ou le jardin.

**Les plus** Une belle situation, un confort soigné, jardin agréable avec des collections de plantes.

**Les environs** La route des Vins, mont Sainte-Odile, Obernai.

**Pour réserver** 4, rue Jungholz 67140 Heiligenstein
✆ 03 88 08 14 05

## PAUL GOETZ

3 chambres de 24 à 27 €

**Le lieu** Une grande bâtisse avec ses dépendances, ancienne ferme.

**Les chambres** Simples et soignées, avec entrée indépendante, elles donnent sur la cour fleurie.

**Les plus** Une grande cour parfaite pour les enfants, une ambiance sympathique.

**Les environs** Route des Vins, cascade du Nideck, rocher du Dabo, plan incliné d'Arzwiller.

**Pour réserver** 86, rue du Général de Gaulle
67520 Marlenheim ✆ 03 88 87 52 94

## A L'ANCIENNE POSTE

5 chambres de 32 à 45 €

**Le lieu** Une jolie maison sur la route des Vins.

**Les chambres** Spacieuses, confortables, donnant sur le jardin.

**Les plus** Une très belle cuisine équipée commune, un agréable cadre rustique, terrasse, salon de jardin.

**Les environs** La réserve naturelle de l'Illwald, le château du Haut-Koenigsbourg.

**Pour réserver** 37, rue Langert 67600 Muttersholtz
✆ 03 88 85 10 48 - Fax 03 88 85 17 02

## RELAIS EQUESTRE LE NEUFELD

3 chambres à 43 €

**Le lieu** En lisière de forêt, un ancien relais de chasse en pierre de taille.

**Les chambres** Ambiance rustique et élégante avec mobilier ancien et poêle en faïence.

**Les plus** Un cadre soigné, la campagne et la forêt, la piscine et les randonnées à cheval.

**Les environs** Mont Sainte-Odile, cascades du Nideck, site du Struthof, fort de Mutzig.

**Pour réserver** Famille André et Biehler 67280
Oberhaslach ✆ 03 88 50 91 48 - Fax 03 88 50 95 46

## CHAMBRES D'HOTES MAURER

5 chambres de 42 à 46€

**Le lieu** Hommage au rouge d'Ottrott pour la façade de cette ancienne ferme au style typique, au cœur du village.

**Les chambres** Confortables et bien tenues, avec vue sur la cour.

**Les plus** Une atmosphère chaleureuse, un cadre sympathique.

**Les environs** Obernai, route des Vins, Strasbourg, mont Sainte-Odile, Sélestat.

**Pour réserver** 11, route d'Obernai - Roedel 67530 Ottrott ✆ 03 88 95 80 12

## BRAUN BETTY ET CLAUDE

3 chambres à 38€

**Le lieu** Une maison du XVIIIe siècle entièrement rénovée.

**Les chambres** Décorées dans un style chaleureux et traditionnel.

**Les plus** Un cadre naturel très agréable, les stages de peinture et dessin avec le propriétaire.

**Les environs** Centre verrier de Meisenthal, pierre des Douze Apôtres.

**Pour réserver** 3, lieu-dit Kohlhuette 67290 Wimmenau ✆ 03 88 89 81 67 - Fax 03 88 89 81 67

## M. ET MME THOMANN-DESMAREST

3 chambres de 35 à 50€

**Le lieu** Une belle maison à colombage, de couleur rouge, entre l'église et la mairie.

**Les chambres** Un agréable confort et une belle vue sur la superbe cour franche (XVIe-XVIIIe).

**Les plus** Beaucoup de charme, un cadre vraiment typique. Vieux pressoir dans la cour.

**Les environs** Colmar, Kaysersberg, la route des Vins et ses villages.

**Pour réserver** 2, rue des Ponts en Pierre 68770 Ammerschwhir
✆ 03 89 47 32 83 - Fax 03 89 47 32 83

## MONIQUE FREUDENREICH

3 chambres à 39€

**Le lieu** Une maison de caractère du XVIIIe au cœur du village.

**Les chambres** Proprettes et sympathiques, donnant sur la cour.

**Les plus** Une situation agréable dans un village typique.

**Les environs** Colmar à 5 km, la route des Vins, découverte de grand crus sur place.

**Pour réserver** 4, cour Unterlinden 68420 Eguisheim
✆ 03 89 23 16 44 - Fax 03 89 23 16 44

## FREDERIQUE SEILER

5 chambres de 32 à 43 €

**Le lieu** Une grande maison vigneronne et des petites maisons alsaciennes.

**Les chambres** Réparties dans les différentes maisonnettes, avec vue sur la cour et le jardin.

**Les plus** Une atmosphère conviviale, le calme, pratique kitchenette dans certaines chambres.

**Les environs** Ribeauvillé, château du Haut-Kœnigsbourg, Riquewihr, Colmar.

**Pour réserver** 3, rue du Nord 68150 Hunawihr
✆ 03 89 73 70 19 - Fax 03 89 73 70 19

## LES FRAMBOISES

4 chambres de 41 à 55 €

**Le lieu** Au cœur du vignoble, au pied du château du Wineck, une maison tout en bois.

**Les chambres** Simples et chaleureuses, ouvertes sur la campagne, avec télévision.

**Les plus** Un décor rustique et agréable, avec le bois omniprésent.

**Les environs** La route des Vins, Kaysersberg, Colmar, les Vosges.

**Pour réserver** 128, rue des Trois Epis 68230 Katzenthal ✆ 03 89 27 48 85 - Fax 03 89 27 35 18 68-2001

## DOMAINE DU BOUXHOF

4 chambres de 44 à 46 €

**Le lieu** En retrait du village, une grande maison dans un domaine viticole.

**Les chambres** Relativement grandes, avec un équipement pratique (télévision, réfrigérateur) et un décor sobre et soigné.

**Les plus** Une étape calme et agréable au milieu des vignes, visite de caves.

**Les environs** Riquewihr, Kaysersberg, Ribeauvillé.

**Pour réserver** 68630 Mittelwihr
✆ 03 89 47 93 67 - Fax 03 89 47 84 82

## AUX ARMES D'OSTHEIM

2 chambres à 54 €

**Le lieu** Une typique maison alsacienne à colombages, avec terrasse.

**Les chambres** Spacieuses et confortables.

**Les plus** Un cadre rustique et authentique ; les spécialités alsaciennes (tarte flambée, choucroute) au restaurant sur place.

**Les environs** Riquewihr, Ribeauvillé, Colmar, Sélestat.

**Pour réserver** 2, rue de la Gare 68150 Ostheim
✆ 03 89 47 91 15 - Fax 03 89 47 86 29

## LEON ET JACQUELINE ULSAS

2 chambres de 34 à 38 €

**Le lieu** Une construction de style alsacien et sa véranda fermée.

**Les chambres** Une grande et une plus petite, avec vue sur la cour.

**Les plus** Le calme d'une situation agréable au cœur du village.

**Les environs** Colmar à 10 km, la route des Vins d'Alsace à 15 km, Riquewihr, Haut-Kœnigsbourg.

**Pour réserver** 6, rue de Jebsheim 68320 Riedwihr ✆ 03 89 71 61 20

## LE CLOS DU MURIER

5 chambres de 50 à 56 €

**Le lieu** Une maison du XVIe entièrement rénovée au milieu d'un jardin clos.

**Les chambres** Toutes avec une décoration personnalisée et chaleureuse.

**Les plus** Un confort de haut niveau, un cadre historique soigné.

**Les environs** Le musée du Papier Peint à Rixheim, l'écomusée d'Alsace, la plaine du Rhin.

**Pour réserver** 42, Grande Rue 68170 Rixheim ✆ 03 89 54 14 81 - Fax 03 89 64 47 08

## LA CHENERAIE

5 chambres de 58 à 61 €

**Le lieu** Une maison de maître fin XIXe, un peu à l'écart du bourg.

**Les chambres** Décor chaleureux et soigné, avec de multiples attentions qui font mouche.

**Les plus** Un cadre élégant, un généreux buffet pour le petit déjeuner.

**Les environs** Route des Vins et route des Crêtes, Colmar.

**Pour réserver** Francine Rinn - Chemin du Faltz 68410 Trois Epis ✆ 03 89 49 82 34 - Fax 03 89 49 86 70

# AQUITAINE

OCÉAN
ATLANTIQUE
Périgueux
DORDOGNE
Bordeaux
GIRONDE
Bergerac
Garonne
LOT-ET-
GARONNE
Agen
LANDES
Mont-de-Marsan
Biarritz
Adour
Bayonne
PYRÉNÉES
ATLANTIQUES
Pau
50 km

## RELAIS DE LA VERGNE

5 chambres à 55 €

**Le lieu** En Périgord Pourpre, une belle maison de maître du XVIIe siècle dans un parc arboré.

**Les chambres** Meublées d'ancien, avec vue sur la campagne.

**Les plus** Les pierres et les poutres apparentes, l'équipement (piscine), table d'hôte raffinée.

**Les environs** Bastides, vallée de la Dordogne, Bergerac, Issignac, abbaye de Saint-Avit.

**Pour réserver** La Vergne 24150 Bayac
✆ 05 53 57 83 16 - Fax 05 53 57 83 16

## CHATEAU DE REGAGNAC

5 chambres à 100 €

**Le lieu** Un vieux manoir en pleine forêt.

**Les chambres** Très spacieuses, meublées d'ancien et parfaitement équipées. Vue superbe sur le domaine.

**Les plus** Un vaste parc boisé de 100 ha.
Table d'hôtes raffinée.

**Les environs** Vallée de la Dordogne, Bergerac, Lascaux à 40 km.

**Pour réserver** Montferrand-du-Périgord
24440 Beaumont
✆ 05 53 63 27 02 - Fax 05 53 73 39 08

## LE BRANCHAT

4 chambres de 63 à 69 €

**Le lieu** Une belle maison de pays en pleine nature.

**Les chambres** Décor sobre et élégant, vue sur la campagne, certaines avec terrasse ou jardin privatif.

**Les plus** Un parc de 5 ha de jardin et forêt, une piscine et un cadre vraiment superbe.

**Les environs** Monpazier, Sarlat, les Eyzies.

**Pour réserver** Le Branchat
24170 Belves-Sagelat
✆ 05 53 28 98 80 - Fax 05 53 28 90 82

## LES METAIRIES HAUTES

6 chambres de 41 à 43 €

**Le lieu** Une maison de maître et ses métairies du XVIIIe sur un parc de plus de 2 ha.

**Les chambres** Décor agréable avec vue sur le jardin ou le verger.

**Les plus** Un ensemble à l'architecture agréable, possibilité de stages de langues.

**Les environs** Le château de Bourdeilles à 4 km, Brantôme à 15 km, Périgueux à 25 km.

**Pour réserver** La Rigeardie 24310 Bourdeilles
✆ 05 53 03 78 90 - Fax 05 53 04 56 95

## DOMAINE DU ROC DE CALES

3 chambres de 37 à 54 €

**Le lieu** Un très beau domaine, ferme du XVIIIe siècle rénovée.

**Les chambres** Un agréable style campagnard, une très belle vue panoramique sur la vallée de la Dordogne.

**Les plus** Un très bel ensemble, avec accès à la rivière, piscine et practice de golf.

**Les environs** Les Eyzies, Monpazier, Lascaux.

**Pour réserver** M. et Mme Bienne 24150 Calès
✆ 05 53 23 36 83 - Fax 05 53 23 36 83

## LA DAILLE

3 chambres de 75 à 100 €

**Le lieu** Au cœur d'un jardin anglais, dans une dépendance d'une superbe vieille ferme.

**Les chambres** Vastes, avec une terrasse ouvrant sur le jardin.

**Les plus** Un cadre superbe, notamment le jardin, de l'espace, beaucoup de confort. Possibilité de goûters anglais.

**Les environs** Vallées du Céou et de la Dordogne, Sarlat.

**Pour réserver** M. et Mme Derek Brown
24250 Florimont-Gaumiers ✆ 05 53 28 40 71

## CHATEAU DE LANQUAIS

2 chambres de 76 à 110 €

**Le lieu** Un château classé monument historique datant des XIVe et XVIe.

**Les chambres** Décoration raffinée, avec mobilier d'époque (lit à baldaquin), parquet, tableaux anciens.

**Les plus** Un beau voyage dans le passé, dans l'architecture comme la décoration.

**Les environs** Bergerac à 15 km, Sarlat à 50 km, les moulins de Couze.

**Pour réserver** 24150 Lanquais
✆ 05 53 61 24 24 - Fax 05 53 73 20 72

## BRIGITTE FRIED

5 chambres à 58 €

**Le lieu** Sur une exploitation viticole, une ferme fortifiée des XVIe-XIXe siècles.

**Les chambres** Vastes et personnalisées, avec un beau mobilier et la vue sur le parc.

**Les plus** Décor soigné (peinture à l'éponge), table d'hôtes régionale.

**Les environs** Montcaret, Saint-Michel de Montaigne, Duras, Saint-Emilion.

**Pour réserver** Fonroque 24230 Montcaret
✆ 05 53 58 65 83 - Fax 05 53 58 60 04

## LE CEDRE DE FLOYRAC

6 chambres de 80 à 110 €

**Le lieu** Une propriété du XVIIIe siècle, anciens communs d'une gentilhommière.

**Les chambres** De vastes suites avec terrasse sur le parc, décor entre élégance et rusticité.

**Les plus** Un cadre magnifique, la maison comme le parc, nombreux équipements sportifs.

**Les environs** Bergerac, vallées de la Vezère et vallée de la Dordogne.

**Pour réserver** M. et Mme Bleu - Floyrac 24140 Queyssac ✆ 05 53 61 78 17 - Fax 05 53 74 51 31

## FERME-AUBERGE DU PORT D'ENVEAUX

6 chambres de 29 à 32 €

**Le lieu** Une ferme restaurée au bord de la Dordogne sur un terrain de 2 ha.

**Les chambres** Simples et agréables, avec vue sur la Dordogne.

**Les plus** La situation au bord de la rivière ; location de canoë, baignade. Au menu, cou de canard farci, cassoulet, magret, confit.

**Les environs** Sarlat, Castelnaud, Laroque.

**Pour réserver** Port d'Enveaux 24220 Saint-Vincent de Cosse ✆ 05 53 29 52 15 - Fax 05 53 29 52 15

## LE MOULIN NEUF

6 chambres à 57,93 €

**Le lieu** Dans une charmante vallée, un moulin et une grange, architecture périgourdine typique.

**Les chambres** Intimes et joliment décorées, avec des salles de bain soignées.

**Les plus** Le charme du site, dans une vallée verdoyante, et un décor douillet et adorable.

**Les environs** Bergerac, vallées de la Dordogne et de la Vézère.

**Pour réserver** Paunat 24510 Sainte-Alvère ✆ 05 53 63 30 18 - Fax 05 53 63 30 55

## DOUMARIAS

6 chambres à 44 €

**Le lieu** Dans la vallée de la Côle, une maison du XVIe entourée d'un grand parc.

**Les chambres** Tranquilles et agréables.

**Les plus** Le parc avec piscine et une chapelle également du XVIe siècle, cuisine chaleureuse à la table d'hôtes.

**Les environs** Le village de Saint-Jean-de-Côle, Villars à 7 km, Brantôme à 12 km.

**Pour réserver** 24800 Saint-Pierre-de-Côle ✆ 05 53 62 34 37 - Fax 05 53 62 34 37

## M. ET MME MALFERE

3 chambres de 49 à 65 €

**Le lieu** Une maison du milieu du XXe siècle.

**Les chambres** Ambiances personnalisées : Mer et Romantique, Safari ou Villa Mauresque, toujours soignées.

**Les plus** Une maison agréable par son jardin paysager, son architecture comme son décor.

**Les environs** Le bassin d'Arcachon et plages à 150 m.

**Pour réserver** 10, boulevard de Verdun
33510 Andernos les Bains
✆ 05 56 82 04 46 - Fax 05 56 82 04 46

## DOMAINE DE LONDEIX

2 chambres à 45 €

**Le lieu** Un airial typique des Landes Girondines, avec une maison du XIXe.

**Les chambres** Spacieuses et confortables, avec vue sur les champs de maïs et la forêt.

**Les plus** Un cadre typique et chaleureux en pleine nature, décoré avec beaucoup de goût. Table d'hôtes à base des produits de la ferme.

**Les environs** Châteaux, vignoble et le 1er site d'hivernage de grues cendrées d'Europe.

**Pour réserver** 33840 Captieux
✆ 05 56 65 68 83 - Fax 05 56 65 61 27

## DOMAINE DE CARRAT

4 chambres de 46 à 53 €

**Le lieu** Une majestueuse demeure, jadis écurie du château.

**Les chambres** Un beau décor, une ambiance douillette.

**Les plus** Situation tranquille et agréable au cœur d'une forêt de pins et de feuillus.

**Les environs** Le vignoble du Médoc, les châteaux, Bordeaux.

**Pour réserver** Route de Sainte-Hélène
33480 Castelnau-de-Médoc
✆ 05 56 58 24 80 - Fax 05 56 58 24 80

## CHATEAU DU FOULON

4 chambres de 69 à 92 €

**Le lieu** Dans un élégant parc traversé par un cours d'eau, un château du XIXe.

**Les chambres** Vastes, avec cheminée et meubles anciens, ouvertes sur le parc.

**Les plus** Une étape de grand cachet, près de la forêt, un parc très agréable.

**Les environs** Bordeaux, les châteaux, un peu plus loin les plages.

**Pour réserver** 33480 Castelnau-de-Médoc
✆ 05 56 58 20 18 - Fax 05 56 58 23 43

## CHATEAU LE BAUDOU

3 chambres de 55 à 59 €

**Le lieu** Une maison de maître du XVIIIe entièrement restaurée dans un parc ombragé et vallonné.

**Les chambres** Décorées avec un joli mobilier à l'ancienne.

**Les plus** Le charme du site, les balades dans le vignoble.

**Les environs** Saint-Emilion, cité médiévale classée par l'Unesco à 16 km.

**Pour réserver** 7, le Baudou
33230 Coutras ✆ 05 57 49 16 33

## CABIROL

3 chambres de 45 à 49 €

**Le lieu** Une belle maison du XVIIIe en pierre, tranquillement installée à l'ombre des arbres.

**Les chambres** Personnalisées, dans une partie indépendante de la maison.

**Les plus** Un cadre agréable, bien aménagé pour la détente (piscine, billard).

**Les environs** Lac de la Prade, Bazas, châteaux de Cazeneuve ou Roquetaillade, Langon.

**Pour réserver** 33430 Gajac-de-Bazas
✆ 05 56 25 15 29 - Fax 05 56 25 15 29

## HARAS DE LA MELLERIE

4 chambres à 38 €

**Le lieu** Une maison construite dans le style d'une orangerie.

**Les chambres** Elles sont modernes et confortables, propices à la détente.

**Les plus** Equitation, balades en forêt à cheval, produits maison.

**Les environs** Les vins du Médoc, le Phare de Richard et l'océan à 25 minutes.

**Pour réserver** M. et Mme De La Mare. Port de Richard
33590 Jau-Dignac-Loirac ✆ 05 56 41 37 90

## DOMAINE LES MASSIOTS

6 chambres de 41,92 à 43,45 €

**Le lieu** Au cœur du vignoble de l'entre-deux-mers, une belle maison de style Napoléon III.

**Les chambres** Meublées d'ancien et donnant sur la piscine.

**Les plus** Une maison élégante, un décor dans le ton et un parc agréable avec piscine.

**Les environs** Le vignoble, la Réole, Sauternes.

**Pour réserver** Mme Bareille
33190 Lamothe Landerron
✆ 05 56 61 71 76 - Fax 05 56 61 71 76

## BONNET MICHEL

3 chambres de 27 à 42 €

**Le lieu** Isolée dans la forêt, une ferme ancienne en pierre de taille, colombages et moellons.

**Les chambres** Un style rustique (colombages, tomette), avec vue sur la forêt ou la prairie.

**Les plus** Un cadre nature apaisant, des chambres sympathiques et une table d'hôtes généreuse.

**Les environs** Saint-Emilion, Blaye, Bordeaux.

**Pour réserver** La Petite Glaive 33620 Lapouyade
✆ 05 57 49 42 09 - Fax 05 57 49 40 93

## LA TUILERIE

5 chambres à 52 €

**Le lieu** Une ferme bazadaise du XIXe avec poutres apparentes et sols anciens.

**Les chambres** Tranquilles et bien tenues, dans un style agréable.

**Les plus** Une ambiance chaleureuse et paisible. Cuisine régionale et locale.

**Les environs** La Réole, Marmande, la forêt des Landes, le vignoble.

**Pour réserver** 33190 Noaillac ✆ 05 56 71 05 51
Fax 05 56 71 05 51

## ANDRE DEVISME

5 chambres de 36 à 46 €

**Le lieu** Une ancienne bastide rénovée en pleine forêt landaise.

**Les chambres** Confortables avec un sympathique mobilier ancien.

**Les plus** Le salon avec bibliothèque, le parc arboré de 3000 m2, agréable cuisine familiale.

**Les environs** Dans le Parc Naturel Régional des Landes de Gascogne.

**Pour réserver** La Bastide 33730 Préchac
✆ 05 56 65 21 17 - Fax 05 56 65 28 47

## CHATEAU DE BROUSTARET

5 chambres de 40 à 45 €

**Le lieu** Une belle maison de caractère fin XIXe sur un domaine de 40 ha environ.

**Les chambres** Vastes, avec un beau mobilier ancien et une vue bien dégagée.

**Les plus** Dégustation de vin ; vue panoramique sur le plan d'eau, les vignes et les bois.

**Les environs** Cadillac, les vignobles, Bordeaux, la forêt des Landes et ses lacs.

**Pour réserver** SCEA Guillot de Suduiraut 33410 Rions
✆ 05 56 62 96 97 - Fax 05 56 62 96 97

## LA BERGERIE

4 chambres à 61 €

**Le lieu** Une maison girondine en pierre dans un parc de 3 ha avec étang et piscine.

**Les chambres** Dans deux maisons indépendantes entièrement équipées,
joli mobilier ancien et tissus élégants.

**Les plus** Le parc à l'anglaise avec étang et piscine, la décoration soignée.

**Les environs** Blaye, Saint-Emilion.

**Pour réserver** 4, les Trias 33920 Saint-Christoly-de-Blaye © 05 57 42 50 80

## JACQUELINE ET PATRICK DE QUILLACQ

3 chambres de 43 à 57 €

**Le lieu** Une demeure ancienne (XVIIIe-XIXe siècles) rénovée sur un grand terrain de 2 ha.

**Les chambres** Tranquilles et agréables, avec accès indépendant.

**Les plus** Belle situation au cœur des vignes, nombreuses activités, cuisine familiale.

**Les environs** Saint-Emilion à 25 km, Saint-Macaire à 20 km, nombreuses propriétés viticoles et patrimoine historique important.

**Pour réserver** L'Oiseau 33540 Saint-Hilaire-du-Bois © 05 56 71 58 68

## CHATEAU DE GOURDET

3 chambres de 40 à 50 €

**Le lieu** Dominant les vignobles des Côtes de Blaye, une vaste demeure du XVIIIe.

**Les chambres** Spacieuses et ouvertes sur les vignes, refaites à neuf.

**Les plus** Joli point de vue grâce à la situation dominante, chambres confortablement meublées.

**Les environs** Citadelles de Blaye et de Saint-Emilion, Saint-André-Cubzac, les vignobles.

**Pour réserver** M. et Mme Chartier 33620 Saint-Mariens © 05 57 58 05 37

## LA LEZARDIERE

4 chambres à 55 €

**Le lieu** Sur les hauteurs de la vallée du Drot, des chambres aménagées dans les anciennes étables d'une métairie du XVIIe siècle.

**Les chambres** Au 1er étage, avec pierres et poutres apparentes.

**Les plus** Un décor superbe, une terrasse agréable sur des moulins fortifiés.

**Les environs** Sauternes, Saint-Emilion.

**Pour réserver** Boimier 33540 Saint-Martin-de Lerm © 05 56 71 30 12 - Fax 05 56 71 30 12

## LE REFUGE DU PEINTRE

3 chambres à 52 €

**Le lieu** Une maison girondine située au cœur d'un parc arboré sur les rives de la Dordogne.

**Les chambres** Un décor personnalisé, avec mobilier soigné et vue sur le parc ou les coteaux.

**Les plus** Une situation agréable, de beaux meubles d'ébénisterie.

**Les environs** Saint-Emilion, vignoble de l'entre-deux-mers, vallée de la Dordogne.

**Pour réserver** Lavagnac
33330 Sainte-Terre ✆ 05 57 47 13 74

## CHATEAU L'ESCARDERIE

4 chambres de 50 à 55 €

**Le lieu** Une surprenante demeure baroque de 1830 dans un parc boisé à flanc de coteau.

**Les chambres** Joli mobilier ancien restauré avec talent, terrasse et accès indépendant. Vue sur le parc ou les vignes.

**Les plus** Un ensemble agréable, les balades dans le parc, le vaste séjour.

**Les environs** Libourne, Saint-Emilion.

**Pour réserver** Mme Claverie 33240 Saint-Germain-la-Rivière ✆ 05 57 84 46 28 - Fax 05 57 84 46 28

## CHATEAU COMMARQUE

5 chambres à 42,68 €

**Le lieu** Un château bâti aux XVIe et XVIIIe siècles, dans un parc de 5 hectares.

**Les chambres** Agréables, elles disposent d'une mezzanine.

**Les plus** Produits biologiques, coin lecture et jeux.

**Les environs** Les vins de Sauternes, randonnées et canoës.

**Pour réserver** M. et Mme Gevaert 33210 Sauternes ✆ 05 57 31 04 67

## CHATEAU ROUSSEAU DE SIPIAN

4 chambres de 79 à 115 €

**Le lieu** Un château d'inspiration renaissance dans un parc bordé de vignes.

**Les chambres** Tout simplement magnifiques, à l'atmosphère des plus agréables.

**Les plus** La vie de Château avec les propriétaires anglais, la visite de leur vignoble.

**Les environs** Les vins du Médoc, l'estuaire à 2 minutes et l'océan à 30 minutes.

**Pour réserver** Route du Port de Goulée 33340 Valeyrac ✆ 05 56 41 54 92 - Fax 05 56 41 53 26

## CARRERE

3 chambres à 41 €

**Le lieu** Dans un parc de 4 ha, une ancienne ferme du XVIIe siècle complètement restaurée.

**Les chambres** Très coquettes, ouvertes sur les prairies ou le parc.

**Les plus** Un décor de bon goût, avec de vieux meubles ou des meubles peints. Table d'hôtes régionale.

**Les environs** Bayonne, la réserve du Marais d'Orx, la Rhune.

**Pour réserver** M. et Mme Hargues
40390 Biaudos © 05 59 56 70 56

## GOUDINE NICOLAS ET GEORGETTE

4 chambres de 35 à 46 €

**Le lieu** Une belle maison XVIIIe dans un parc arboré.

**Les chambres** Décor sobre et soigné, vue sur les champs et les bois des alentours.

**Les plus** Un séjour calme avec plusieurs terrasses, le parc et une piscine pour une détente complète.

**Les environs** Eugénie-les-Bains, chemin de Saint-Jacques de Compostelle.

**Pour réserver** Maison Matilon 40320 Buanes
© 05 58 51 12 82 - Fax 05 58 51 12 82

## DOMAINE MYREDE

2 chambres de 50 à 57 €

**Le lieu** Un manoir du XIVe siècle dans un parc de 12 ha.

**Les chambres** Confortables, avec une vue agréable sur le parc.

**Les plus** Le calme élégant et très calme, la décoration soignée, les beaux meubles anciens et le parc très agréable.

**Les environs** La forêt des Landes, les bastides, Mont-de-Marsan, Eugénie-les-Bains.

**Pour réserver** 40270 Grenade-sur-l'Adour
© 05 58 44 01 62 - Fax 05 58 44 01 62

## DOMAINE DE PAGUY

4 chambres de 38 à 46 €

**Le lieu** Une belle demeure de maître du XVIe entourée de vignes.

**Les chambres** Belles et agréables, avec vue sur le vignoble.

**Les plus** La piscine et les animations ; cuisine landaise au menu de la ferme-auberge.

**Les environs** Saint-Justin, le lac de l'Uby.

**Pour réserver** Darzacq Albert et Paulette - Betbezer-d'Armagnac 40240 La Bastide d'Armagnac
© 05 58 44 81 57 - Fax 05 58 44 68 09

AQUITAINE

## M. ET MME CASTETS

2 chambres de 65 à 75 €

**Le lieu** Une jolie maison récente en bordure de forêt.

**Les chambres** Jumelées pour une famille ou des amis, entrée indépendante, accès à la terrasse.

**Les plus** Un bon confort, le calme du parc boisé, la forêt toute proche.

**Les environs** La plage, Dax, Arcachon, Biarritz.

**Pour réserver** 202, chemin du Bosquet
40170 Lit-et-Mixe
✆ 05 58 42 83 94 - Fax 05 58 42 83 94

## L'OUSTAU

4 chambres à 41 €

**Le lieu** A l'écart du village, une belle maison de caractère en pierres de garluche.

**Les chambres** Spacieuses et personnalisées, avec vue sur le parc.

**Les plus** Le côté nature : parc de 3 ha, airial de chênes typique des Landes, petit déjeuner généreux.

**Les environs** Sabres, la forêt des Landes, Mimizan, Biscarosse.

**Pour réserver** Quartier Baxentes 40210 Luë
✆ 05 58 07 11 58 - Fax 05 58 07 13 99

## MICHEL CONGOSTE

1 chambre à 45,73 €

**Le lieu** Au cœur de la forêt, une maison du XVIIIe siècle sur un airial typique de la région.

**Les chambres** Un style rustique, avec accès indépendant et télévision et un terrasse privée.

**Les plus** Un très beau site naturel, une maison de caractère avec un décor dans le ton.

**Les environs** Le Parc naturel régional des Landes de Gascogne, les réserves d'oiseaux du Tech, du Delta et des lagunes du Gat-Mor.

**Pour réserver** Bos de Bise 40630 Luglon
✆ 05 58 07 50 90 - Fax 05 58 07 50 90

## LE CASSOUAT

2 chambres de 41,16 à 50,31 €

**Le lieu** Une grande bâtisse moderne au milieu d'un parc de 11 ha.

**Les chambres** Confortables, certaines avec kitchenette.

**Les plus** Le parc avec son plan d'eau et ses pédalos, la situation tranquille.

**Les environs** Dax à 15 km et Biarritz à 40 km ; le golf, les pistes cyclables.

**Pour réserver** 314, route d'Herm
40140 Magescq ✆ 05 58 47 71 55

## CHAMBRES D'HOTES DE LAMOLERE

4 chambres de 33,50 à 44,21 €

**Le lieu** Une belle maison de caractère dans un parc.

**Les chambres** Vastes, avec de grands lits, un aménagement confortable et la vue sur le parc.

**Les plus** Le parc arboré avec sa chapelle du XIIe siècle, la rivière, cuisine de marché.

**Les environs** Mont-de-Marsan et nombreuses bastides.

**Pour réserver** Béatrice de Monredon - Lamolère
40090 Mont-de-Marsan
✆ 05 58 06 04 98 - Fax 05 58 06 04 98

## MOULIN DE LARRIBAOU

2 chambres à 55 €

**Le lieu** Sur un domaine de 8 ha au bord des étangs, un moulin du XVIe siècle.

**Les chambres** Un décor agréable, rose ou bleu, avec vue sur les champs et les ruisseaux.

**Les plus** Des chambres très agréables, un beau cadre nature, table d'hôtes traditionnelle ou gastronomique.

**Les environs** Les Landes, parc naturel de Gascogne, Bayonne, Dax, Biarritz.

**Pour réserver** 40390 Saint-Martin-de-Hinx
✆ 05 59 56 37 97 - Fax 05 59 56 93 26

## DOMAINE DU PECH

3 chambres de 46 à 67 €

**Le lieu** Une maison de caractère entièrement rénovée.

**Les chambres** Plutôt vastes, meubles anciens et pierres apparentes, vue sur le jardin.

**Les plus** La situation au sommet d'une colline, le jardin avec piscine.

**Les environs** Duras et son château, le vignoble, Marmande.

**Pour réserver** Jocelyne Pazzaglia
47120 Baleyssagues ✆ 05 53 83 33 52

## MANOIR DE ROQUEGAUTIER

6 chambres de 43 à 51 €

**Le lieu** Un vieux manoir du XVIIIe entouré d'un parc splendide.

**Les chambres** Dans le manoir ou dans ses dépendances, confortablement équipées.

**Les plus** Un très beau panorama au bout du parc, la piscine.

**Les environs** Villeneuve-sur-Lot et la vallée du Lot.

**Pour réserver** Beaugas 47290 Cancon
✆ 05 53 01 60 75 - Fax 05 53 40 27 75

## LE RELAIS DE COMPOSTELLE

3 chambres à 39 €

**Le lieu** Un ancien relais du XVIIIe surplombant la vallée du Lot.

**Les chambres** Claires, spacieuses, avec une vue imprenable.

**Les plus** Un site idéal pour la détente, avec le parc, la piscine et la terrasse panoramique sur la vallée du Lot.

**Les environs** Musées du pruneau, du foie gras, caves de dégustation ; villages fortifiés, bastides.

**Pour réserver** 11, rue de la Fosse
47320 Clairac ✆ 05 53 79 77 11

## CHAMBRES D'HOTES LE CAPY

3 chambres de 33,54 à 36,59 €

**Le lieu** Une maison de maître de 1858 située sur un ancien domaine viticole.

**Les chambres** Beau mobilier de style, de l'espace et la vue sur la campagne.

**Les plus** Un ensemble élégant, jardin fleuri.

**Les environs** Le Périgord et le circuit des bastides.

**Pour réserver** Thérèse Jacquot - Le Capy
47330 Douzains
✆ 05 53 36 83 68 - Fax 05 53 36 83 68

## DOMAINE DE BERNOU

3 chambres à 60 €

**Le lieu** Une maison de maître construite en 1780 sur un vaste domaine.

**Les chambres** De l'espace, une décoration personnalisée dans un style plutôt moderne.

**Les plus** Des chambres à 30 euros l'été dans une dépendance, 25 ha de bois et de prés où paissent les chevaux.

**Les environs** Agen, Villeneuve-sur-Lot.

**Pour réserver** 47340 La Croix Blanche
✆ 05 53 68 88 37

## FERME-AUBERGE DE TABEL

3 chambres de 22,81 à 25,92 €

**Le lieu** Une ferme céréalière du XVIIIe en pleine campagne.

**Les chambres** Tranquilles et agréables, avec vue sur la campagne.

**Les plus** La visite des ateliers de gavage, le jardin fleuri, le miel de pays au petit déjeuner, généreuse cuisine régionale.

**Les environs** Le circuit des bastides, la vallée du Lot.

**Pour réserver** 47150 Monflanquin
✆ 05 53 36 30 57 - Fax 05 53 36 30 57

## MANOIR DU SOUBEYRAC

7 chambres de 105 à 120 €

**Le lieu** Sur un domaine de 50 ha dominant le Périgord, un manoir du XVIIe et son pigeonnier.

**Les chambres** Un décor stylé, avec de nombreuses attentions (décoration, jacuzzi).

**Les plus** La piscine privée, le cadre superbe, la table d'hôtes raffinée.

**Les environs** La bastide de Monpazier, le château de Biron, les grottes des Eyzies.

**Pour réserver** Le Laussou 47150 Monflanquin
✆ 05 53 36 51 34 - Fax 05 53 36 35 20

## L'ORMERAIE

5 chambres de 67,08 à 110,52 €

**Le lieu** Un petit manoir du XVIIe siècle en pleine campagne.

**Les chambres** Des ambiances différentes mais toujours soignées, avec meubles, tableaux et tapis anciens.

**Les plus** Une très belle propriété, un parc fleuri avec piscine.

**Les environs** Bastide de Montflanquin, Bergerac, Villeneuve-sur-Lot.

**Pour réserver** 47150 Paulhiac
✆ 05 53 36 45 96 - Fax 05 53 36 45 96

## M. ET MME AURELIEN

1 chambre de 46 à 52 €

**Le lieu** Une belle maison en pierre construite en 1781.

**Les chambres** Décor plutôt bourgeois, avec mobilier de style et collection de poupées.

**Les plus** Une belle propriété avec pigeonnier et un magnifique parc fleuri.

**Les environs** Duras, vignoble de Bergerac et de Monbazillac.

**Pour réserver** Frémauret
47800 Roumagne ✆ 05 53 93 24 65

## MANOIR DE CABIROL

6 chambres à 54 €

**Le lieu** Une ancienne chartreuse du XVIIe siècle en pierre de pays.

**Les chambres** Vastes et personnalisées, avec entrée indépendante.

**Les plus** Une maison magnifique, les extérieurs (avec palmiers et bananiers) comme le décor.

**Les environs** Villeneuve-sur-Lot, nombreuses bastides.

**Pour réserver** Dominique Bouchinet
47380 Saint-Pierre-de-Caubel
✆ 05 53 01 77 25 - Fax 05 53 71 40 36

## CHATEAU DE RICARD

5 chambres de 90 à 122 €

**Le lieu** Un petit château du XIXe dans un parc planté d'arbres centenaires abritant un lac de pêche et une rivière.

**Les chambres** Elégantes, avec un équipement confortable, vue sur la piscine ou le parc.

**Les plus** La propriété traversée par une rivière, avec piscine et tennis, cuisine régionale à la table d'hôtes.

**Les environs** Sarlat, vallée de la Dordogne.

**Pour réserver** 47210 Villeréal
✆ 05 53 36 61 02 - Fax 05 53 36 61 65

## LYS DE VERGNE

3 chambres de 40 à 49 €

**Le lieu** Une maison périgourdine du XIXe siècle.

**Les chambres** Mobilier ancien ou moderne au choix, chambres mansardées à l'étage.

**Les plus** Un vaste séjour à disposition, jardin et piscine, produits de la ferme.

**Les environs** Villeréal, bastide de Monpazier, Biron, vallée de la Dordogne.

**Pour réserver** Vergne 47210 Villeréal
✆ 05 53 36 61 54 - Fax 05 53 36 61 54

## MONIQUE RANQUE

2 chambres à 32 €

**Le lieu** Au cœur des coteaux du Béarn, une ferme typique de la région.

**Les chambres** Un charme rustique, avec vue sur les Pyrénées.

**Les plus** Une ambiance conviviale, un cadre rustique et confortable, table d'hôtes avec les produits de la ferme.

**Les environs** Orthez, Pau, vignoble de Jurançon, château de Morlanne.

**Pour réserver** Castéide-Cami 64170 Artix
✆ 05 59 77 03 40 - Fax 05 59 77 03 40

## MAISON PALU

5 chambres à 35,06 €

**Le lieu** Une agréable ferme béarnaise du XIXe siècle.

**Les chambres** Aménagées dans les dépendances, avec une vue superbe sur les Pyrénées.

**Les plus** Un équipement fonctionnel (cuisine, lave-linge) et un cadre naturel magnifique.

**Les environs** Les grottes de Bétharram, le cirque de Gavarnie, le château de Pau.

**Pour réserver** Lucienne et Jean-Paul Saint-Paul 64800 Asson ✆ 05 59 71 05 05

## IRIGOIAN

5 chambres de 76 à 107 €

**Le lieu** Une typique maison basque et ses colombages dans un jardin de 2500 m2 jouxtant le golf.

**Les chambres** Installées à l'étage, avec un confort raffiné.

**Les plus** Le charme de la situation, les activités tout proches : golf, plage, thalasso.

**Les environs** Biarritz, St-Jean-de-Luz, Bayonne et tout le Pays Basque.

**Pour réserver** Avenue de Biarritz 64210 Bidart ✆ 05 59 43 83 00

## LA LANNE DE BEZING

5 chambres de 35 à 40 €

**Le lieu** Maison béarnaise typique au milieu d'un parc.

**Les chambres** Spacieuses, dans une ancienne grange, vue sur le jardin et les Pyrénées.

**Les plus** Confortablement aménagée, situation agréable, cuisine à disposition.

**Les environs** Grottes de Bétharram, la vallée du Gave de Pau.

**Pour réserver** Route de Lourdes par Bétharram 64510 Boeil-Bezing ✆ 05 59 53 15 31 - Fax 05 59 53 15 21

## MAISON SAINBOIS

4 chambres de 54,89 à 64,04 €

**Le lieu** Une maison à colombages typique de la région dans un jardin surélevé.

**Les chambres** Plutôt vastes, décoration personnalisée, avec des meubles anciens.

**Les plus** L'architecture traditionnelle de la maison, le charme du cadre.

**Les environs** Le village à visiter ; Bayonne à 22 km, Arnaga à 20 km.

**Pour réserver** Rue Notre-Dame 64240 La Bastide-Clairence ✆ 05 59 29 54 20 - Fax 05 59 29 55 42

## GERARD ET THERESE HONTHAAS-GLEMO

2 chambres à 34,30 €

**Le lieu** Une belle demeure béarnaise avec terrasse et jardin.

**Les chambres** Tranquilles et bien tenues, avec vue sur le jardin.

**Les plus** Le calme, le repos ; la cuisine du pays, agneau et volailles maison.

**Les environs** Oloron-Sainte-Marie, la vallée d'Aspe, les gorges de Kakouetta.

**Pour réserver** Quartier Bascoute, route de Montors 64570 Lanne en Barétous ✆ 05 59 34 65 26

## CHAMBRES D'HOTES AMBIELLE

5 chambres à 40 €

**Le lieu** Une maison contemporaine au-dessus de la vallée de Laruns.

**Les chambres** Vastes, décor clair lambrissé, largement ouvertes sur la montagne.

**Les plus** Equipement généreux (jardin, salle de sport, sauna), apéritif avec le jambon maison.

**Les environs** Station d'Artouste, Eaux-Bonnes et Eaux-Chaudes, col de l'Aubisque.

**Pour réserver** Quartier Gêtre-Bellevue 64440 Laruns
✆ 05 59 05 46 57 - Fax 05 59 05 46 57

## L'AUBELE

2 chambres de 42 à 46 €

**Le lieu** Au cœur d'un grand parc, une très belle maison béarnaise du XVIIIe en pierre apparente.

**Les chambres** Spacieuses, au décor raffiné, beau mobilier ancien.

**Les plus** Confort et raffinement, vue sur les Pyrénées, table d'hôtes régionale.

**Les environs** Navarrenx, Oloron-Sainte-Marie, vallée d'Aspe, cirque de Lescun.

**Pour réserver** 4, rue de la Hanti 64190 Lay Lamidou
✆ 05 59 66 00 44 - Fax 05 59 66 00 44

## MAISON CANTEROU

5 chambres de 43 à 51 €

**Le lieu** Une maison en galets fin XIXe d'architecture typiquement béarnaise.

**Les chambres** Personnalisées dans des teintes très chaleureuses.

**Les plus** La visite des vignes du domaine, la vue sur les Pyrénées.

**Les environs** La vallée d'Ossau et la vallée d'Aspe.

**Pour réserver** Marie-Josée Nousty
Quartier Laquidée 64360 Monein
✆ 05 59 21 41 38 - Fax 05 59 21 28 96

## BERETERRAENEA

4 chambres de 44 à 47 €

**Le lieu** Un relais du XVIIIe tourné vers un verger de pommiers à cidre.

**Les chambres** Murs blanchis à la chaux, pierres (autour des fenêtres) et poutres, rideaux en tissage basque.

**Les plus** Belle situation entre forêt et rivière, cadre élégant.

**Les environs** Espelette, l'océan, les Pyrénées, Biarritz, Bayonne.

**Pour réserver** Arrauntz 64480 Ustaritz
✆ 05 59 93 05 13 - Fax 05 59 93 27 70

*Moulins, musée Anne de Beaujeu ® JM Teissonnie*

# AUVERGNE

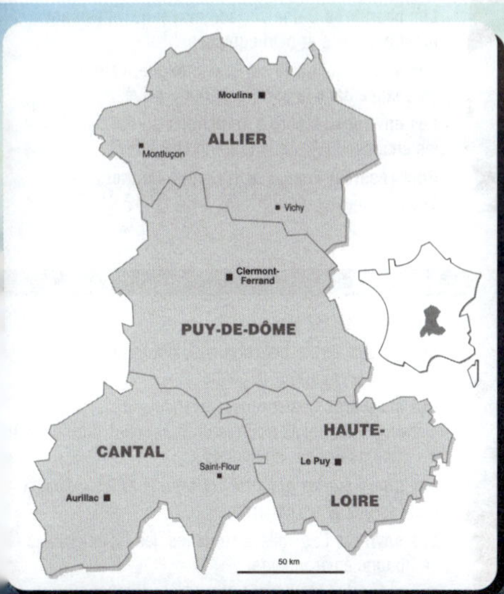
Moulins
ALLIER
Montluçon
Vichy
Clermont-Ferrand
PUY-DE-DÔME
CANTAL
Saint-Flour
Aurillac
HAUTE-
LOIRE
Le Puy
50 km

## SION JACQUES ET VERONIQUE

5 chambres à 40 €

**Le lieu** Une ancienne étable rénovée en préservant le bois et la pierre dans une ferme en activité.

**Les chambres** Confortables et personnalisées.

**Les plus** Un cadre agréable, cuisine familiale pour le soir, coin cuisine pour le midi.

**Les environs** Le village féodal de Hérisson, Montluçon, la forêt de Tronçais.

**Pour réserver** Domaine de Rouéron 03190 Audes
✆ 04 70 06 00 59 - Fax 04 70 06 16 81

## LA DIVELLE

6 chambres de 32 à 52 €

**Le lieu** Une grande maison du XVIIIe, crépie à la chaux et contours de fenêtres en brique.

**Les chambres** Vastes et ouvertes sur le parc ou le Val d'Allier.

**Les plus** Un site agréable, un beau parc arboré, mobilier d'époque.

**Les environs** Le Val d'Allier, église romane au village, gorges de la Sioule, Vichy.

**Pour réserver** M. et Mme Bouquet des Chaux
Les Quatre vents 03500 Chatel-de-Neuve
✆ 04 70 42 09 89 - Fax 04 70 42 09 89

## LES QUATRE SAISONS

4 chambres à 36,59 €

**Le lieu** Une ancienne grange transformée en habitation.

**Les chambres** D'une surface moyenne, elles sont personnalisées et bien équipées.

**Les plus** La jolie vue sur la campagne, l'aire de jeux aménagée dans le parc, le parking privé.

**Les environs** Le parc d'attractions du Pal, les châteaux, l'Allier, la Loire et la Besbre.

**Pour réserver** Françoise et Claude Dagnet
Les Grandjeans 03290 Diou ✆ 04 70 42 91 16

## LA NOUX

4 chambres à 37 €

**Le lieu** Une ferme bourbonnaise contemporaine avec un étang parfait pour la pêche.

**Les chambres** Chaleureuses avec leur décoration claire et leurs belles poutres en bois, elles donnent sur les champs et sont douillettes.

**Les plus** Pour les enfants, le portique et les animaux de la ferme, le grand jardin.

**Les environs** Les églises romanes, les balades dans la campagne environnante.

**Pour réserver** Michèle et Alain Decerle 03130 Le Pin
✆ 04 70 55 62 62

## FERME DES JOBINEAUX

5 chambres de 30 à 48 €

**Le lieu** Une exploitation agricole dans le bocage bourbonnais, une ancienne ferme typique.

**Les chambres** Personnalisées et confortables.

**Les plus** Un décor soigné, avec poutres apparentes, belle vue sur la campagne, table d'hôtes avec les produits de la ferme.

**Les environs** Abbatiale de Jouvigny, château de Bourbon-l'Archambault.

**Pour réserver** M. et Mme Carrelet 03210 Noyant-d'Allier ✆04 70 47 29 71 - Fax 04 70 47 29 71

## CHATEAU DE BASSIGNAC

4 chambres de 53,36 à 106,62 €

**Le lieu** Un château du XVIe dans un parc à l'anglaise de 3 ha.

**Les chambres** Plutôt vastes, confortables, avec vue sur le parc ou la campagne.

**Les plus** Un cadre historique (qui a accueilli le grand Condé) et tranquille.

**Les environs** Salers, le parc des Volcans à 10 km, les gorges de la Dordogne.

**Pour réserver** M. et Mme Besson 15240 Bassignac ✆04 71 40 82 82 - Fax 04 71 40 82 82

## CAMPING DE L'ETANG

4 chambres de 33,54 à 38,11 €

**Le lieu** Une maison datant de 1970 sur 60 ha de prés et de bois, sur une exploitation agricole.

**Les chambres** Spacieuses et confortables.

**Les plus** Atmosphère tranquille et conviviale en pleine nature, cuisine régionale avec la charcuterie maison.

**Les environs** Le Puy de Sancy, cités médiévales et villages typiques alentour.

**Pour réserver** Jean Gérard - Mérigot 15270 Champs sur Tarentaine ✆04 71 78 71 36 - Fax 04 71 78 71 36

## VERONIQUE PHELUT

4 chambres à 37 €

**Le lieu** Une ancienne ferme dans un petit hameau, confortablement restaurée, au milieu des champs.

**Les chambres** Un décor chaleureux.

**Les plus** Une belle salle à manger avec pierre et poutres apparentes, généreuse table d'hôtes régionale (sauf en été).

**Les environs** Entre le massif du Sancy et les monts du Cantal, près du Cézallier.

**Pour réserver** Le Veysset 15190 Condat ✆04 71 78 62 96

## ALAIN LAFON

4 chambres de 38,50 à 44,50€

**Le lieu** Une fière maison de maître construite en 1828 en pierres du pays.

**Les chambres** Coquettes, vraiment spacieuses pour trois d'entre elles, elles donnent sur la campagne ou le jardin.

**Les plus** La grande propriété (5000 m2), le charme du village.

**Les environs** Le Puy Mary, Salers et les balades dans les collines environnantes.

**Pour réserver** Le Bourg 15130 Giou de Mamou
©04 71 64 51 55

## ANNIE ET MICHEL SEYROLLE

4 chambres à 36,59€

**Le lieu** Une maison de pays rénové sur une exploitation agricole.

**Les chambres** Coquettes, sobres et confortables.

**Les plus** Balade dans la châtaigneraie toute proche (vue depuis la terrasse), spécialités auvergnates et viandes de la ferme en table d'hôtes.

**Les environs** Aurillac, Salers.

**Pour réserver** La Drulhe 15600 Maurs
©04 71 49 07 33 - Fax 04 71 49 07 33

## DOMAINE DE COURBELIMAGNE

3 chambres de 75 à 135€

**Le lieu** Un château des XVIe, XVIIIe et XIXe situé sur le versant sud du Plomb-du-Cantal.

**Les chambres** Spacieuses et confortables, avec un beau mobilier ancien.

**Les plus** La vue imprenable sur la vallée, un cadre raffiné, cuisine gastronomique.

**Les environs** 3 châteaux à moins de 15 km, Conques à 40 km, le Puy-Mary à 35 km.

**Pour réserver** M. et Mme Welsch 15800 Raulhac
©04 71 49 58 25 - Fax 04 71 49 58 25

## DOMAINE DE LA VIGNE

5 chambres de 30,49 à 41,16€

**Le lieu** Une maison de caractère du XVIIIe dans un cadre de verdure de 30 ha.

**Les chambres** Elégantes et agréables, avec vue sur le Parc des Volcans.

**Les plus** La piscine privée, une cuisine à disposition.

**Les environs** Le Puy-Mary, le Puy-de-Sancy, le Barrage de Bort-les-Orgues.

**Pour réserver** Colette Chanet 15240 Saignes
©04 71 40 61 02 - Fax 04 71 40 61 02

## CHEZ PRUDENT

6 chambres de 35 à 40 €

**Le lieu** Une majestueuse maison de la fin XVIIIe au cœur de la ville.

**Les chambres** Bien équipées, bénéficiant toutes d'une sortie privée sur le jardin, elles donnent sur la montagne ou la rue (très calme).

**Les plus** La bonne situation, l'excellent confort des chambres.

**Les environs** Le Puy Violent, le Puy Mary.

**Pour réserver** Rue des Nobles 15140 Salers
✆04 71 40 75 36 - Fax 04 71 40 75 36

## ELIANE ET JEAN-PIERRE VANTAL

4 chambres de 40 à 44 €

**Le lieu** Une grande maison, au calme dans la campagne tout près de Salers.

**Les chambres** Claires et agréables, douillettes.

**Les plus** Une maison récente mais dans le style de la région, beaucoup de calme et de confort.

**Les environs** La cité médiévale de Salers, Puy Mary, la cascade de Salins, le village de Tournemine.

**Pour réserver** Route du Puy Mary 15140 Salers
✆04 71 40 74 02 - Fax 040 71 40 74 02

## LOU FERRADOU

5 chambres de 38,11 à 48,78 €

**Le lieu** Une superbe maison auvergnate du XIXe et son jardin potager.

**Les chambres** Confortables et meublées à l'ancienne.

**Les plus** La grange aménagée en salon, la cuisine régionale avec les produits du jardin.

**Les environs** Châteaux et églises romanes dans un rayon de 10 km, les monts du Cantal.

**Pour réserver** Lieu-dit Caizac
M. et Mme Balleux 15130 St-Etienne-de-Carlat
✆04 71 62 42 37 - Fax 04 71 62 42 37

## FERME DU FAYARD

2 chambres de 30 à 46 €

**Le lieu** Une ferme d'élevage (vaches et brebis) à 1 000 m d'altitude.

**Les chambres** Décor de caractère, entrée indépendante.

**Les plus** Une maison en pierre chaleureuse, une ambiance simple et conviviale.

**Les environs** La Chaise-Dieu, le Puy-en-Velay, les gorges de l'Allier.

**Pour réserver** M. et Mme Laurent - Les Vialles
43270 Ceaux d'Allègre
✆04 71 00 62 77 - Fax 04 71 00 62 77

## LA MAISON VIEILLE

5 chambres à 33€

**Le lieu** Une élégante maison du XVIIe siècle joliment restaurée au centre du village.

**Les chambres** Classiques et bien décorées, vue sur le parc arboré ou le jardin.

**Les plus** Un salon de jardin idéal pour les moments de détente, les deux chambres familiales à quatre lits.

**Les environs** Le Puy-en-Velay, les gorges de l'Allier, le lac du Bourget.

**Pour réserver** Robert Pillay 43220 Chaspuzac
✆04 71 08 68 50 - Fax 04 71 08 68 85

## LA JACQUEROLLE

5 chambres à 49€

**Le lieu** Une maison de caractère en pierre et sa terrasse fleurie.

**Les chambres** Confortables, avec une décoration personnalisée.

**Les plus** Agréable terrasse fleurie, salon avec cheminée et piano, cuisine du terroir.

**Les environs** Le Puy-en-Velay à 40 km, Lavaudieu à 30 km, Ambert à 27 km.

**Pour réserver** Jacqueline Chailly. Rue Marchedial 43160 La Chaise-Dieu ✆04 71 00 07 52

## LA CHARMETTE

5 chambres de 37 à 55€

**Le lieu** Une vieille ferme restaurée en pleine campagne dans un jardin fleuri et ombragé.

**Les chambres** Sympathiques et agréables.

**Les plus** Produits fermiers au menu; découverte des activités de la ferme.

**Les environs** Yssingeaux, les gorges de la Loire, le Puy-en-Velay.

**Pour réserver** Auguste et Josette Mounier
Les Brus de Verne 43200 Lapte
✆04 71 59 38 30 - Fax 04 71 59 38 30

## LES ECURIES DU MEZENC

3 chambres à 37€

**Le lieu** Une ferme typique au toit de lauzes à 1370 m d'altitude.

**Les chambres** Une atmosphère rustique et agréable.

**Les plus** La vue panoramique exceptionnelle, le cadre sauvage, la cuisine régionale.

**Les environs** Les sources de la Loire à 10 min, le mont Mézenc, le cirque des Boutières.

**Pour réserver** Bruno Tomozyk et Karine Herry
Ferme Chamard 43150 Les Estables
✆04 71 08 30 53 - Fax 04 71 08 30 53

## LE MOULINOU

5 chambres de 36 à 39€

**Le lieu** Un corps de ferme du XVIIe rénové dans l'esprit d'époque à 1230 m d'altitude.

**Les chambres** Plancher au sol, pierres et poutres apparentes, vue sur un charmant vallon.

**Les plus** Un cadre superbe, la salle de jeux, le jacuzzi.

**Les environs** Le Merenc à 5 km, Le Puy en Veray à 25 km, Mouydeyres à 2 km.

**Pour réserver** Lucia et Bertrand Gaboriaud 43150 Moudeyres ✆04 71 08 30 52

## BEATRICE ET JEAN-PIERRE CHEVALIER

4 chambres à 36,60€

**Le lieu** Au calme sur une propriété de 45 ha, une belle ferme en granit blond.

**Les chambres** Un décor sobre et personnalisé.

**Les plus** Un agréable salon en pierre avec cheminée, la nature autour de la maison. Table d'hôtes régionale.

**Les environs** Mont Gerbizon, le Puy, Yssingeaux, lacs de Saint-Front et du Bouchet.

**Pour réserver** Les Revers 43130 Retournac ✆04 71 59 42 81 - Fax 04 71 59 42 81

## LES BASTIDES DU MEZENC

4 chambres à 52€

**Le lieu** Un site isolé dans un domaine de 53 ha, une belle ferme de montagne au toit de lauzes.

**Les chambres** Ouvertes sur la nature, meublées rustique.

**Les plus** Idéal pour les amoureux de nature, un site enchanteur, un aménagement chaleureux. Table d'hôtes, chiens de traîneau.

**Les environs** Le Puy-en-Velay, lac de Saint-Front, Chaumière.

**Pour réserver** Mme Coffy 43550 Saint-Front ✆04 71 59 51 57 - Fax 04 71 59 51 57

## JACKY ET BRIGITTE MARTINS

6 chambres à 33€

**Le lieu** Une maison récente et confortable bien au calme.

**Les chambres** Claires et agréables, sobrement décorées.

**Les plus** Une situation tranquille au milieu des prés, cuisine agréable.

**Les environs** Les gorges de l'Allier à 10 km, le parc à bisons d'Europe à 20 km.

**Pour réserver** Rue des Roches 43170 Saugues ✆04 71 77 83 45

AUVERGNE

## DOMAINE DE BAUZIT

5 chambres à 35 €

**Le lieu** Une ancienne abbaye du XVIIe siècle transformée en domaine fermier à la Révolution.

**Les chambres** Confortables, décor d'inspiration asiatique. Vue sur les champs alentour.

**Les plus** Un domaine superbe autour de sa cour, petite piscine privée.

**Les environs** Le Puy en Velay, châteaux, lacs, villages typiques dans un rayon de 15 km.

**Pour réserver** Philippe et Françoise Besse 43750 Vals-Pres-le-Puy ✆ 04 741 03 67 01 - Fax 04 71 03 67 01

## GERARD ET ANNE-MARIE CHANTEL

5 chambres de 32 à 36 €

**Le lieu** Une maison moderne de plain-pied.

**Les chambres** De taille moyenne, chacune avec entrée indépendante.

**Les plus** La jolie véranda pour les repas, le jardin, le terrain de boules et les jeux pour les enfants.

**Les environs** La vallée de l'Allier, la Chaise-Dieu, le Puy-en-Velay.

**Pour réserver** La Croustade - Chemin du Stade 43100 Vieille-Brioude
✆ 04 71 50 25 21 - Fax 04 71 50 20 45

## CHAMBRES D'HOTES MA CACHETTE

4 chambres de 44 à 53 €

**Le lieu** Un petit coin de paradis alors en ruines qui a fait craquer les trois propriétaires, tous sud-africains.

**Les chambres** Vraiment spacieuses, décorées avec goût, elles sont très agréables et cossues.

**Les plus** Le grand jardin privé, le charme de la maison, l'intelligente rénovation.

**Les environs** Le parc du Livradois-Forez.

**Pour réserver** 10, rue du 11 Novembre 63220 Arlanc
✆ 04 73 95 04 88 - Fax 04 73 95 04 88

## LA VIGIE

2 chambres de 50 à 62 €

**Le lieu** Une maison du XIXe dans un parc avec un grand jardin.

**Les chambres** Spacieuses et raffinées, avec un beau mobilier ancien.

**Les plus** Jardin avec piscine, VTT à disposition, grand salon.

**Les environs** Le Parc des Volcans, les églises romanes

**Pour réserver** Pineau Denis 63320 Chadeleuf
✆ 04 73 96 90 87 - Fax 04 73 96 92 76

## ELISABETH BEAUJEARD

3 chambres de 51 à 58 €

**Le lieu** Une belle demeure XVIIIe à 10 km de Riom.

**Les chambres** Meublées d'ancien, donnant sur le jardin ou la campagne.

**Les plus** Un joli parc fleuri, le calme de la campagne, les petits-déjeuners, la très belle salle à manger.

**Les environs** Le Puy de Dôme, Riom et son architecture.

**Pour réserver** 8, rue de la Limagne 63460 Chaptes ✆04 73 63 35 62

## CHATEAU DE COLLANGES

5 chambres de 61 à 99 €

**Le lieu** Un château des XVe-XVIIIe siècles dans un parc à l'anglaise de 2 ha.

**Les chambres** Personnalisées, meublées XVIIIe, avec lit à baldaquin et vue sur le parc.

**Les plus** Des prestations raffinées, un grand soin apporté au décor. Dîner aux chandelles.

**Les environs** Vallée des Saints, château de Villeneuve-Lembron, parc des Volcans.

**Pour réserver** M. et Mme Félus 63340 Collanges ✆04 73 96 47 30 - Fax 04 73 96 58 72

## BRIGITTE LAROYE

5 chambres de 49 à 57 €

**Le lieu** Une maison bourgeoise de la fin du XIXe dans un beau jardin.

**Les chambres** Meubles d'époque et collection d'antiquités pour le décor ; deux avec terrasse privée.

**Les plus** Un cadre soigné, agréable et fleuri.

**Les environs** Ecomusée du Livradois sur place. Châteaux et églises romanes alentour.

**Pour réserver** 7, rue du 8 Mai 63590 Cunlhat ✆04 73 72 20 87

## LE CHASTEL MONTAIGU

5 chambres de 84 à 122 €

**Le lieu** Dominant le vieux village, un authentique château des XIe-XVe siècles dominé par un donjon carré.

**Les chambres** Superbement aménagées, avec une vue magnifique et beaucoup de cachet.

**Les plus** Un cadre exceptionnel, cour fermée (digicode), jardins en terrasse, décor soigné.

**Les environs** Saint-Nectaire, Clermont-Ferrand.

**Pour réserver** Mme Sauvadet 63320 Montaigut-le-Blanc ✆04 73 96 28 49 ou 06 81 61 52 28 Fax 04 73 96 21 60

## PAUL BONY

5 chambres de 34 à 37 €

**Le lieu** Une ancienne ferme restaurée au pied du Puy de Dôme.

**Les chambres** Deux d'entre elles sont avec mezzanine et toutes sont coquettes et bien tenues. Bon confort.

**Les plus** Le calme, le grand jardin, le jardin idéal pour manger.

**Les environs** Le Puy de Dôme, Vulcania, Orcival.

**Pour réserver** Bravant 63210 Olby
✆04 73 87 12 28 - Fax 04 73 87 19 00

## CHATEAU DE VOISSIEUX

3 chambres de 44,50 à 52 €

**Le lieu** Un château féodal au beau milieu du Parc Naturel Régional des Volcans.

**Les chambres** Décor personnalisé (Rococo, Rose, Bleue), donnant sur le parc.

**Les plus** Le paysage exceptionnel ; la pêche alentour, les randonnées.

**Les environs** Les châteaux et églises romanes, les Puys de Sancy et de Dôme, le Lac Servière.

**Pour réserver** Danielle et John Phillips - Saint-Bonnet près Orcival 63210 Rochefort-Montagne
✆04 73 65 81 02 - Fax 04 73 65 81 27

## CHATEAU DE CHARADE

5 chambres de 54 à 63 €

**Le lieu** Un petit château des XVIIe-XIXe siècles situé dans un parc en bordure du golf de Charade.

**Les chambres** Confortables et personnalisées.

**Les plus** Un ensemble élégant.

**Les environs** Au cœur du Parc des Volcans d'Auvergne, Clermont-Ferrand, le Puy de Dôme.

**Pour réserver** Marc et Marie-Christine Gaba 63130 Royat
✆04 73 35 91 67 - Fax 04 73 29 92 09

## THIERRY GAIDIER

3 chambres de 39 à 62 €

**Le lieu** Une ancienne ferme rénovée entourée d'un jardin d'agrément.

**Les chambres** Un cadre agréable et tranquille.

**Les plus** Les menus régionaux : truffade, potée. Location d'ânes pour randonnées.

**Les environs** La basilique d'Orcival, les nombreux lacs environnants ; ULM, parapente.

**Pour réserver** Vareilles 63210 Saint-Bonnet-Pres-Orcival ✆04 73 65 87 91 - Fax 04 73 65 87 91

## MAURICE COMPAGNON

1 chambre de 75 à 100€

**Le lieu** Deux corps de ferme du XVIIIe restaurés avec soin.

**Les chambres** Soignées, avec cheminée, vue sur le jardin et le val d'Allier.

**Les plus** Un cadre magnifique, du jardin aux maisons, combinant chaleur et élégance.

**Les environs** Issoire, Montpeyroux, Boudes, la Chaise-Dieu.

**Pour réserver** Le Mouy Vieux 63580 Vernet-la-Varenne ✆04 73 71 35 87 - Fax 04 73 71 35 87

## CHATEAU DE VOLLORE

5 chambres de 100 à 200€

**Le lieu** La demeure familiale des descendants de La Fayette.

**Les chambres** Luxueuses et confortables, décor soigné et superbe mobilier d'époque.

**Les plus** Le parc en terrasses avec tennis et piscine, le cadre somptueux.

**Les environs** Parc du Livradois-Forez, lac d'Aubusson, route des châteaux d'Auvergne.

**Pour réserver** Michel Aubert-Lafayette 63120 Vollore-Ville ✆04 73 53 71 06 - Fax 04 73 53 72 44

## LE TEMPS DE VIVRE

3 chambres de 37 à 40€

**Le lieu** Une ferme livradoise du XIXe typique, en pleine nature.

**Les chambres** De taille moyenne mais charmeuses avec leur jolie décoration rustique et leur vue extraordinaire sur les montagnes.

**Les plus** Le grand jardin, le potager amusant noyé dans les fleurs.

**Les environs** Coutellerie de Thiers.

**Pour réserver** Bernard Moignoux - La Bergerie du Troulier 63120 Vollore-Ville ✆04 73 53 71 98

AUVERGNE

# BOURGOGNE
# FRANCHE-COMTE

## M. ET MME GILBERT MILLIERE

3 chambres à 31 €

**Le lieu** Une ancienne ferme et ses terrasses ombragées dans un jardin de 4000 m2.

**Les chambres** Tranquilles et douillettes, avec entrée indépendante.

**Les plus** Un joli cadre fleuri, une sympathique ambiance conviviale ; cuisine traditionnelle.

**Les environs** Auxonne, Dole à 15 km, Dijon à 30 km.

**Pour réserver** 17, rue Serpentière 21130 Athée
✆03 80 37 36 33 - Fax 03 80 37 36 33

## ALAIN ET ANNE-MARIE GALLIEN

1 chambre à 43 €

**Le lieu** Une ancienne maison en pierre et son joli jardin.

**Les chambres** Agréable, avec vue panoramique, kitchenette équipée.

**Les plus** A disposition, coin cuisine, bibliothèque avec piano, VTT ; une étape tranquille.

**Les environs** Beaune à 13 km, Nolay à 7 km, Chalon/Saône à 35 km.

**Pour réserver** Orches 21340 Baubigny
✆03 80 21 77 01

## LES SARGUENOTES

5 chambres de 46 à 48 €

**Le lieu** Une confortable maison placée en hauteur entourée d'un grand parc.

**Les chambres** Agréables et confortables.

**Les plus** La vue imprenable sur le mont de Vergy ; chemins de randonnée et de VTT.

**Les environs** Beaune à 25 km, Dijon à 16 km, les vignobles à 5 km.

**Pour réserver** Christiane et Dominique Monceau
Rue de Dijon 21220 Chambœuf
✆03 80 51 84 65 - Fax 03 80 51 84 65

## CHATEAU DE CHOREY

5 chambres de 130 à 155 €

**Le lieu** Un château du XVIIe entouré de douves et de tours du XIIIe dans un village bourguignon.

**Les chambres** Spacieuses, ornées de meubles anciens, avec vue sur les vignes et les tours.

**Les plus** Dégustation des vins du château, cadre historique et prestigieux.

**Les environs** L'Hôtel-Dieu de Beaune, Dijon, Autun ; golf et tennis à 3 km.

**Pour réserver** Rue Jacques Germain 21200 Chorey-les-Beaune ✆03 80 22 06 05 - Fax 03 80 24 03 93

## RITA BONNEFOY

3 chambres à 36 €

**Le lieu** Une vieille maison de caractère au centre du village.

**Les chambres** Un joli décor rustique avec pierres et poutres apparentes.

**Les plus** Un décor rustique et soigné très agréable, une table d'hôtes sympathique autour des recettes régionales.

**Les environs** Sources de la Seine, abbaye de Fontenay, château de Bussy-Rabutin.

**Pour réserver** Bas du Village 21510 Echalot
✆03 80 93 86 84

## LE VIEUX MOULIN

6 chambres à 50 €

**Le lieu** Un moulin à eau du XVIIe et sa piscine privée.

**Les chambres** Charmantes et confortables.

**Les plus** Le cadre remarquable. Machinerie du moulin dans le salon, librairie sur la Bourgogne et la Franche-Comté.

**Les environs** La Claire Vallée ou le Pays de Vingeanne et ses circuits touristiques.

**Pour réserver** 11, rue Henry Berger
21610 Fontaine Française
✆03 80 75 82 16 - Fax 03 80 75 97 52

## LE CLOS DE L'AMPELOPSIS

1 chambre de 58 à 94 €

**Le lieu** Dans un village viticole, une maison d'amis sur une propriété bourguignonne des XVIIIe-XIXe.

**Les chambres** 1 suite indépendante, avec vue sur les vigne et la forêt, meubles d'époque.

**Les plus** Espace et calme, dans un décor agréable, beau jardin.

**Les environs** Nuits-Saint-Georges, Beaune, abbaye de Fontenay, visite de caves.

**Pour réserver** M. et Mme Troisgros 21700 Meuilley
✆03 80 61 25 35

## FERME DU PIGEONNIER

3 chambres de 41 à 70 €

**Le lieu** Sur une exploitation agricole (élevage de charolais), une maison de caractère.

**Les chambres** Spacieuses, au décor sobre et agréable, ouvertes sur la terrasse.

**Les plus** Un environnement calme et champêtre, des prestations confortables, table d'hôtes autour des produits du terroir.

**Les environs** Beaune, vallée de l'Ouche.

**Pour réserver** M. et Mme Lagrange 21360 Montceau-Echarnant ✆03 80 20 23 23 - Fax 03 80 20 23 23

## DOMAINE COMTESSE MICHEL DE LOISY

3 chambres de 92 à 130 €

**Le lieu** Une élégante maison du XVIIe, modifiée aux XVIIIe et XIXe siècles.

**Les chambres** Un élégant décor à l'ancienne avec mobilier de style.

**Les plus** Le cadre raffiné, la belle cour fleurie, le programme de découverte du vignoble.

**Les environs** Le vignoble (Clos Vougeot), abbaye de Cîteaux.

**Pour réserver** 28, rue Général de Gaulle - BP 1
21701 Nuits Saint-Georges
✆03 80 61 02 72 - Fax 03 80 61 36 14

## L'OASIS

3 chambres de 41 à 47,50 €

**Le lieu** Une maison de style bourguignon à côté d'un vaste jardin planté d'arbres fruitiers.

**Les chambres** Confortables et sympathiques, ornées de boiseries.

**Les plus** La belle salle à manger décorée des sculptur sur bois réalisées sur place, ambiance conviviale.

**Les environs** La route des vins de Champagne, Châtillon/Seine.

**Pour réserver** Porte de Châtillon 21400 Pothières
✆03 80 81 94 44

## COMMANDERIE DE LA ROMAGNE

3 chambres à 65 €

**Le lieu** Un bâtiment classé monument historique dar un grand parc aux arbres centenaires.

**Les chambres** Dans l'ancien bâtiment du pont-levis, u voûtée, les deux autres à l'étage avec pierres apparente

**Les plus** Le cadre historique d'une ancienne commanderie de templiers.

**Les environs** Dijon à 50 km, Langres à 35 km.

**Pour réserver** M. Quenot - Hameau de la Romagne
21610 Saint-Maurice-sur-Vingeanne ✆03 80 75 90 4

## COLETTE ET ANDRE LEJAULT

4 chambres de 43 à 55 €

**Le lieu** Une demeure du XVIIe avec un superbe escalier conduisant aux chambres.

**Les chambres** Au premier étage, vastes, avec un bea mobilier ancien et une décoration classique et élégan

**Les plus** Un cadre séduisant et de bon goût.

**Les environs** Nevers à 35 km, Château-Chinon à 30 kr le canal du Nivernais, le parc naturel régional du Morva

**Pour réserver** Bouteuille 58110 Alluy
✆03 86 84 06 65 - Fax 03 86 84 03 41

## CHATEAU DE PRYE

4 chambres de 68 à 85 €

**Le lieu** Un château des XVIIe-XIXe siècles, ancienne propriété de la reine de Pologne.

**Les chambres** Très vastes, avec un décor sobre et raffiné et de belles harmonies de couleurs.

**Les plus** Une belle propriété, avec un parc traversé d'une rivière.

**Les environs** Nevers ville d'Art et d'Histoire, circuit de Magny Cours.

**Pour réserver** 58160 La Fermeté
✆03 86 58 42 64 - Fax 03 86 58 47 64

## DOMAINE DE SEMELIN

3 chambres de 35,06 à 45,73 €

**Le lieu** Face à un grand jardin, une maison de style Napoléon III.

**Les chambres** Paisibles et ouvertes sur la campagne nivernaise.

**Les plus** Un cadre rustique et chaleureux, salon avec une belle cheminée d'époque, beaucoup de calme, beaux dahlias dans le jardin.

**Les environs** Canal du Nivernais, le Parc naturel du Morvan.

**Pour réserver** Semelin 58110 Mont-et-Marre
✆03 86 84 13 94

## LE BOIS DIEU

4 chambres à 49 €

**Le lieu** Au milieu des prés, dans un jardin aux arbres centenaires, une belle maison XIXe.

**Les chambres** Spacieuses, ouvertes sur la campagne et personnalisées.

**Les plus** De beaux meubles de famille, la vue sur les prés avec les moutons de la ferme. Table d'hôtes avec les produits de la ferme.

**Les environs** Pouilly-sur-Loire, Sancerre.

**Pour réserver** Mme Mellet-Mandard 58400 Raveau
✆03 86 69 60 02 - Fax 03 86 70 23 91

## CHATEAU DE SURY

3 chambres à 50 €

**Le lieu** Un sobre château du XVIIe siècle.

**Les chambres** Elégantes, confortablement équipées (télévision), vue sur le parc et l'étang.

**Les plus** Un cadre soigné et élégant, un parc arboré de 2 ha qui garantit la tranquillité.

**Les environs** Vézelay, Nevers, le Sancerrois.

**Pour réserver** Hubert de Faverges
58270 Saint Jean aux Amognes
✆03 86 58 60 51 - Fax 03 86 68 90 28

## L'OREE DES VIGNES

5 chambres de 45 à 58€

**Le lieu** Une ancienne fermette en pierre agréablement rénovée.

**Les chambres** Personnalisées avec un beau mobilier de style, vue sur la campagne ou le jardin.

**Les plus** La beauté rustique des matériaux apparents, le cadre verdoyant.

**Les environs** Sancerre, Pouilly-sur-Loire, la Charité-sur-Loire.

**Pour réserver** Croquant 58200 Saint Père
©03 86 28 12 50 - Fax 03 86 28 12 50

## DOMAINE DE LA CHAUME

4 chambres de 41 à 64€

**Le lieu** En pleine campagne, une maison typique de la région en pierre.

**Les chambres** Un décor simple et agréable, avec une belle vue sur la campagne.

**Les plus** Un agréable jardin, l'ambiance champêtre avec les animaux de la ferme, table d'hôtes avec les produits de la ferme.

**Les environs** Bibracte, Autun, un peu plus loin Nevers ou Paray-le-Monial.

**Pour réserver** M. et Mme d'Ete 58360 Sémelay
©03 86 30 91 23

## CHAMBRES D'HOTES DE RIZEROLLES

5 chambres à 43€

**Le lieu** Une maison mâconnaise en pierres, près de Cluny.

**Les chambres** Très bien meublées, avec salle de bain et donnant sur une cour fleurie.

**Les plus** Un coin salon, le calme des environs, les bons petits-déjeuners.

**Les environs** Les églises romanes, la Route des Vins.

**Pour réserver** Roger Barry - En Rizerolles
71260 Azé ©03 85 33 33 26 - Fax 03 85 33 40 13

## JEAN-PAUL ET BERNADETTE LARUE

3 chambres à 39,65€

**Le lieu** Une ferme charolaise restaurée avec une grande cour et un jardin.

**Les chambres** Confortables et bien aménagées, un calme agréable.

**Les plus** Une propriété avec étang arboré ; vue panoramique de la terrasse exposée plein sud.

**Les environs** Paray-le-Monial à 18 km, Montceau-les-Mines à 28 km.

**Pour réserver** Le Bourg
71120 Baron ©03 85 24 05 69

## LA GRIOLETTE

2 chambres de 49 à 53 €

**Le lieu** Au cœur du village dans un jardin arboré, une maison traditionnelle du pays.

**Les chambres** Dans une maison indépendante, au décor soigné.

**Les plus** Un cadre typique, vieux meubles, pièce à vivre dans une grange, piscine.

**Les environs** Cluny, Tournus, Cormatin, Brancion, routes des vins, des églises romanes.

**Pour réserver** M. et Mme Welter - Le bourg 71460 Bresse-sur-Grosne
✆03 85 92 62 88 - Fax 03 85 92 63 47

## FERME-AUBERGE DE LAVAUX

5 chambres de 45,73 à 53,35 €

**Le lieu** Une maison brionnaise typique, en pierre de granit, avec sa galerie fleurie.

**Les chambres** Charmantes et plutôt rustiques, une installée dans la tour, plus spacieuse.

**Les plus** Un cadre superbe, un beau cachet rustique, la cuisine roborative.

**Les environs** Cluny, Paray-le-Monial.

**Pour réserver** 71800 Chatenay
✆03 85 28 08 48 - Fax 03 85 26 80 66

## MARIE-THERESE MARIN

3 chambres à 46 €

**Le lieu** Une grande et belle maison du XVIIe à l'architecture typique.

**Les chambres** Vastes et confortables.

**Les plus** Un cadre agréable, une grande cour avec jardin, vue superbe sur les monts du Maconnais. Dégustation des vins du domaine.

**Les environs** Roche de Solutré, Cluny, Brançion, route Lamartine, églises romanes.

**Pour réserver** Rue du Lavoir 71960 Chevagny-les-Chevrières ✆03 85 34 78 60

## LA COURTINE

5 chambres à 50 €

**Le lieu** Au bord de la rivière, une maison ancienne typiquement bourguignonne.

**Les chambres** Joli décor tranquille, vue sur la rivière pour trois d'entre elles.

**Les plus** Le cadre superbe de vieille ferme au bord de la rivière ; piscine, tennis, vélo, pêche.

**Les environs** L'Abbaye de Cluny à 5 min, la route des église romanes, la route des vins.

**Pour réserver** Mme Donnadieu. Pont de la Levée 71250 Cluny ✆03 85 59 05 10 - Fax 03 85 59 05 10

## LA MAITRESSE

6 chambres de 61 à 76 €

**Le lieu** Une ancienne maison mâconnaise avec pigeonnier et four à pain sur 7500 m2.

**Les chambres** Tranquilles et agréables, toutes avec une vue superbe sur l'arrière-pays.

**Les plus** La piscine et les activités pour les enfants, la vue panoramique, cuisine régionale.

**Les environs** L'abbaye de Cluny, le château de Cormatin, le vignoble.

**Pour réserver** M. et Mme Serres - Le Bourg 71250 La Vineuse ✆03 85 59 60 98 - Fax 03 85 59 65 26

## LA FERME DU VILLARS

5 chambres à 80 €

**Le lieu** Une ancienne ferme construite en 1623 et sa cour intérieur. Un parc et un potager autour.

**Les chambres** Confortables, aménagées avec goût.

**Les plus** Un cadre très agréable, une ambiance conviviale.

**Les environs** Tournus, Mâcon, Cluny, Beaune.

**Pour réserver** Ilse Zerlauth et Rudi Stahel 71700 Le Villars
✆03 85 32 51 85 - Fax 03 85 32 57 44

## BENOIT ET MARIE-THERESE ANDRIOT

3 chambres à 35 €

**Le lieu** Une maison morvandelle typique, construite a début du XXe siècle.

**Les chambres** Toutes avec accès indépendant, donnant sur le jardin ou les prés alentours.

**Les plus** Un bel espace ombragé, avec la rivière toute proche, petit déjeuner avec les produits de la ferme.

**Les environs** Autun et ses vestiges gallo-romains, Bibracte et ses souvenirs celtiques.

**Pour réserver** Les Granges 71400 Monthelon
✆03 85 52 22 99

## L'ORANGERIE

5 chambres de 60 à 90 €

**Le lieu** Une élégante maison bourguignonne dans un parc arboré clos de 3000 m2.

**Les chambres** De taille moyenne, coquettes avec une décoration recherchée.

**Les plus** La piscine privée, le calme de la situation, le parc.

**Les environs** Autun, Beaune, Cluny, Tournus.

**Pour réserver** Niels Lierow et David Eades Vingelles 71390 Moroges
✆03 85 47 91 94 - Fax 03 85 47 98 49

## LES LAMBEYS

5 chambres de 53 à 69 €

**Le lieu** Dans un parc qui domine la Loire, une belle maison XVIIIe.

**Les chambres** Dans un cadre très agréable, avec meubles anciens.

**Les plus** Un cadre soigné, doux et chaleureux, un décor de très bon goût, parc agréable, aux arbres centenaires.

**Les environs** Les bords de Loire, Digoin, Bourbon-Lancy.

**Pour réserver** M. et Mme de Bussière
71140 Saint-Aubin-sur-Loire ✆ 03 85 53 92 76

## LA SALAMANDRE

5 chambres de 70 à 90 €

**Le lieu** Dans un parc arboré, une grande maison bourgeoise du XVIIIe.

**Les chambres** Un style d'époque cohérent avec l'architecture de la maison : mobilier, tentures.

**Les plus** Un cadre soigné, extérieur comme intérieur, table d'hôtes autour des produits régionaux.

**Les environs** Cluny, Brançion, Tournus, château de Cormatin, le Mâconnais et ses vins.

**Pour réserver** Grande Rue 71250 Salornay-sur-Guye
✆ 03 85 60 01 56

## LA LISON

4 chambres de 35 à 40 €

**Le lieu** Une ancienne ferme restaurée datant du XVIIIe dans un hameau calme et verdoyant.

**Les chambres** Un cadre tranquille et plutôt rustique.

**Les plus** Le charme du cadre, les spécialités bourguignonnes au menu ; salle de gym.

**Les environs** Autun à 22 km, Beaune à 34 km, les vignobles du Couchois.

**Pour réserver** M. Bertrand
Hameau de Lusigny 71490 Tintry
✆ 03 85 82 98 98

## MONIQUE ET SERGE MORVAN

3 chambres à 40 €

**Le lieu** Une ancienne ferme dans un jardin fleuri avec tonnelle.

**Les chambres** Avec coin bureau, l'une avec accès indépendant.

**Les plus** Une ambiance conviviale et familiale, promenade en âne pour les enfants.

**Les environs** Cluny, abbaye de Paray-le-Monial.

**Pour réserver** Virevache Saint-Brancher
71120 Vendenesse les Charolles
✆ 03 85 24 76 71

## CLAUDE ET MARIE-CLAUDE BRODARD

5 chambres de 57 à 65 €

**Le lieu** Une propriété du XVIe entourée d'un parc arboré.

**Les chambres** Dans les dépendances du château, meublées d'ancien, avec vue sur la campagne et le soleil levant.

**Les plus** Un cadre pleine nature charmant, piscine.

**Les environs** Auxerre à 6 km, Vézelay à 40 km, les vignobles de Chablis, Irancy.

**Pour réserver** Château de Ribourdin
89240 Chevannes ✆ 03 86 41 23 16

## M. TRIPOT

5 chambres de 43 à 53 €

**Le lieu** Dans un grand parc arboré, une maison milieu XIXe au bord du canal du Nivernais.

**Les chambres** Personnalisées, décor moderne ou rustique. Avec accès indépendant.

**Les plus** Un site très agréable, des chambres confortables, piscine, coin cuisine à disposition.

**Les environs** Arcy-sur-Cure, Vézelay, Chablis, Irancy, Coulanges-la-Vineuse.

**Pour réserver** 4, rue du Canal - La Cour Barrée
89290 Escolives-Sainte-Camille ✆ 03 86 53 35 98

## CHATEAU D'ARCHAMBAULT

5 chambres de 59 à 69 €

**Le lieu** Une superbe maison de maître du XIXe.

**Les chambres** Un cadre élégant, vue sur le parc ou le potager.

**Les plus** Un salon commun, un vaste parc de 4 ha, un potager, mis à profit notamment pour les repas en table d'hôtes.

**Les environs** L'abbaye de Vézelay, Ancy le Franc et Fontenay.

**Pour réserver** 89310 Noyers-sur-Serein
✆ 03 86 82 67 55 - Fax 03 86 82 67 87

## LES VIEILLES FONTAINES

4 chambres à 44 €

**Le lieu** Au cœur du village, un ensemble de vieilles maisons de vignerons typiques en pierre.

**Les chambres** Petites et confortables, avec un décor sobre et soigné.

**Les plus** Le charme des vieilles pierres, un jardin calme et agréable, table d'hôtes régionale.

**Les environs** Grottes d'Arcy-sur-Cure, rochers du Saussois, abbaye de Vézelay, vignobles, Auxerre, Avallon

**Pour réserver** M. et Mme Moine 89270 Sacy
✆ 03 86 81 51 62

## CHATEAU JAQUOT

1 chambre de 85 à 145 €

**Le lieu** Sur un parc de 5 ha, une imposante demeure fortifiée des XIIe-XIVe siècles.

**Les chambres** Vaste, avec un décor XIVe qui en fait un véritable musée vivant.

**Les plus** Un cadre unique, un voyage dans le temps ; beau jardin. Table d'hôtes de prestige inspirée du XIVe.

**Les environs** Vézelay, abbaye de Fontenay, Sémur-en-Auxois.

**Pour réserver** M. Costaille - 2, rue d'Avallon 89420 Saint-Magnance ✆ 03 86 33 00 22

## CHEZ MME DEFRANCE

3 chambres de 53 à 68 €

**Le lieu** Une maison bourgeoise du XIXe avec un grand jardin.

**Les chambres** Lumineuses et récemment redécorées. Vue sur le jardin.

**Les plus** Le verger, le potager ; un lieu de calme et de repos.

**Les environs** Auxerre à 25 km, tous les châteaux de l'Yonne, le musée de Colette à Saint-Sauveur.

**Pour réserver** 4, Place de la Liberté 89710 Senan ✆ 03 86 91 59 89

## CHATEAU DE DANNERY

4 chambres de 54 à 77 €

**Le lieu** Un manoir entouré de douves, bâtie à l'époque des templiers.

**Les chambres** Un cadre élégant et chaleureux, avec un beau mobilier de style.

**Les plus** Le cadre soigné, le charme du parc avec la piscine chauffée.

**Les environs** Entre Chablis et Sancerre, Saint-Fargeau à 7 km, Vezelay.

**Pour réserver** M. et Mme Couiteas Conemenos 89170 Saint-Fargeau ✆ 03 86 74 09 01 - Fax 03 86 74 09 01

## DOMAINE DES BEAUROIS

3 chambres à 46 €

**Le lieu** Un corps de ferme bourguignon en pleine nature, chez un vigneron.

**Les chambres** Exposées plein sud, tendues de tissus et parées de meubles anciens.

**Les plus** Une très belle propriété, jardin, piscine, calme absolu ; les conseils de la propriétaires pour découvrir les environs.

**Les environs** Saint-Fargeau, forêts, étangs, canaux, châteaux de Puisaye et de Guédelon.

**Pour réserver** Mme Anne-Marie Marty - Lavau 89170 Saint-Fargeau ✆ 03 86 74 16 09

## RENE ET CHANTAL GAGNOT

5 chambres de 50 à 65 €

**Le lieu** Un moulin du XIVe entièrement restauré sur un domaine de 4 ha.

**Les chambres** Un charme plutôt rustique, beaucoup de calme.

**Les plus** Un domaine traversé par une rivière et sa cascade, étang de pêche, un site superbe.

**Les environs** Le château de Saint-Fargeau, les poteries de Saint-Amant, les vignobles de Chablis et de Sancerre

**Pour réserver** Moulin de la Forge
89350 Tannerre-en-Puisaye ✆ 03 86 45 40 25

## LES VALLEES DE VAREILLES

2 chambres à 40 €

**Le lieu** Une ancienne fermette rénovée avec goût.

**Les chambres** A l'étage, un décor doux et harmonieux vue sur la cour.

**Les plus** Une belle cour fermée paysagère, beaucoup de calme, cuisine régionale.

**Les environs** Sens et sa cathédrale, la route du Cidre, la forêt d'Othe.

**Pour réserver** Michel et Claudine Picault
3, rue du Charme 89320 Vareilles
✆ 03 86 88 24 26

## LE PETIT MANOIR DES BRUYERES

5 chambres de 107 à 186 €

**Le lieu** Un charmant manoir XVIIIe recouvert de tuiles vernissées.

**Les chambres** Confort et raffinement historique, de l'espace.

**Les plus** La cuisine bourguignonne au menu ; le calme, le repos, le parc d'inspiration méditerranéenne profitant du micro-climat.

**Les environs** Chablis, châteaux, abbayes.

**Pour réserver** Aux Bruyères 89240 Villefargeau
✆ 03 86 41 32 82 - Fax 03 86 41 28 57

## LA FERME DU CHATEAU

3 chambres à 38 €

**Le lieu** Une ancienne demeure début XVIIIe.

**Les chambres** Tranquilles et confortables.

**Les plus** Visite de la ferme, participation à la traite, ambiance conviviale.

**Les environs** Sentiers de randonnée à 6 km ; la vallée de la Loire.

**Pour réserver** Xavier, Véronique, Isabelle Lombardot
2, rue du Château 25520 Aubonne
✆ 03 81 69 90 56 - Fax 03 81 69 90 56

## CHALET LES GRILLONS

4 chambres à 40€

**Le lieu** Un chalet en pleine nature avec un coin terrasse.

**Les chambres** 2 dans la maison avec accès indépendant par escalier extérieur, 2 autres dans un pavillon indépendant.

**Les plus** Une ambiance tranquille et conviviale, le calme de la nature.

**Les environs** Le Saut du Doubs, le cirque de Consolation ; la Suisse tout près.

**Pour réserver** Mme Marcelpoix - Au Bois de la Biche 25140 Charquemont ✆03 81 44 07 01

## PAUL PERROT

3 chambres à 40€

**Le lieu** Une maison de caractère dans un parc avec piscine.

**Les chambres** A l'étage de la maison, confortables et agréables.

**Les plus** Visite de la ferme ; un beau cadre pleine nature. Tables d'hôtes exceptionnellement.

**Les environs** Le Saut du Doubs, les gorges du Doubs, le Chaux de Fonds, Neuchâtel.

**Pour réserver** Bois-Jeunet
25140 Les Ecorces ✆03 81 68 63 18

## MME TRIBUT FAURE

3 chambres à 38€

**Le lieu** Dans un ancien village fortifié, une maison traditionnelle en pierre recouverte de vigne vierge.

**Les chambres** Simples et agréables, donnant sur la terrasse.

**Les plus** Un accueil chaleureux, un cadre plaisant, table d'hôtes régionale.

**Les environs** Cascades du Hérisson, Baume-les-Messieurs, Arc-et-Senan, Arbois.

**Pour réserver** Place du Village 25440 Rennes sur Loue ✆03 81 63 52 62

## CHEZ MIZETTE

4 chambres à 40€

**Le lieu** Une ancienne ferme rénovée située derrière l'église de Vaudrivillers.

**Les chambres** Calmes et douillettes.

**Les plus** Ambiance conviviale, cuisine familiale à la table d'hôtes.

**Les environs** La grotte de la Glaciaire, l'abbaye de la Grâce-Dieu, Belmont.

**Pour réserver** 3, rue de l'Eglise
Philippe Marie-Josephe 25360 Vaudrivillers
✆03 81 60 45 70

## M. ET MME GRILLET

4 chambres de 34 à 42 €

**Le lieu** Dans le village, une ancienne ferme blanche avec un grand jardin.

**Les chambres** Certaines avec terrasse, avec vue sur le jardin ou la cour.

**Les plus** Ambiance conviviale, beaucoup de calme, décor sobre et chaleureux.

**Les environs** Cascades du Hérisson, belvédère des Quatre Lacs, pic de l'Aigle, lacs de Clairvaux et Chalain.

**Pour réserver** 12, rue de la Maison Blanche 39130 Bonlieu ✆03 84 25 59 12

## LA THUILERIE DES FONTAINES

4 chambres de 34 à 41 €

**Le lieu** Dans un parc, une belle demeure fin XVIIIe.

**Les chambres** Personnalisées, rustiques ou modernes.

**Les plus** Un cadre élégant, escalier en pierre, grandes cheminées et meubles anciens, jardin clos, petit déjeuner copieux.

**Les environs** Dole, Arc-et-Senans, vignoble.

**Pour réserver** Françoise et Michel Meunier 2, rue des Fontaines 39700 Châtenois ✆03 84 70 51 79 - Fax 03 84 70 57 79

## PHILIPPE ET ANNETTE BONNET

1 chambre à 42,70 €

**Le lieu** Une grande maison en pierre dans un petit village.

**Les chambres** Au rez-de-chaussée, avec télévision, terrasse, décor sobre et agréable.

**Les plus** Un agréable parc, une atmosphère reposante

**Les environs** Château-Chalon, Baume-les-Messieurs, Salins-les-Bains.

**Pour réserver** Place de la Mairie 39230 Darbonnay ✆03 84 85 50 12

## CHATEAU DE LA MUYRE

6 chambres de 38,12 à 64,04 €

**Le lieu** Un maison forte du XIIe construite sur des ruines gallo-romaines.

**Les chambres** Personnalisées, de la suite nuptiale avec son lit à baldaquin à la chambre Années Trente.

**Les plus** Un magnifique parc de 38 ha, un décor historique.

**Les environs** Baume-les-Messieurs, Château-Chalon.

**Pour réserver** Jocelyne Ferrain 39210 Domblans ✆03 84 44 66 49

## ANDREE ROMAND

3 chambres de 27,44 à 53,36 €

**Le lieu** Une ancienne ferme au centre du village avec une cour.

**Les chambres** Confortables et coquettes.

**Les plus** Ambiance tranquille et conviviale.

**Les environs** Château Chalon à 8 km, le lac de Chalain à 15 km, les cascades du Hérisson à 35 km.

**Pour réserver** Route de la Marre
39800 Fay en Montagne
✆03 84 85 30 79 - Fax 03 84 85 39 69

## CHEZ GERMAINE ET DOUGLAS BAUD

6 chambres à 35 €

**Le lieu** Une ferme agréablement fleurie dans un parc.

**Les chambres** Spacieuses, ouvertes sur la campagne et la vallée.

**Les plus** Le cadre fleuri primé, le décor avec le bois très présent, la table d'hôtes régionale avec les produits de la ferme.

**Les environs** Lons-le-Saunier, les paysages de lacs et de montagne.

**Pour réserver** 3, Le Vernois 39190 Grusse
✆03 84 25 04 03

## AUBERGE DES 5 LACS

5 chambres à 42,68 €

**Le lieu** Une ancienne ferme familiale près de Clairvaux.

**Les chambres** Confortables et aménagées avec goût.

**Les plus** Le charme de la décoration, ambiance conviviale, table d'hôtes régionale.

**Les environs** Les cascades du Hérisson, une station de ski de fond.

**Pour réserver** 66, route des Lacs
Laurence et Philippe Colombato 39130 Le Frasnois
✆03 84 25 51 32

## L'EOLIENNE

4 chambres de 42,70 à 48 €

**Le lieu** Une maison indépendante en pleine nature, accès direct aux chemins de randonnée.

**Les chambres** Tranquilles et confortables.

**Les plus** Baignade et pêche à 800 m ; observation de la faune et de la flore. Restaurant sur place.

**Les environs** Dans le site classé des 7 lacs ; les cascades du Hérisson.

**Pour réserver** Hameau la Fromagerie
39130 Le Frasnois
✆03 84 25 50 60 - Fax 03 84 25 50 38

## LA BARATTE

4 chambres à 45€

**Le lieu** Une ancienne fermette entièrement rénovée.

**Les chambres** Assez vastes, décor chaleureux et personnalisé, télévision.

**Les plus** Ambiance familiale et sympathique, généreuse cuisine régionale.

**Les environs** Le pont de la Pyle, la forêt et le château de Presilly, barrage de Vouglans.

**Pour réserver** Les Côtes 39270 Présilly ©03 84 35 55 18 - Fax 03 84 35 56 05

## CHATEAU GREA

4 chambres de 70 à 73€

**Le lieu** Une belle demeure fin XVIIIe située dans les vallons ensoleillés du vignoble.

**Les chambres** Raffinées et douillettes, avec vue sur le parc.

**Les plus** Dégustation des vins du domaine, un cadre apaisant.

**Les environs** Forêts, lacs, vignobles dans un rayon de 40 km.

**Pour réserver** Pierre et Bénédicte De Boissieu 39190 Rotalier ©03 84 25 05 07 - Fax 03 84 25 18 87

## MME RIGOULET

2 chambres à 38€

**Le lieu** Une ancienne ferme jurasienne.

**Les chambres** Agréables, installées sur deux niveaux.

**Les plus** Un cadre fleuri (mezzanine sur le jardin), un cadre confortable, coin cuisine, table d'hôtes autour du fromage.

**Les environs** Cascade du Hérisson, Lons-le-Saunier, lac Léman.

**Pour réserver** 37, rue du Mont Fleuri 39130 Saint-Maurice-Crillat ©03 84 25 21 02

## DOMAINE AUX CHAMPS DU BOIS

4 chambres à 40€

**Le lieu** Un manoir début de siècle avec une tourelle et une terrasse.

**Les chambres** Spacieuses et personnalisées, avec vue sur le parc.

**Les plus** Le parc autour avec ses animaux : biches, écureuils, faisans ; une étape apaisante.

**Les environs** Entre la Bourgogne et la Franche-Comté Dijon, Besançon, l'Arbois, le Jura.

**Pour réserver** Colette Lagé - Route de Dole 39100 Sampans ©03 84 82 25 10

## LE MOULIN

4 chambres à 49 €

**Le lieu** Un moulin restauré dans une région parsemée d'étangs.

**Les chambres** Confortables, avec une vue superbe sur le jardin et la rivière.

**Les plus** Un cadre verdoyant et parfaitement calme, pêche privée.

**Les environs** Arc-et-Senans, Villers Robert pour la maison familiale de Marcel Aymé.

**Pour réserver** Monamy Jacqueline
39120 Villers-Robert ✆ 03 84 71 52 39

## LES EGRIGNES - FABIENNE LEGO-DEIBER

3 chambres de 53,50 à 61 €

**Le lieu** Un petit château du XIXe dans un parc de 5 ha.

**Les chambres** Vastes et confortables, belle décoration, meubles anciens et vue sur le jardin.

**Les plus** Un cadre raffiné et charmant.

**Les environs** Besançon, Dijon, Dole, les vignobles du Jura et de l'Arbois, Salines Royales.

**Pour réserver** Route d'Hugier 70150 Cult
✆ 03 84 31 92 06

## LA CHAMPAGNE

5 chambres à 38 €

**Le lieu** Une maison sympathique en pleine campagne.

**Les chambres** Confortables, décor charmant, tranquilles.

**Les plus** Une belle situation, un grand séjour avec son poêle en faïence.

**Les environs** Le plateau des Mille Etangs, la chapelle de Ronchamp, Château-Lambert.

**Pour réserver** Luzia et Adalbert Bork
70270 Ecromagny
✆ 03 84 20 04 72 - Fax 03 84 20 04 72

## FERME LES GROS CHENES

4 chambres de 34 à 40 €

**Le lieu** A la campagne, près de la ferme, une maison contemporaine.

**Les chambres** Personnalisées au décor agréable.

**Les plus** Un cadre champêtre, avec le potager et le verger, table d'hôtes régionale avec les produits de la ferme.

**Les environs** Parc des Ballons des Vosges, chapelle de Ronchamp, Belfort.

**Pour réserver** M. et Mme Peroz 70400 Frahier
✆ 03 84 27 31 41

## LA MAISON ROYALE

6 chambres de 61 à 68,60 €

**Le lieu** Une superbe maison forte du XIIIe siècle dans l'un des Plus Beaux Villages de France.

**Les chambres** Personnalisées dans des ambiances ethniques ou traditionnelles,
jolie vue sur le parc.

**Les plus** Une très belle maison, un décor élégant et soigné.

**Les environs** La cité d'Arc et Senans, la Saône.

**Pour réserver** M. et Mme Hoyet 70140 Pesmes
✆03 84 31 23 23 - Fax 03 84 31 23 23

## ASTRID ET DANIEL ELBERT

2 chambres de 40,50 à 69,50 €

**Le lieu** Une ferme typique entièrement rénovée dans un parc et verger de plus d'1,5 ha.

**Les chambres** Décoration personnalisée dans un esprit cosy.

**Les plus** Ambiance chaleureuse et tranquille, possibilité de stages de peinture hors saison.

**Les environs** Le ballon d'Alsace, la route des Crêtes, la chapelle de Ronchamp (Le Corbusier).

**Pour réserver** 8, rue de la Chapelle 90170 Etueffont
✆03 84 54 68 63

## ALAIN ET MARYSE LIGIER

2 chambres à 41 €

**Le lieu** Une grande maison alsacienne avec jardin d'agrément.

**Les chambres** Décor raffiné dans un style alsacien.

**Les plus** Un jardin agréable, un cadre rustique et élégant.

**Les environs** L'Alsace et sa route des vins, les Hautes Vosges (Guebwiller).

**Pour réserver** 4, rue du Margrabant
90150 Larivière
✆03 84 23 80 46

BOURGOGNE - FRANCHE-COMTE

# BRETAGNE

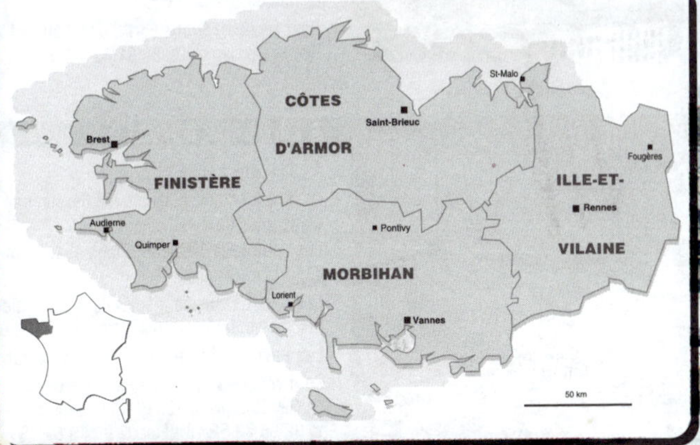
CÔTES
D'ARMOR
Saint-Brieuc
St-Malo
Brest
FINISTÈRE
Fougères
ILLE-ET-
VILAINE
Rennes
Audierne
Pontivy
Quimper
MORBIHAN
Lorient
Vannes
50 km

## ROSELYNE GORIN

3 chambres de 34 à 37 €

**Le lieu** Dans un hameau tranquille, une fermette en pierre du pays.

**Les chambres** Tranquilles et agréables, avec un mobilier d'inspiration plutôt rustique.

**Les plus** La situation pratique et agréable, la maison indépendante de celle des propriétaires, le coin cuisine.

**Les environs** La mer, Cap Fréhel, Saint-Malo, Dinard.

**Pour réserver** Le Dreneuf 22430 Erquy
© 02 96 72 10 07 - Fax 02 96 72 10 07

## TROEZEL VRAS

5 chambres de 47 à 52 €

**Le lieu** Sur une presqu'île, dans un parc de 2 ha, un manoir du XVIIe en pierre.

**Les chambres** Restaurées à l'ancienne (sols en terre cuite, meubles anciens), vue sur le jardin.

**Les plus** Un cadre historique et très bien restauré, une ambiance conviviale. Table d'hôtes avec des produits régionaux.

**Les environs** Sillon de Talbert, île de Bréhat, Paimpol, côte de Granit Rose.

**Pour réserver** M. et Mme Maynier 22610 Kerbors
© 02 96 22 89 68

## MARIE-FRANÇOISE BOUGET

2 chambres à 46 €

**Le lieu** Une ravissante maison en granit dans un jardin paysager de 3000 m2.

**Les chambres** Formant une suite familiale avec un petit salon. Vue sur la campagne.

**Les plus** Un cadre agréable avec la vue sur 7 clochers.

**Les environs** Perros-Guirrec, Paimpol, l'Ile de Bréhat, la côte de Granit Rose.

**Pour réserver** 9, rue Fort Castel Langoat 22450 La Roche Derrien © 02 96 91 32 12

## A LA GARDE DUCALE

4 chambres à 39 €

**Le lieu** Au cœur de la cité médiévale, une belle demeure XVIe.

**Les chambres** Très confortables, avec un élégant décor personnalisé.

**Les plus** La cuisine médiévale. Visite guidée de la ville. Piscine et tennis sur place.

**Les environs** Saint-Brieuc à 18 km, Lamballe à 13 km.

**Pour réserver** 10, Place Penthièvre
Le Ray Christiane 22510 Moncontour
© 02 96 73 52 18 - Fax 02 96 73 52 18

## LE COLOMBIER

4 chambres à 45 €

**Le lieu** Une ferme traditionnelle en pierre, en pleine campagne.

**Les chambres** Installées dans une aile indépendante, mansardées, claires et personnalisées, plutôt modernes.

**Les plus** La salle de petit déjeuner dans une ancienne étable, le calme de la situation.

**Les environs** Côte de Granit Rose, Bréhat.

**Pour réserver** M. et Mme Fajolles. Coat Gourhant - Louannec 22700 Perros-Guirec ✆ 02 96 23 29 30

## MALIK

2 chambres de 48 à 78 €

**Le lieu** Une élégante maison dessinée par l'architecte breton Michel Velly dans un jardin varié.

**Les chambres** Agréables et accueillantes.

**Les plus** L'agréable pergola, le petit-déjeuner brunch.

**Les environs** Dinan, Saint-Malo, Dinard, le Cap Fréhel, le Mont-Saint-Michel.

**Pour réserver** Martine et Hubert Viannay
Chemin de l'Etoupe 22980 Plélan-le-Petit
✆ 02 96 27 62 71

## FERME-AUBERGE AU CHAR À BANCS

5 chambres de 60 à 85 €

**Le lieu** Une ancienne minoterie dont la véranda donne sur une rivière.

**Les chambres** Dans les anciens greniers à grain, décor rustique et chaleureux avec des meubles régionaux et des objets de brocante.

**Les plus** Un cadre soigné, les crêpes et galettes, la vue sur la vallée.

**Les environs** Châtelaudren (Petite Cité de Caractère), Binic, côte du Goëlo.

**Pour réserver** Famille Lamour - Moulin de la ville Gefroy 22170 Plelo ✆ 02 96 74 13 63

## MARTINA ET PHILIPPE LEGARS

2 chambres de 43 à 46 €

**Le lieu** Une tranquille maison en pierre du XIXe siècle.

**Les chambres** Décor sobre et chaleureux, avec le carrelage, les murs blancs et les poutres apparentes, vue sur le jardin.

**Les plus** Un agréable jardin clos, un ensemble rustique et agréable.

**Les environs** Cap Fréhel, fort Lalatte, baie d'Erquy.

**Pour réserver** Rue Notre-Dame
22240 Plevenon ✆ 02 96 41 55 02

## MANOIR DE KERGREC'H

6 chambres à 92 €

**Le lieu** Un manoir du XVIIe dans un parc en bordure de mer.

**Les chambres** Ravissantes, décorées d'un beau mobilier d'époque.

**Les plus** La situation enviable, près de la mer et avec un GR en bas du parc.

**Les environs** La côte de Granit Rose, l'île de Bréhat, la côte de Plougrescant.

**Pour réserver** Vicomte et Vicomtesse de Roquefeuil 22820 Plougrescant
✆ 02 96 92 59 13 - Fax 02 96 92 51 27

## FERME DE MALIDO

6 chambres de 33 à 40 €

**Le lieu** Sur une exploitation agricole, une belle longère typique en pierre restaurée.

**Les chambres** Calmes et confortables, un espace plutôt généreux.

**Les plus** Une atmosphère conviviale, un cadre agréable, en été le labyrinthe dans le maïs.

**Les environs** Les plages, cap Fréhel, Erquy, baie de Saint-Brieuc.

**Pour réserver** M. et Mme Legrand 22400 Saint-Alban
✆ 02 96 32 94 74 - Fax 02 96 32 92 67

## L'ANCIEN PRESBYTERE

3 chambres à 50 €

**Le lieu** Une maison de granit des XVIIe-XVIIIe siècles, reconnaissable à ses volets bleus.

**Les chambres** Un cadre bourgeois et soigné, avec un beau mobilier ancien.

**Les plus** Un cadre adorable, dans son architecture comme sa décoration.

**Les environs** Locmaria, la Roche-Jagu, côte de Granit Rose.

**Pour réserver** Nicole de Morchoven 22420 Tregrom
✆ 02 96 47 94 15 - Fax 02 96 47 94 15

## LE GRENIER

3 chambres de 34 à 37 €

**Le lieu** Dans un grand jardin, une maison de caractère en pierre.

**Les chambres** Spacieuses et meublées à l'ancienne, avec vue sur la campagne.

**Les plus** Un décor rustique et chaleureux, petit déjeuner avec les produits de la ferme, cuisine à disposition.

**Les environs** Baie de Saint-Brieuc, Moncontour, Val-André, cap Fréhel.

**Pour réserver** Mme Loquin 22120 Yffiniac
✆ 02 96 72 64 55 - Fax 02 96 72 68 74

## NICOLE ET JEAN-RENE CHRISTIEN

3 chambres de 41 à 51 €

**Le lieu** Près de l'oratoire de Sainte-Anne, une longère typique en pierre.

**Les chambres** Dans une maison indépendante, avec des ambiances personnalisées.

**Les plus** Des chambres soignées, un équipement pratique (cuisine équipée, lave-linge), des petits déjeuners sympathiques.

**Les environs** Pont-Aven, Concarneau, Quimperlé, Quimper, Lorient.

**Pour réserver** Sainte-Anne 29380 Bannalec
✆ 02 98 39 53 44 - Fax 02 98 39 53 44

## LA FERME DE PORZ KLOZ

7 chambres de 39 à 61 €

**Le lieu** Plusieurs maisons typiques des mont d'Arrée, en schiste et granit.

**Les chambres** Personnalisées, de 10 à 40 m2, rustiques ou plus modernes, vue sur le jardin.

**Les plus** Un bel ensemble, cuisine autour des produits de la ferme (spécialité de veau).

**Les environs** Les monts d'Arrée, abbaye du Relecq, Huelgoat.

**Pour réserver** Trédulon le Moine 29690 Berrien
✆ 02 98 99 61 65 - Fax 02 98 99 67 36

## MANOIR DE PREVASY

5 chambres de 42 à 50 €

**Le lieu** Un manoir du XVIe dans une belle cour d'honneur fleurie.

**Les chambres** Agréables, mobilier ancien, avec la vue sur la cour et la campagne.

**Les plus** Une architecture authentique, belles pierres et poutres apparentes.

**Les environs** Le Parc d'Armorique à 20 km, le canal de Nantes à Brest à 2 km.

**Pour réserver** 29270 Carhaix
✆ 02 98 93 24 36 - Fax 02 98 93 24 36

## FRANÇOIS ET ANNIE MOYSAN

3 chambres à 43 €

**Le lieu** Une belle maison en pierre et son jardin fleuri.

**Les chambres** Tranquilles et agréables.

**Les plus** Une situation pratique, une belle maison de caractère.

**Les environs** L'île de Batz, Roscoff, le circuit des enclos paroissiaux.

**Pour réserver**
Coz-Milin 29233 Cleder
✆ 02 98 69 42 16 - Fax 02 98 69 42 16

## JEAN-MICHEL GUILLO

1 chambre à 41 €

**Le lieu** Une belle maison, typique de la région.

**Les chambres** Simple et sympathique.

**Les plus** Une atmosphère tranquille, un accueil chaleureux.

**Les environs** Concarneau, Bénodet, les îles de Glénan, Quimper.

**Pour réserver** Lanjulien
29940 La Forêt Fouesnant ✆ 02 98 56 95 01
ou 06 62 26 95 01 - Fax 02 98 56 85 11

## M. ET MME PUCHOIS

3 chambres de 30 à 39 €

**Le lieu** Une maison de style régional, avec une fresque fleuri peinte sur le pignon.

**Les chambres** Confortablement aménagées, au décor sobre et agréable.

**Les plus** Convivialité, petits-déjeuners couleur locale (crêpes, far). Cuisine à disposition.

**Les environs** Enclos paroissiaux, monts d'Arrée, baie de Morlaix, Roscoff.

**Pour réserver** 26, Kerverez 29400 Lampaul-Guimiliau
✆ 02 98 68 62 02 - Fax 02 98 68 62 02

## M. ET MME MERCIER

3 chambres de 29 à 32 €

**Le lieu** Une grande maison de style breton non loin du centre ville.

**Les chambres** Un décor clair et plutôt moderne pour des chambres agréables à vivre,
literie neuve.

**Les plus** La situation entre ville et campagne, l'ambiance conviviale.

**Les environs** Les enclos paroissiaux, Brest, la mer.

**Pour réserver** 11, allée de Pen Ar l'Hoat
29800 Landerneau ✆ 02 98 85 20 56

## ANNE-MARIE YOUINOU

3 chambres à 39 €

**Le lieu** Une maison construite en 1904 entourée d'un jardin.

**Les chambres** Claires et fonctionnelles, meublées dans un style régional.

**Les plus** La campagne environnante, l'accueil sympathique.

**Les environs** La Pointe du Raz à 35 km, la Presqu'Ile de Crozon à 45 km, Douarnenez à 5 km.

**Pour réserver** Le Carbon 29100 Le Juch
✆ 02 98 92 21 08

## RENE ET GERMAINE BOZEC

2 chambres à 38 €

**Le lieu** Une maison moderne et spacieuse dans un grand jardin.

**Les chambres** Coquettes et meublées d'ancien, avec vue sur la campagne.

**Les plus** Des prestations confortables, une agréable véranda et une table d'hôtes à petit prix et très couleur locale.

**Les environs** les abers, les départs pour les îles (Ouessant, Batz), les enclos.

**Pour réserver** Pencréach 29260 Loc-Brévalaire
✆ 02 98 25 50 99

## TRENOGOAT

4 chambres de 44 à 46 €

**Le lieu** Dans un grand parc, une ancienne longère du XVIIIe.

**Les chambres** Un charme rustique et la vue sur le jardin et le verger.

**Les plus** Beaucoup de calme, salon chaleureux avec poutres et cheminée.

**Les environs** Balade le long de la rivière ou sur le sentier côtier. Plage à 8 km.

**Pour réserver** M. et Mme Macé
Route du Pont de Merrien 29350 Moëlan/Mer
✆ 02 98 39 62 82 - Fax 02 98 39 78 09

## JEAN ET YVONNE RICHARD

2 chambres à 37 €

**Le lieu** Une demeure contemporaine dans un très beau jardin fleuri de 2000 m2.

**Les chambres** Une meublée en merisier, l'autre plutôt rustique.

**Les plus** Un cadre tranquille et agréable, kitchenette à disposition.

**Les environs** La côte sauvage et ses plages, Brest, le marché typique de Lesneven.

**Pour réserver** Kerivoal 29260 Ploudaniel
✆ 02 98 83 17 17

## ALLAIN ET SYLVIE CAZUC

3 chambres à 37 €

**Le lieu** Une ancienne longère en pierre de pays avec jardin et parking.

**Les chambres** Toutes de plain pied avec accès direct au jardin.

**Les plus** Un ensemble agréable et un accueil sympathique.

**Les environs** Roscoff, l'Ile de Batz ; la mer (char à voile, pêche).

**Pour réserver** Lopreden 29420 Plouenan
✆ 02 98 69 50 62 - Fax 02 98 69 50 02

## MANOIR DE LANLEYA

5 chambres à 55 €

**Le lieu** Un manoir du XVIe sur 1 ha de jardins bordés par la rivière.

**Les chambres** Elégantes, mobilier de style, décor romantique et cheminée.

**Les plus** La pêche en rivière ; on peut visualiser les lieux sur www.multimania.com/lanleya.

**Les environs** La baie de Morlaix, la côte de Granit Rose, le Parc Régional d'Armorique.

**Pour réserver** André Marrec 29610 Plouigneau
✆ 02 98 79 94 15 - Fax 02 98 79 94 15

## VERONIQUE LAROUR

3 chambres à 41 €

**Le lieu** Une maison en pierre indépendante de celle des propriétaires.

**Les chambres** Spacieuses et claires, vue sur la cour et le jardin.

**Les plus** La situation à la fois calme et pratique, l'environnement fleuri, le coin cuisine.

**Les environs** Pont-Aven, Concarneau, le golfe du Morbihan.

**Pour réserver** Kermentec 29930 Pont-Aven
✆ 02 98 06 07 60

## LES TILLEULS DE GOASVENNOU

4 chambres à 41 €

**Le lieu** Une grande maison bretonne tout en pierre dans un magnifique cadre de verdure.

**Les chambres** Toutes avec accès indépendant, d'un bon confort.

**Les plus** Le charme du cadre, avec l'étang, une cuisine conviviale (soirées crêpes par exemple).

**Les environs** La forêt de Huelgoat, le parc naturel d'Armorique.

**Pour réserver** Ghislaine Degryse-Briand
29246 Poullaouen
✆ 02 98 93 57 63 - Fax 02 98 93 53 88

## LES HORTENSIAS

2 chambres à 36,60 €

**Le lieu** Une maison ancienne des années 30 dans un jardin clos et arboré de 2500 m2.

**Les chambres** Plutôt vastes et agréables.

**Les plus** La véranda sur le jardin, l'atmosphère tranquille.

**Les environs** Quimperlé et son sentier de découverte, la forêt domaniale de Carnoët, le site de Saint-Maurice.

**Pour réserver** M. et Mme Guillerm - Kernec
29310 Querrien ✆ 02 98 71 35 22

BRETAGNE

## MANOIR DE KERLIVIDIC

2 chambres à 53,36 €

**Le lieu** Un manoir du XVe siècle dans un parc.

**Les chambres** Dans les dépendances, très vastes, avec des meubles de caractère et une belle lumière.

**Les plus** Le parc planté de camélias et rhododendrons, l'élégance des lieux.

**Les environs** Quimper, Locronan, Bénodet, presqu'île de Crozon.

**Pour réserver** Mme Patricia-Inès Le Cain
20, chemin de Kerlividic 29000 Quimper
✆ 02 98 64 07 67 - Fax 02 98 64 07 72

## LA MAISON D'HIPPOLYTE

4 chambres à 43 €

**Le lieu** Une maison début de siècle avec jardinet et terrasse face à une rivière maritime.

**Les chambres** Douillettes et confortables, décoration agréable.

**Les plus** La situation au cœur de la vieille ville, les expositions de photos et de peintures.

**Les environs** Pont-Aven, Quimper, les chemins côtiers, la vieille ville de Quimperlé.

**Pour réserver** Mme Leoscat. 2, quai Surcouf 29300 Quimperlé ✆ 02 98 39 09 11 ou 06 62 57 09 11

## FERME-AUBERGE DU SEILLOU

6 chambres à 43 €

**Le lieu** Une ferme-auberge typiquement bretonne.

**Les chambres** Réparties entre la ferme-auberge et une annexe.

**Les plus** Les spécialités locales : bœuf, poulet, porc, cidre, crêpes.

**Les environs** La Rade de Brest à 300 m, la presqu'île de Crozon.

**Pour réserver** Seillou 29590 Rosnoën
✆ 02 98 81 92 21 - Fax 02 98 81 07 14

## KERELISA

5 chambres à 38 €

**Le lieu** Sur une exploitation de fraises et d'échalotes, une maison de maître du XIXe siècle rénovée il y a 10 ans.

**Les chambres** Soignées, avec vue sur le jardin ou les champs de fraises.

**Les plus** Le calme de la campagne, un décor simple et agréable. Cuisine à disposition.

**Les environs** Morlaix, monts d'Arrée.

**Pour réserver** M. et Mme Abiven-Guéguen. Kérélisa 29600 Saint-Martin des Champs ✆ 02 98 88 27 18

## LA HAMELINAIS

5 chambres de 35 à 40 €

**Le lieu** Une maison typique en pierres du pays.

**Les chambres** Ouvertes sur le jardin, deux avec mezzanine.

**Les plus** Un cadre apaisant et de caractère, un jardin très agréable, petit déjeuner avec les produits de la ferme.

**Les environs** Dol-de-Bretagne, mont Saint-Michel, Cancale, Saint-Malo, Dinan.

**Pour réserver** La Hamelinais 35120 Cherrueix
✆ 02 99 48 95 26 - Fax 02 99 48 89 23

## MALOUINIERE DE LAUNAY-BLOT

3 chambres de 53,36 à 68,65 €

**Le lieu** Une malouinière du XVIIe siècle dans la baie du mont Saint-Michel.

**Les chambres** Une très grande au 1er au décor fleuri, deux plus petites au 2e, décor lambris à l'ancienne et vue sur la campagne.

**Les plus** Une belle propriété, avec le parc et l'étang, un décor soigné.

**Les environs** Mont Saint-Michel, Saint-Malo.

**Pour réserver** M. et Mme Mabile 35120 Launay-Blot
✆ 02 99 48 07 48 - Fax 02 99 80 94 47

## MADAME SCARLAT

4 chambres de 49 à 60 €

**Le lieu** Une demeure de caractère dans la baie du Mont Saint-Michel.

**Les chambres** Modernes ou traditionnelles, elles sont bien équipées (TV, mini-bar).

**Les plus** La terrasse et le salon de jardin, et le vaste jardin lui-même (7000 m2).

**Les environs** Randonnées et équitation dans la forêt du Mesnil ; Combourg à 8 kilomètres.

**Pour réserver** Madame Scarlat. Le Baillage 35540 Le Tronchet ✆ 02 99 58 17 98 Fax 02 99 58 17 97

## LES CAMELIAS

4 chambres à 41 €

**Le lieu** Une maison 1900 dans une propriété superbement fleurie et boisée.

**Les chambres** Charmant décor de meubles et bibelots anciens, vue sur le parc.

**Les plus** Produits venant de la ferme au menu ; les fleurs du jardin.

**Les environs** Saint-Malo, Cancale, Cap Frehel, toute la région de Brocéliande.

**Pour réserver** Maryvonne Bosi. 77, av. de la Gare 35360 Montauban-Bretagne ✆ 02 99 06 39 89

## ANNIE ET ROBERT MORVAN

3 chambres à 46 €

**Le lieu** Une longère en grès et schiste dans un jardin paysager de 2000 m2.

**Les chambres** Un décor raffiné, tapisseries et meubles peints, entrée indépendante.

**Les plus** L'ambiance maison d'artiste, l'atmosphère calme et romantique.

**Les environs** Forêt de Paimpont, Rochefort en Terre, Malestroit (cités médiévales), le parc préhistorique de Malansac.

**Pour réserver** La Corne de Cerf - Le Cannée 35380 Paimpont ✆ 02 99 07 84 19

## MANOIR DE LA COSTARDIERE

4 chambres de 36 à 44 €

**Le lieu** En pleine campagne, un manoir du XVIe siècle en pierre, ferme en activité.

**Les chambres** Ouvertes sur le jardin et l'étang, lumineuses, avec mobilier d'époque.

**Les plus** De beaux bâtiments en granit, un décor agréable, un parc avec les animaux de la ferme. Coin cuisine à disposition.

**Les environs** Mont Saint-Michel, Saint-Malo, Dol-de-Bretagne.

**Pour réserver** Baie du Mont Saint-Michel 35610 Pleine Fougères ✆ 02 99 48 55 92

## LA BERGERIE

5 chambres de 39 à 43 €

**Le lieu** Une longère construite au XVIIe siècle et entièrement rénovée au XXe.

**Les chambres** Personnalisée, ambiance plutôt rustique, mobilier régional ancien.

**Les plus** Ambiance conviviale, cuisine et bibliothèque à disposition.

**Les environs** Mont Saint-Michel, Cancale, Saint-Malo, Dinan, Dinard, Fougères.

**Pour réserver** La Poultière n°12 35610 Roz sur Couesnon ✆ 02 99 80 29 68 - Fax 02 99 80 29 68

## LA GOELETTE

3 chambres de 45 à 53 €

**Le lieu** Une vieille demeure du XVIIe avec jardin, cour, préau et place de parking privée.

**Les chambres** Décoration personnalisée, bon confort.

**Les plus** Le charme de la maison et de la situation.

**Les environs** La Côte d'Emeraude à 12 km, la vallée de la Rance sur place, St-Malo à 10 km ; thalasso à 13 km.

**Pour réserver** Sobek Peter - 2, rue Besnier
35430 Saint-Suliac ✆ 02 99 58 47 03

## LES MOUETTES

5 chambres de 47,25 à 53,35 €

**Le lieu** Une belle maison en pierre reconnaissable à ses volets bleus.

**Les chambres** Un très beau décor sobre, une belle lumière, vue sur le jardin ou la rue.

**Les plus** Un cadre soigné et très élégant, tant pour l'extérieur que l'intérieur.

**Les environs** Mont Saint-Michel, cap Fréhel, Saint-Malo, Dinan, Cancale.

**Pour réserver** Isabelle Rouvrais - Grande Rue 35430 Saint-Suliac ✆ 02 99 58 30 41 - Fax 02 99 58 39 41

## LE PETIT MOULIN DU ROUVRE

4 chambres de 60 à 63 €

**Le lieu** Un ancien moulin à eau du XVIIe au bord d'un étang.

**Les chambres** Cadre rustique et élégant, vue sur l'étang ou la campagne, télévision.

**Les plus** Un ensemble superbe, un cadre parfaitement calme au bord de l'eau (domaine arboré de 3 ha).

**Les environs** Dinan, Saint-Malo, Combourg.

**Pour réserver** Régis Maillard
35720 St-Pierre-de-Plesguen
✆ 02 99 73 85 84 - Fax 02 99 73 71 06

## VILLA RADENEC

1 chambre à 43 €

**Le lieu** Une villa en pierre typique de bord de mer.

**Les chambres** Entrée indépendante, vue sur la mer, possibilité d'y adjoindre deux petites chambres pour former une suite familiale.

**Les plus** La situation dans un des plus beaux villages de France, au bord de l'eau.

**Les environs** Saint-Malo, Dinard, vallée de la Rance, Côte d'Emeraude.

**Pour réserver** Mme Fesaix - 11, Quai de Rance
35430 St-Suliac ✆ 02 99 58 46 83

## DOMAINE DE KERDREAN

4 chambres de 28 à 45 €

**Le lieu** Sur 5 ha boisé, une ferme typique en pierre, avec chaumière XVe et longère XVIIIe.

**Les chambres** Un cadre agréable, un charme plutôt rustique.

**Les plus** Un ensemble superbe, beaucoup de calme et de charme.

**Les environs** Golfe du Morbihan, Carnac, Quiberon.

**Pour réserver** M. Demais 56390 Brandivy
© 02 97 56 12 50 - Fax 02 97 56 10 52

## LE REZ

3 chambres de 31 à 34 €

**Le lieu** Une longère typiquement bretonne en pierre du pays et son jardin ombragé.

**Les chambres** Spacieuses, avec vue sur le parc.

**Les plus** Ambiance tranquille et conviviale, possibilité de cuisiner.

**Les environs** Brocéliande à 30 km, la plage à 35 km, les châteaux, les musées.

**Pour réserver** Mr et Mme Le May
56420 Buléon © 02 97 75 33 64

## L'ALCYONE

5 chambres de 46 à 53 €

**Le lieu** Une longère restaurée sur un terrain de 8 000 m2.

**Les chambres** Vastes, décoration soignée, bien isolées les unes des autres.

**Les plus** Beaucoup de calme, la vue sur la campagne.

**Les environs** Les plages de Carnac, la côte sauvage de Quiberon à 17 km, Belle-Ile en Mer.

**Pour réserver** Impasse de Beaumer
56340 Carnac-Plage
© 02 97 52 78 11 ou 06 68 31 43 17

## YVES DOUGUET

5 chambres de 30,50 à 38 €

**Le lieu** Une construction de style néo-breton entourée d'un parc boisé d'1 ha.

**Les chambres** Coquettes et confortables, récemment redécorées.

**Les plus** Un sympathique jardin boisé, un cadre soigné.

**Les environs** Le golfe du Morbihan, Lorient, Belle-Ile en Mer.

**Pour réserver** Route du Pont-Scorff
56850 Caudan © 02 97 05 64 28

## CHRISTINE ET ALBERT CHOTARD

5 chambres à 46 €

**Le lieu** Une vieille ferme entièrement restaurée.

**Les chambres** Un décor clair, lumineux et chaleureux, avec bois blond, lambris et teintes douces.

**Les plus** Un cadre apaisant, de magnifiques extérieurs primés.

**Les environs** Forêt de Brocéliande, Ploermel, Malestroit.

**Pour réserver** La Biliais 56380 Guer
© 02 97 75 74 84 - Fax 02 97 75 81 22

## LA CRISTE MARINE

2 chambres à 58 €

**Le lieu** Une maison neuve faite de matériaux anciens à 50 m de la mer.

**Les chambres** Coquettes et plutôt spacieuses, avec terrasse privative et vue imprenable sur la mer.

**Les plus** Le décor de carte postale avec la plage en bas du jardin.

**Les environs** La réserve ornithologique, la réserve minéralogique, les Grands Sables.

**Pour réserver** Poupee Monique - Locqueltas 56590 Ile-de-Groix © 02 97 86 83 04

## KERDELAN

4 chambres de 48 à 55 €

**Le lieu** Une grande maison contemporaine, dans un parc avec accès direct à la mer.

**Les chambres** De beaux meubles anciens, terrasse pour profiter de la vue sur le golfe.

**Les plus** Confort soigné et cadre agréable pour profiter de la mer (baignade à marée haute).

**Les environs** Sur le golfe du Morbihan, Vannes, Auray, Carnac, tumulus de Gavrinis.

**Pour réserver** Marie-Claude Hecker. Locqueltas 56870 Larmor-Baden © 02 97 57 05 85 - Fax 02 97 57 25 02

## M. ET MME GABRIEL MAHO

6 chambres de 38 à 41 €

**Le lieu** Dans un hameau, une ancienne chaumière du XVIIe sur une exploitation agricole.

**Les chambres** Simples et agréables, avec du mobilier du pays.

**Les plus** Les volailles et le cidre de la ferme en table d'hôtes, atmosphère familiale.

**Les environs** Ria d'Etel à 5 km, la plage à 12 km, Carnac et Quiberon à 15 km.

**Pour réserver** Kervihern 56550 Locoal-Mendon
© 02 97 24 64 09

## MARIE-FRANCE JAMBOU

5 chambres de 40 à 43 €

**Le lieu** Une demeure de caractère au cœur de la Cornouaille bretonne.

**Les chambres** Tranquilles, avec un décor particulièrement soigné.

**Les plus** Le confort et le calme ; jardin privé et salon de jardin.

**Les environs** Les Roches du Diable, Quimperlé, le Faouët, Plouay.

**Pour réserver** Roscalet 56320 Meslan
✆ 02 97 34 24 13 - Fax 02 97 34 24 13

## LES CHAUMIERES DE KERIMEL

4 chambres de 60 à 68 €

**Le lieu** Une ancienne ferme du XVIIe composée de plusieurs longères.

**Les chambres** Vastes (jusqu'à 35 m2), décor soigné, matériaux apparents, mobilier ancien.

**Les plus** Un cadre chaleureux, la maison comme la campagne alentours.

**Les environs** Carnac, golfe du Morbihan, Quiberon, Locmariaquer, Gavrini.

**Pour réserver** M. et Mme Malherbe - Kérimel 56400 Ploemel ✆ 02 97 56 84 72 - Fax 02 97 56 84 72

## LA CHAUMIERE DE KERVARSAL

3 chambres de 49 à 64 €

**Le lieu** Une belle chaumière du XVIIe siècle.

**Les chambres** Spacieuses et raffinées, coloris chaleureux et beau mobilier.

**Les plus** Une architecture remarquable, un séduisant jardin fleuri.

**Les environs** Lorient, Carnac, golfe du Morbihan, Auray.

**Pour réserver** 56670 Riantec
✆ 02 97 33 58 66 - Fax 02 97 33 49 47

## MANOIR DU QUENGO

3 chambres de 41,16 à 64,03 €

**Le lieu** Un manoir du XVIIe siècle dans un parc arboré.

**Les chambres** Très vastes, avec leur coin salon, leur décor élégant et la vue sur le parc.

**Les plus** Beaucoup de calme, les détails de l'architecture : escalier, pierres sculptées, écussons.

**Les environs** Abbaye de Timadeuc, châteaux de Josselin et Pontivy, canal de Nantes à Brest.

**Pour réserver** Le Quengo 56580 Rohan
✆ 02 97 38 95 46 - Fax 02 97 38 98 91

## LA FERME DE BERNAC

3 chambres à 43 €

**Le lieu** A côté de la ferme, une sympathique longère typique en pierre.

**Les chambres** 1 chambre spacieuse et au décor chaleureux, ouverte sur le jardin.

**Les plus** Un cadre accueillant, beau jardin, décor soigné, coin cuisine.

**Les environs** Vannes, Josselin, Pontivy, Auray, Saint-Goustan.

**Pour réserver** Jeanne et Ernest Le Brun - Bernac
56500 Saint-Allouestre
✆ 02 97 60 06 60 - Fax 02 97 60 06 60

## CHATEAU DE CASTELLAN

5 chambres de 77 à 100 €

**Le lieu** Un château Renaissance et son parc.

**Les chambres** Personnalisées, certaines avec un superbe décor historique.

**Les plus** L'auberge installée dans les dépendances du château, le cadre très agréable.

**Les environs** Le golfe du Morbihan, Rochefort-en-Terre, la basse vallée de l'Oust.

**Pour réserver** M. et Mme Cossé
56200 St-Martin-sur-Oust
✆ 02 99 91 51 69 - Fax 02 99 51 57 41

# CENTRE

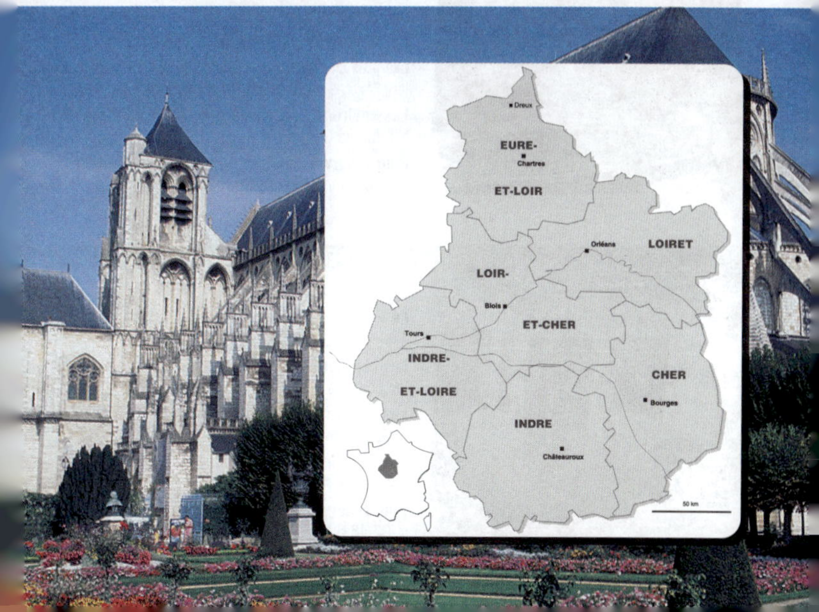
Dreux
EURE-
Chartres
ET-LOIR
Orléans
LOIRET
LOIR-
Blois
ET-CHER
Tours
INDRE-
ET-LOIRE
CHER
Bourges
INDRE
Châteauroux
50 km

## DOMAINE DE VILOTTE

5 chambres de 60 à 70 €

**Le lieu** Une maison de caractère du milieu XIXe dans un parc de 3 ha.

**Les chambres** Confortables, avec un beau mobilier ancien.

**Les plus** Une belle propriété avec roseraie, parc et étang.

**Les environs** L'abbaye de Noirlac, la maison de George Sand, la route Jacques Cœur.

**Pour réserver** M. et Mme Champenier 18170 Ardenais ✆02 48 96 04 96 - Fax 02 48 96 04 96

## LA RENARDIERE

2 chambres de 53 à 91 €

**Le lieu** Dans un petit parc fleuri et arboré, une belle maison bourgeoise du XVIIIe.

**Les chambres** Elégantes et personnalisées.

**Les plus** Un cadre élégant, tant la maison que son parc, avec les jardins en espalier. Organisation de séjours à thèmes, notamment autour des écrivains dans la région.

**Les environs** Val de Loire, Sologne, Sancerre.

**Pour réserver** M. et Mme Hardy-Callot 21, rue Pierre Juglar 18410 Blancafort ✆02 48 58 40 16 - Fax 02 48 58 40 16

## CLAUDE ET CLAUDE MOREAU

3 chambres de 61 à 76 €

**Le lieu** Une maison des années 40, construite dans un agréable style pierre et colombages, dans un superbe parc à la française.

**Les chambres** Elégantes, avec vue sur le parc.

**Les plus** Des prestations de qualité dans un cadre soigné, tant l'extérieur que l'intérieur meublé style Art Déco.

**Les environs** La route Jacques Cœur, l'abbaye de Noirlac, la forêt du Tronçais.

**Pour réserver** La Serre, route de Dun - Laugère 18210 Charenton-sur-Cher ✆02 48 60 75 82

## LA MADENRIE

3 chambres de 42 à 84 €

**Le lieu** Une ferme berrichonne du XIXe, avec sa cour intérieure close.

**Les chambres** Confortables, donnant sur le jardin ou les champs.

**Les plus** Un bel ensemble, un très beau jardin primé, table d'hôtes.

**Les environs** Châteaux d'Ainay-le-Vieil ou de Meillant, abbaye de Noirlac, forêt du Tronçais.

**Pour réserver** Le Haut de Changy 18210 Coust ✆02 48 63 52 84 - Fax 02 48 63 52 84

## LA BELLE EPOQUE

1 chambre à 50€

**Le lieu** Au cœur de Sancerre, une très belle maison typique, construite au XVIIIe.

**Les chambres** Beaucoup de caractère, avec les poutres apparentes.

**Les plus** Le charme de la maison, primée pour la qualité de sa restauration. Accueil soigné.

**Les environs** Sancerre même, balade sur la Loire, visite du vignoble.

**Pour réserver** M. et Mme Thibaudat
31, rue St-André 18300 Sancerre
✆02 48 78 00 04 - Fax 02 48 78 00 04

## DOMAINE DE PARASSAY

4 chambres de 37 à 39€

**Le lieu** Un vieux corps de ferme sur un parc de 1 ha.

**Les chambres** Dans les anciennes étables, un décor rustique avec pierres et poutres apparentes.

**Les plus** La salle à manger avec cheminée, le parc avec étang, miel et confiture maison.

**Les environs** Abbaye de Noirlac, château de Lignières, Bourges.

**Pour réserver** Parassay 18160 Saint-Baudel
✆02 48 60 14 18 - Fax 02 48 60 14 18

## FERME DU CHATEAU

3 chambres de 45 à 55€

**Le lieu** Une grande maison de ferme dans un beau jardin fleuri.

**Les chambres** Tranquilles et agréables, non-fumeurs.

**Les plus** Ambiance calme et champêtre, possibilité de garage.

**Les environs** Chartres et sa cathédrale, la vallée de l'Eure, le Perche à 50 km.

**Pour réserver** M. et Mme Vasseur - Leveville
28300 Bailleau-l'Eveque ✆02 37 22 97 02

## MONIQUE ET JAMES ALLEZY

3 chambres de 29 à 32,50€

**Le lieu** Le corps de ferme d'une exploitation céréalière, avec des bâtiments début XXe.

**Les chambres** Dans une maison indépendante, avec vue sur les prés ou la cour.

**Les plus** Des prestations simples et agréables, un bon rapport qualité-prix, table d'hôtes.

**Les environs** Châteaudun, vallée du Loir, château de Montigny.

**Pour réserver** 8, rue de l'Etoile. Crépainville 28200 Châteaudun ✆02 37 45 37 44

## LE CARCOTAGE BEAUCERON

4 chambres à 41,50 €

**Le lieu** Une ferme beauceronne dans une cour fermée et son jardin à l'anglaise.

**Les chambres** Vastes, décorées de mobilier de famille, vue sur la cour ou le jardin.

**Les plus** Une ambiance familiale et reposante, une belle cour fleurie et arborée.

**Les environs** Chartres, Bonneval.

**Pour réserver** Jean-Baptiste Violette. 8, rue Saint-Martin 28800 Pré-Saint-Martin ✆ 02 37 47 27 21 ou 06 80 08 37 32 - Fax 02 37 47 38 09

## GINETTE RAGU

2 chambres de 32 à 38 €

**Le lieu** Deux maisons côte à côte, une en briques, une plus contemporaine.

**Les chambres** Une dans la maison principale avec son coin télé, une dans l'autre maison très grande, également avec télévision.

**Les plus** Une situation pratique et tranquille, une ambiance conviviale.

**Les environs** Chartres, château de Maintenon.

**Pour réserver** 28, rue de la Pierre Percée 28300 Saint-Prest ✆ 02 37 22 30 38 - Fax 02 37 22 30 38

## DETOUR BEAUCERON

3 chambres à 40 €

**Le lieu** Une ancienne ferme beauceronne en pierre.

**Les chambres** Une au rez-de-chaussée, deux à l'étage, toutes avec entrée indépendante.

**Les plus** Une étape tranquille dans la campagne beauceronne, grand terrain fleuri.

**Les environs** Les moulins à vents, Orléans, Pithiviers, Chartres et sa cathédrale.

**Pour réserver** Annette Maillaux - 1-3, rue du Moulin - Oinville Saint-Liphard - BP 17 28310 Toury ✆ 02 37 90 28 76/06 14 78 14 40

## LES CHANDELLES

5 chambres à 58 €

**Le lieu** Une ferme spacieuse du XIXe en pleine vallée de l'Eure.

**Les chambres** Spacieuses et confortables.

**Les plus** Beaucoup de calme avec 1 ha autour de la ferme avec chevaux ; possibilité de stages de golf.

**Les environs** Château de Maintenon, château de Rambouillet, cathédrale de Chartres.

**Pour réserver** 19, rue des Sablons - Chandelles 28130 Villiers-le-Morhier ✆ 02 37 82 71 59 - Fax 02 37 82 71 59

## CHATEAU DE BOISRENAULT

7 chambres de 66 à 93 €

**Le lieu** Un château XIXe de style Renaissance sur 4 ha plantés d'arbres centenaires.

**Les chambres** Confortables et spacieuses, décorées avec goût. Vue sur le parc.

**Les plus** Un cadre raffiné, une belle vue sur la campagne, plaisante cuisine rustique.

**Les environs** Le Parc Naturel des étangs de la Brenne à 10 km, le pays de George Sand.

**Pour réserver** 4, Boisrenault 36500 Buzançais
©02 54 84 03 01 - Fax 02 54 84 10 57

## CLAUDINE DAGUET-RAULT

4 chambres de 39 à 49 €

**Le lieu** Une ferme céréalière comprenant 4 bâtiments en pierre apparente.

**Les chambres** Toutes équipées d'une cuisine, décorées de mobilier ancien.

**Les plus** Un cadre verdoyant avec un plan d'eau ; la terrasse pour le petit-déjeuner.

**Les environs** Argenton/Creuse, Valençay, Nohant, Chateauroux ; golf à 12 km.

**Pour réserver** Domaine de Villecourte
Route de la Champenoise 36130 Coings
©02 54 22 12 50 - Fax 02 54 22 12 50

## LES CHEZAUX

2 chambres à 46 €

**Le lieu** Une maison de gabelou construite à l'époque de Colbert.

**Les chambres** Vastes (25 m2), avec vue sur le parc et le verger.

**Les plus** Beaucoup de calme, un parc arboré de 1ha.

**Les environs** Visite du parc naturel régional de la Brenne.

**Pour réserver** M. et Mme Jubard
Parc régional de Brenne 36300 Le Blanc
©02 54 37 32 17 / 06 77 72 22 85

## LA MAISON DES MOINES

2 chambres à 45 €

**Le lieu** Derrière l'église du village, une maison du XVIe, ancienne dépendance de l'abbaye.

**Les chambres** Vastes, au décor sobre et très agréable, avec vue sur le jardin.

**Les plus** Un cadre historique, un aménagement de bon goût, une étape agréable.

**Les environs** Châteauroux, les étangs et forêts de la Brenne.

**Pour réserver** 1, route de Neuillay
36500 Méobecq ©02 54 39 44 36

## CHAMBRES D'HOTES LE LAC

5 chambres de 25 à 35 €

**Le lieu** Une maison berrichonne sur 30 ha de forêt et jardin avec deux étangs et des animaux.

**Les chambres** Dans la maison des propriétaires ou dans une maison indépendante, vue sur la forêt.

**Les plus** Pêche dans les étangs, sentiers de randonnée sur place.

**Les environs** La maison de George Sand à 8 km.

**Pour réserver** Françoise Gatesoupe
36230 Mers-sur-Indre ✆ 02 54 36 29 49

## MARTINE COLOMB

4 chambres à 35 €

**Le lieu** Une ancienne ferme berrichonne restaurée dans un grand jardin fleuri.

**Les chambres** Confortables, avec un beau mobilier rustique.

**Les plus** Une situation agréable au bord de l'Indre, cuisine chaleureuse.

**Les environs** L'église de Vic à 2 km, la maison de George Sand à Nohant.

**Pour réserver** Ripoton
36400 Nohant-Vic ✆ 02 54 31 06 10

## LES PRUNELLIERES

2 chambres de 46 à 52 €

**Le lieu** La maison d'une ancienne longère entourée d'un grand jardin clos avec potager et verger.

**Les chambres** Un beau cadre traditionnel : cheminée, mobilier en bois.

**Les plus** L'architecture XVIIIe-XIXe restaurée avec goût.

**Les environs** Le château de Chinon à 6 km, Saumur à 25 km, Richelieu à 10 km.

**Pour réserver** 16, rue de la Gautraie - Fourrier
37500 Anche ✆ 02 47 93 15 47

## CHATEAU DE GERFAUT

7 chambres de 73 à 100 €

**Le lieu** Une demeure familiale, ancien rendez-vous de chasse, datant de 1910 au milieu d'un parc boisé.

**Les chambres** Lumineuses, spacieuses et bien équipées.

**Les plus** Une belle décoration traditionnelle pour un cadre très agréable.

**Les environs** Châteaux d'Azay et de Villandry.

**Pour réserver** Mmes Salles et de Chénerilles
37190 Azay-le-Rideau
✆ 02 47 45 40 16 - Fax 02 47 45 20 15

## CHATEAU DU VAU

5 chambres de 86 à 106€

**Le lieu** Un château du XVIIIe dans un grand parc arboré de 120 ha.

**Les chambres** Style raffiné, harmonieux décor d'époque. Vue sur le parc.

**Les plus** Un cadre somptueux, balades dans le parc, visite de la ferme.

**Les environs** Les châteaux de la Loire à moins de 30 min, Tours à 13 km.

**Pour réserver** Bruno et Nancy Clément 37510 Ballan-Miré ©02 47 67 84 04 - Fax 02 47 67 55 77

## FERME DE LAUNAY

3 chambres de 62 à 78€

**Le lieu** Une ferme du XIVe avec maison principale du XVIIIe.

**Les chambres** Cadre confortable et ambiance personnalisée.

**Les plus** Salon pour les hôtes avec cheminée tourangelle, beaucoup de calme.

**Les environs** Les châteaux de la Loire.

**Pour réserver** M. Jean-Pierre Schweizer 37210 Chançay ©02 47 52 28 21 - Fax 02 47 52 28 21

## LA MAISON SENECHALE

2 chambres de 79 à 98€

**Le lieu** Une belle bâtisse fin XVIIIe sur 2500 m2 de jardin clos avec gloriette dominant un lac.

**Les chambres** Décoration raffinée, vue sur le jardin à la française.

**Les plus** Un cadre agréable, un raffinement précieux.

**Les environs** Les châteaux de la Loire : Langeais, Villandry, Azay-le-Rideau.

**Pour réserver** 15, rue Lezay-Marnésia - Dominique Fauchère 37330 Château-la-Vallière ©02 47 24 13 42

## LA BAISERIE

3 chambres de 46 à 64€

**Le lieu** Une ancienne ferme du domaine de Chenonceaux, qui remonte au XIIIe siècle.

**Les chambres** Mansardées, mobilier d'époque, entrée indépendante et vue sur le jardin.

**Les plus** Un jardin primé, superbe, des chambres joliment meublées rustiques et la proximité de la forêt d'Amboise.

**Les environs** Les châteaux de la Loire.

**Pour réserver** Claude Guyomard 37150 Chenonceaux ©02 47 23 90 26 - Fax 02 47 23 81 26

## LA BUTTE DE L'EPINE

3 chambres à 53,36 €

**Le lieu** Une maison construite dans le style du XVIIe, avec des matériaux anciens.

**Les chambres** Vastes et confortables, tranquilles.

**Les plus** Un beau jardin à l'anglaise, beaucoup de calme, un cadre élégant en bordure de forêt.

**Les environs** Vignobles et châteaux : Bourgueil, Chinon, Tours, Saumur.

**Pour réserver** M et Mme Michel Bodet
37340 Continvoir
✆02 47 96 62 25 - Fax 02 47 96 07 36

## LE MOULIN

5 chambres de 58 à 82 €

**Le lieu** Un ancien moulin du XIXe dans un parc paysager.

**Les chambres** Claires et agréables, avec un beau mobilier de style.

**Les plus** Un cadre superbe avec piscine chauffée, une rivière, un étang, une cascade, une mare aux canards.

**Les environs** Chenonceaux, Amboise.

**Pour réserver** 28, rue du Moulin Neuf 37150 Francueil
✆02 47 23 93 44 - Fax 02 47 23 94 67

## LE MOULIN DE LA TOUCHE

5 chambres de 61 à 70 €

**Le lieu** Un ancien moulin accolé à une maison de meunier au cœur d'un jardin anglais.

**Les chambres** Agréables, avec une décoration de style anglais.

**Les plus** Un cadre reposant, la piscine sur place, les repas avec boissons comprises.

**Les environs** Les châteaux de la Loire, les caves à vin.

**Pour réserver** Le Moulin de la Touche 37240 Ligueil
✆02 47 92 06 84 - Fax 02 47 59 96 38

## CHATEAU DE PINTRAY

5 chambres à 90 €

**Le lieu** Sur un domaine viticole, dans un parc, une demeure du XVIIe, ancienne seigneurerie de la chasse.

**Les chambres** Confortablement meublées d'ancien, avec vue sur le parc ou les vignes.

**Les plus** Une ambiance réussie entre histoire et convivialité, dégustation des vins de la propriété.

**Les environs** Amboise et le Clos Lucé, Chenonceaux, Tours, aquarium de Touraine.

**Pour réserver** M. Rault 37400 Lussault/Loire
✆02 47 23 22 84 - Fax 02 47 57 64 27

## CHATEAU DE LA BARRE

5 chambres de 56,41 à 68,60 €

**Le lieu** Dans un petit parc aux allées de platanes, une maison de maître style napoléonien.

**Les chambres** Spacieuses, meublées d'ancien, avec vue sur la Loire.

**Les plus** Un cadre à la fois rustique et élégant, table d'hôtes.

**Les environs** Amboise, parc Mini-Châteaux, Chenonceaux, Chaumont-sur-Loire.

**Pour réserver** 3, rue de la Barre 37530 Mosnes ©02 47 57 33 40 - Fax 02 47 57 33 40

## CHATEAU DES ORMEAUX

6 chambres de 107 à 115 €

**Le lieu** Sur un domaine de 25 ha (vignes et bois), avec parc à l'anglaise et dépendances troglodytiques, un château construit en 1830.

**Les chambres** Décor de style, meublées d'époque et avec une belle vue.

**Les plus** Un cadre élégant et historique, une vue superbe sur la vallée de la Loire (terrasse).

**Les environs** Tous les châteaux.

**Pour réserver** M. Merle - Route de Noizay 37530 Nazelles ©02 47 23 26 51 - Fax 02 47 23 19 31

## GERARD PERRAUD

3 chambres à 41 €

**Le lieu** Entre verger et prairies, une ferme début XIXe en moellons et tuffeau.

**Les chambres** Aménagées dans une dépendance, au décor sobre.

**Les plus** Un cadre très agréable, des produits locaux, fromage notamment, à la table d'hôtes.

**Les environs** Zoo de Beauval, châteaux de Montrésor, Chenonceaux, Valençay, Loches, réserve de la Brenne.

**Pour réserver** La Canterie 37460 Orbigny ©02 47 92 61 44

## DOMAINE DE BEAUSEJOUR

3 chambres de 61 à 107 €

**Le lieu** Une demeure ancienne entourée d'un bois, d'un jardin et d'un vignoble.

**Les chambres** Très soignées, meublées dans un style ancien, vue sur la plaine et les vignes.

**Les plus** La piscine et le tennis sur place ; visite de la cave et dégustation de vin.

**Les environs** Le château d'Azay-le-Rideau, Saumur, Fontevraud, Chinon.

**Pour réserver** Mme Marie-Claude Chauveau 37220 Panzoult ©02 47 58 64 64 - Fax 02 47 95 27 13

## CHATEAU DE CHARGE

4 chambres de 77 à 107 €

**Le lieu** Un château des XIVe-XVIIe siècles, avec ses bâtiments délimitant la cour.

**Les chambres** Personnalisées selon les grandes époques de la vie du château, avec mobilier d'époque.

**Les plus** Un somptueux cadre historique, parfaitement aménagé avec un mobilier d'époque et un décor soigné. Piscine.

**Les environs** Châteaux, Fontevraud-l'Abbaye.

**Pour réserver** M. d'Asfeld 37120 Razines
✆02 47 95 60 57 - Fax 02 47 95 07 25

## LA VARENNE

3 chambres de 74 à 100 €

**Le lieu** Une vaste demeure fin XVIIe et ses chais du XIXe, sur 13 ha de bois et jardins.

**Les chambres** Très vastes et chaleureuses, décorées avec raffinement.

**Les plus** Domaine avec piscine, vélos et solex à disposition, des prestations de haut niveau.

**Les environs** Tous les châteaux du sud de la Loire, la ville de Richelieu à 4 km.

**Pour réserver** Joëlle et Gérard Dru-Sauer
Chaveignes 37120 Richelieu
✆02 47 58 26 31 - Fax 02 47 58 27 47

## LE MOULIN DE COUDRAY

3 chambres à 52 €

**Le lieu** Au creux d'un vallon, dans un parc de 3 ha, un ancien moulin du XVIe siècle.

**Les chambres** A l'étage, avec vue sur le village ou le parc.

**Les plus** Un cadre charmant et apaisant, avec la rivière, l'étang, la grande terrasse. Petit déjeuner régional. Table d'hôtes raffinée.

**Les environs** Les châteaux de la Loire : Loches, Amboise, Chenonceaux, Villandry.

**Pour réserver** Sylvie Péria 37310 Saint-Bauld
✆02 47 92 82 64 - Fax 02 47 92 82 64

## LE PRIEURE DES GRANGES

7 chambres de 95 à 115 €

**Le lieu** Un ancien prieuré entouré d'arbres séculaires dans un parc de 6,5 ha.

**Les chambres** Décorées avec goût, beau mobilier d'époque.

**Les plus** Parc avec piscine, accueil soigné.

**Les environs** Tours, le château de Villandry et ses jardins, Chenonceau, Amboise.

**Pour réserver** M. et Mme Salmon
15, rue des Fontaines 37510 Savonnières
✆02 47 50 09 67 - Fax 02 47 50 06 43

## FERME DES BERTHIERS

6 chambres de 41 à 46€

**Le lieu** Une maison de maître de 1856 avec une grande cour carrée sur une exploitation agricole.

**Les chambres** Charme rustique, poutres apparentes et carrelage ancien. Vue sur la cour ou les prés.

**Les plus** Visite de la ferme, ambiance campagnarde et cuisine généreuse.

**Les environs** Les châteaux de la Loire : Chinon à 35 km, Chenonceau à 40 km.

**Pour réserver** Les Berthiers 37800 Sepmes
©02 47 65 50 61 - Fax 02 47 65 50 61

## DOMAINE DES BIDAUDIERES

6 chambres de 105 à 120€

**Le lieu** Une demeure du XVIIIe, ancienne propriété viticole, dans un parc de 14 ha.

**Les chambres** Vastes, avec un décor bourgeois élégant et raffiné, l'air conditionné, vue sur le parc et l'étang.

**Les plus** Un ensemble magnifique, avec piscine, salle de petit-déjeuner troglodyte.

**Les environs** Amboise, Chenonceaux, vignoble.

**Pour réserver** M. et Mme Suzanne. Rue du Peu Morier 37210 Vouvray ©02 47 52 66 85 - Fax 02 47 52 62 17

## LA FERME DE GHISLAINE

5 chambres à 36€

**Le lieu** Sur une ferme en activité, une grande maison ancienne dans un verger.

**Les chambres** A l'étage, avec accès indépendant.

**Les plus** Un cadre calme, une maison de caractère. Piscine, table d'hôtes avec les produits bio de la ferme.

**Les environs** Les châteaux de la Loire, la vallée du Loir, Vendôme.

**Pour réserver** Mme Guellier 41100 Azé
©02 54 72 14 09 - Fax 02 54 72 18 03

## LA POUARDERIE

3 chambres à 56,41€

**Le lieu** Une ancienne longère restaurée dans un grand espace vert de 1,5 ha.

**Les chambres** Vastes (de 26 à 36 m2), décor d'inspiration campagnarde, meubles régionaux.

**Les plus** Une tranquille situation au milieu des vignes, une atmosphère agréable.

**Les environs** Zoo de Beauval, caves à vin, châteaux (Chambord, Cheverny, Chenonceau).

**Pour réserver** Yves et Marie Rose Venisse 41110 Châteauvieux ©02 54 75 32 23 - Fax 02 54 75 06 53

## MANOIR DE LA BORDE

5 chambres de 36,58 à 48,77 €

**Le lieu** Au milieu d'un parc arboré de 12 ha, un manoir Directoire reconstruit au XIXe.

**Les chambres** Vastes (jusqu'à 50 m2) et personnalisées.

**Les plus** Un parc largement paysager, la vue sur la vallée, petit déjeuner copieux.

**Les environs** Circuit Ronsard, château de Rochambeau, Vendôme.

**Pour réserver** La Borde 41160 Danzé
✆ 02 54 80 68 42 - Fax 02 54 80 63 68

## CHATEAU DE ROCHEUX

3 chambres de 54 à 71 €

**Le lieu** Un authentique château du XVIIIe avec ses douves en eau.

**Les chambres** Vastes et élégantes, avec un beau mobilier bois dont l'essence détermine le nom de la chambre : Noyer, Chêne et Merisier.

**Les plus** Le cadre avec le parc de 18 ha.

**Les environs** Moulin et château à Fréteval, châteaux de Vendôme et Montigny, villages de Lavardin et Trôo.

**Pour réserver** 41160 Fréteval
✆ 02 54 23 26 80 - Fax 02 54 23 29 74

## LE CLOS

5 chambres de 45 à 65 €

**Le lieu** Une grande maison bourgeoise du XVIe avec un agréable jardin clos.

**Les chambres** Joliment décorées dans l'esprit de la maison, tableaux et tons pastel.

**Les plus** Ambiance artistique avec la galerie et l'atelier d'encadrement, détente dans le jardin.

**Les environs** Chambord, Blois, Beaugency, Cheverny, Chenonceaux.

**Pour réserver** Mme Mormiche - 9, rue Dutems 41500 Mer ✆ 02 54 81 17 36 - Fax 02 54 81 70 19

## PRIEURE DE LA CHAISE

3 chambres de 61 à 80 €

**Le lieu** Entre le vignoble et les bois, un ancien prieuré bénédictin du XVIe siècle.

**Les chambres** 2 chambres au décor soigné.

**Les plus** Un superbe bâtiment historique, avec une chapelle du XIIe siècle, confortablement aménagé. Parc de 1 ha.

**Les environs** Chenonceaux, Chambord, Ussé.

**Pour réserver** Mme Duret-Therizols
8, rue du Prieuré 41400 Saint-Georges-sur-Cher
✆ 02 54 32 59 77

## MARTINE ET CLAUDE ROUSSEAU

3 chambres à 36 €

**Le lieu** Une maison récente avec jardin et piscine chauffée.

**Les chambres** Douillettes, décor plutôt rustique.

**Les plus** 4 VTT à disposition, la ferme en activité à côté, la pêche en étang privé.

**Les environs** Nombreux chemins de randonnée au départ de la ferme ; la vallée du Loir.

**Pour réserver** La Vougrene 41170 Sarges-sur-Braye
✆ 02 54 72 78 24 - Fax 02 54 72 75 96

## LES ATELLERIES

3 chambres à 46 €

**Le lieu** Sur une propriété de 65 ha, une ancienne ferme solognote restaurée.

**Les chambres** Dans les dépendances de la ferme, au décor sobre et rustique.

**Les plus** Les chambres dans une ancienne boulangerie avec son four à pain, beaucoup de calme.

**Les environs** Romorantin, Salbris, châteaux de la Loire.

**Pour réserver** Caroline Quintin
41300 Selles-Saint-Denis ✆ 02 54 96 13 84

## FERME DES PIGNONS

4 chambres à 37 €

**Le lieu** Au sein d'un élevage de bovins, un ancien bâtiment de ferme restauré.

**Les chambres** Tranquilles et agréables.

**Les plus** Une agréable salle commune avec cheminée, les espaces verts avec un plan d'eau.

**Les environs** Village troglodytique de Trôo, village médiéval de Lavardin, Couture-sur-Loir.

**Pour réserver** Guy Chevereau
41800 Saint Martin des Bois
✆ 02 54 72 57 43 - Fax 02 54 72 57 39

## LA VILLA MEDICIS

6 chambres à 66 €

**Le lieu** Une maison du XIXe au milieu d'un parc d'1,5 ha à 400 m de la Loire.

**Les chambres** Coquettes, aux noms fleuris, certaines donnant sur le parc.

**Les plus** Un beau mobilier ancien, un charmant cadre de verdure près de la Loire.

**Les environs** Chambord à 15 km, Cheverny à 17 km, Blois à 5 km.

**Pour réserver** Muriel Cabin Saint-Marcel
41000 Saint-Denis-sur-Loire
✆ 02 54 74 46 38 - Fax 02 54 78 20 27

## LE MOULIN DE CHOISEAUX

5 chambres de 53 à 74€

**Le lieu** Un ancien moulin à eau du XVIIIe dans un vaste jardin paysager.

**Les chambres** Vastes, avec une chaleureuse décoration largement autour du bois.

**Les plus** Un joli parc avec piscine, beaucoup de charme.

**Les environs** Le château de Chambord à 8 km, les bords de Loire à 2 km.

**Pour réserver** Marie-Françoise Seguin
8, rue des Coiseaux-Diziers 41500 Suevres
✆02 54 87 85 01 - Fax 02 54 87 86 44

## CHATEAU DE LA VOUTE

5 chambres de 75 à 100€

**Le lieu** Un château du XVIIIe avec deux tours médiévales.

**Les chambres** Décor chiné chez les antiquaires, superbe vue sur la vallée du Loir.

**Les plus** La terrasse ensoleillée avec vue imprenable.

**Les environs** Le village troglodyte de Trôo, les grands châteaux de la Loire.

**Pour réserver** M. et Mme Provezano 41800 Troo
✆02 54 72 52 52 - Fax 02 54 72 52 52

## URSULA MOUTON

2 chambres de 35 à 76€

**Le lieu** Une maison qui puise ses origines dans le XVIe siècle.

**Les chambres** La chambre au rez-de-chaussée, la suite à l'étage, mobilier ancien et vue sur le jardin.

**Les plus** Une ambiance chaleureuse, une maison de caractère.

**Les environs** La Sologne, la vallée de la Loire, le château de Chambord.

**Pour réserver** 18, rue de la Grolle 45380 Chaingy
✆02 38 80 65 68

## FERMETTE DE LA SAINTE ROSE

3 chambres à 35€

**Le lieu** Dans un petit village du Gâtinais, un ancien corps de ferme en pierre du pays.

**Les chambres** Confortables et complètement indépendantes.

**Les plus** Un beau décor rustique, sans surcharge. Table d'hôtes.

**Les environs** Le bourg médiéval de Ferrières, Montargis, forêt de Nemours.

**Pour réserver** M. et Mme Tant. 2, rue de la Forge 4521
Chevannes ✆02 38 90 92 23 - Fax 02 38 90 92 23

CENTRE

## CLOS DE CORNELLA

2 chambres de 37 à 44€

**Le lieu** Une ancienne ferme du XVIIIe siècle rénovée dans un grand jardin.

**Les chambres** Confortables, mobilier rustique ou de style Louis XVI.

**Les plus** Un cadre tranquille et agréable, un beau golf à proximité.

**Les environs** La forêt d'Orléans, le château de Sully.

**Pour réserver** Jacques Avril
27, rue de Vennecy 45450 Donnery
✆02 38 59 26 74 - Fax 02 38 59 29 69

## FRANCINE HYAIS

2 chambres à 40€

**Le lieu** Les dépendances d'un ancien château et une cour fleurie.

**Les chambres** Vastes, dans d'anciens bâtiments agricoles.

**Les plus** Table d'hôtes autour des produits de la propriété, une tranquille cour fleurie.

**Les environs** Le château de Fontainebleau à 30 km, le château de Chamerolles.

**Pour réserver** 3, cour du Château
45390 Echilleuses ✆02 38 33 60 16

## DOMAINE DE SAINTE-BARBE

2 chambres à 58€

**Le lieu** Une maison de caractère dans un cadre authentique et reposant.

**Les chambres** Spacieuses et décorées de meubles anciens.

**Les plus** Des éléments architecturaux du XVIe siècle, parc avec tennis et piscine.

**Les environs** Château et faïencerie de Gien à 5 km, Sully à 25 km, la forêt d'Orléans.

**Pour réserver** Mme Annie Le Lay
Route de Lorris Nevoy 45500 Gien
✆02 38 67 59 53 - Fax 02 38 67 28 96

## JACQUES ET CHRISTIANE BECCHI

2 chambres de 34 à 52€

**Le lieu** Dans un vaste jardin arboré, une maison de style solognot typique.

**Les chambres** Spacieuses et agréablement décorées, avec balcon sur le jardin.

**Les plus** Décor rustique, cheminée ancienne, à table, les produits de la ferme voisine.

**Les environs** Meung-sur-Loire, la Ferté-Saint-Aubin, Beaugency, Chambord.

**Pour réserver** 778, rue de Chevenelle 45370 Jouy-le-Potier ✆02 38 45 83 07 - Fax 02 38 45 83 07

## FERME DU RUTH

2 chambres à 40 €

**Le lieu** Une ferme début XIXe à la campagne.

**Les chambres** Agréables et suffisamment vastes, complétées d'un salon.

**Les plus** Un agréable coin de campagne avec le parc et l'étang, beaucoup de calme.

**Les environs** La forêt solognote, les châteaux de la Loire.

**Pour réserver** Mme Cherriez-Ducrocq
Chemin de Tremblevis 45240 La Ferté Saint-Aubin
✆02 38 63 43 65

## LA VIEILLE FORET

4 chambres à 61 €

**Le lieu** Une ancienne ferme solognote fin XIXe au milieu de la lande.

**Les chambres** Aménagées dans les dépendances, avec accès indépendant.

**Les plus** Belle architecture typique en brique, cuisine à disposition.

**Les environs** Au village, château du XVIIe ; Chambord à 30 km.

**Pour réserver** M et Mme Ravenel
Route de Jouy le Potier 45240 La Ferté St-Aubin
✆02 38 76 57 20 - Fax 02 38 64 82 80

## MAISON PAYSANNE LES USSES

3 chambres à 50 €

**Le lieu** Une ancienne ferme du XVIIIe dans un grand terrain clos et arboré.

**Les chambres** Décor personnalisé (style Louis-Philippe, Louis XV ou anglais), indépendantes.

**Les plus** VTT à disposition pour les balades en forêt, la grange pour les petits-déjeuners.

**Les environs** La Loire, les nombreux châteaux, la forêt d'Orléans.

**Pour réserver** Marin Kris et Jean-Claude
145, rue du Courtasaule 45760 Marigny-Les-Usages
✆02 38 75 14 77 - Fax 02 38 75 90 65

## CHATEAU DE MONTLIARD

4 chambres de 60 à 84 €

**Le lieu** Un château de charme du XVIe entouré de douves avec vue sur le jardin.

**Les chambres** Calmes et confortables.

**Les plus** Bel intérieur d'époque, avec boiseries et peintures murales.

**Les environs** La forêt d'Orléans à 3 km, le site gallo-romain de Sceaux en Gatinais.

**Pour réserver** 5, route de Nesploy 45340 Montliard
✆02 38 33 71 40 - Fax 02 38 33 86 41

## MIREILLE ET DOMINIQUE BOUIN

6 chambres de 46 à 50 €

**Le lieu** Une maison moderne, construite dans le respect du style régional.

**Les chambres** Récemment refaites, meublées d'époque, spacieuses.

**Les plus** Un jardin paysager très agréable et exotique. A table, les produits de la ferme.

**Les environs** Saint-Benoît, Sully-sur-Loire, Châteauneuf-sur-Loire.

**Pour réserver** 6, chemin de la Borde
45730 Saint-Benoît-sur-Loire ✆ 02 38 35 70 53
ou 06 85 56 63 19 - Fax 02 38 35 10 06

## LE CLOS DE PONTPIERRE

4 chambres à 53 €

**Le lieu** Dans un village charmant, une ancienne ferme du XVIIIe dans un parc fleuri.

**Les chambres** Spacieuses et meublées d'ancien, ouvrant sur le parc.

**Les plus** Un cadre soigné. Cuisine préparée par un cuisinier de métier.

**Les environs** Meung-sur-Loire, Chambord, Beaugency, Blois.

**Pour réserver** M. et Mme Fournier
115, rue des Eaux Bleues 45190 Tavers
✆ 02 38 44 56 85 - Fax 02 38 44 58 94

## DOMAINE DE SAINTE-HELENE

2 chambres de 54 à 77 €

**Le lieu** A l'écart du village, dans un grand jardin, une maison solognote typique en brique.

**Les chambres** Personnalisées, avec vue sur le jardin.

**Les plus** Beaucoup de calme, un cadre soigné et agréable. Piscine, cuisine à disposition.

**Les environs** Sully-sur-Loire, la Ferté-Saint-Aubin, Gien, canal de Briare.

**Pour réserver** Mme Célerier - Route d'Isde
45510 Vannes sur Cosson ✆ 02 38 58 04 55

# CHAMPAGNE ARDENNE

## JEAN-FRANÇOIS LAMBERTY

3 chambres à 38 €

**Le lieu** Une maison en pierre de caractère ardennais dans une cour arborée.

**Les chambres** Du charme et du caractère, avec un beau mobilier ancien.

**Les plus** Ambiance conviviale dans un ancien presbytère XVIIIe, tennis.

**Les environs** Le château fort de Sedan, Charleville-Mézières, la Belgique à 18 km.

**Pour réserver** 4, place de la République 08350 Bosseval ✆ 03 24 52 19 99

## MARIE-ANGE DECORNE

3 chambres de 25 à 48 €

**Le lieu** Un sympathique corps de ferme datant de 1924.

**Les chambres** Calmes et accueillantes, donnant sur une terrasse.

**Les plus** Marche, tennis, pêche ; élevage charolais.

**Les environs** Sedan à 50 km, Verdun à 50 km, tout près de la forêt d'Argonne.

**Pour réserver** Grande Rue 08250 Champigneulle ✆ 03 24 30 78 66

## MICHELE ET YVON GARDAN

4 chambres à 75 €

**Le lieu** Un château du XIXe en pleine forêt ardennaise sur un terrain de 12 ha.

**Les chambres** Spacieuses et agréables.

**Les plus** Une belle situation dans une clairière, tennis, piscine.

**Les environs** Le château fort de Sedan à 8 km, le parc de Saint-Laurent à 15 km, la route Rimbaud-Verlaine.

**Pour réserver** Le Sautou 08350 Donchery ✆ 03 24 52 70 08 - Fax 03 24 52 70 08

## PASCAL ET PIERRETTE BROSSE

3 chambres à 38,11 €

**Le lieu** Un ancien corps de ferme situé dans un petit village fleuri de 50 habitants.

**Les chambres** Un caractère plutôt rustique, dans l'architecture comme dans le mobilier.

**Les plus** Le calme, le charme du village, les bons produits de la chasse et de la ferme à la table d'hôtes

**Les environs** Route des Eglises Fortifiées, vallée de la Meuse.

**Pour réserver** 08260 Girondelle ✆ 03 24 54 31 32 - Fax 03 24 54 31 32

## LES SOURCES

8 chambres de 35,10 à 41,20 €

**Le lieu** Une ancienne maison de maître dans un parc de 5 ha traversé par une rivière.

**Les chambres** Spacieuses donnant sur le parc.

**Les plus** Pêche sur place. Atelier de peinture sur bois sur demande. Les produits du jardin et de la ferme au menu.

**Les environs** La vallée de la Meuse à 35 km, de l'Aisne à 12 km, la route Rimbaud-Verlaine.

**Pour réserver** Sylvie et Régis Goulden
Rue du Moulin d'En Haut 08270 Saulces Moclin
✆03 24 38 59 71 - Fax 03 24 72 74 60

## THERESE ET RENE TURQUIN

3 chambres à 35 €

**Le lieu** Une fermette typique du Porcien, complètement restaurée.

**Les chambres** Vue sur le parc et l'étang ou sur le devant de la maison, décor soigné avec de beaux patchworks.

**Les plus** Belle terrasse pour profiter du cadre (verger, étang, jardin), une ambiance sympathique.

**Les environs** Rethel, Charleville-Mézières, forêt.

**Pour réserver** Margy 08270 Viel-Saint-Rémy
✆03 24 38 56 37 - Fax 03 24 38 56 37

## AUBERGE D'ECRY

5 chambres de 38 à 40 €

**Le lieu** Une ancienne ferme en craie.

**Les chambres** Tranquilles et confortables, avec un sympathique mobilier rustique.

**Les plus** L'auberge de terroir sur place et ses menus variés, l'ambiance conviviale.

**Les environs** L'église baroque d'Asfeld, Reims à 20 km, Rethel à 20 km.

**Pour réserver** 18, rue d'Ecry
08190 Vieux-les-Asfeld
✆03 24 72 94 65 - Fax 03 24 38 39 41

## EDOUARD HENQUIN

2 chambres à 38 €

**Le lieu** En bord de Meuse tout près de la frontière belge, une belle maison en pierre du XVIIe siècle.

**Les chambres** Décor sobre et agréable, vue sur la Meuse et la colline.

**Les plus** Belle maison, au milieu de la verdure du jardin, accueil chaleureux. Cuisine équipée.

**Les environs** Givet, Charleville, la Meuse.

**Pour réserver** 8, place de l'Eglise
08320 Vireux Wallerand
✆03 24 41 61 57 - Fax 03 24 42 08 29

## M. ET J.-P. BENOIT

3 chambres de 32 à 42,70 €

**Le lieu** Dans un jardin-verger, une ancienne ferme champenoise à pans de bois du XVIIIe.

**Les chambres** Décor chaleureux, pans de bois et lambris.

**Les plus** Un cadre soigné et agréable à vivre, une table d'hôtes généreuse et familiale, exposition permanente de vieux outils.

**Les environs** Troyes, forêts d'Othe ou de Chaource.

**Pour réserver** 27, rue du Bois 10320 Bouilly
✆ 03 25 40 25 35

## CAPITAINERIE DE SAINT-VALLIER

3 chambres à 41 €

**Le lieu** Une ancienne capitainerie d'écluse dans une cour fermée et son jardin intérieur.

**Les chambres** Personnalisées, avec vue sur le jardin et la Seine.

**Les plus** Les activités sur la Seine, l'atelier de peinture sur œuf.

**Les environs** Troyes, ville d'art et d'histoire ; les magasins d'usine à 28 km.

**Pour réserver** Rue du Pont Bourguignons - Raymond Gradelet 10110 Bourguignons ✆ 03 25 29 84 43

## DOMAINE DU MOULIN D'EGUEBAUDE

6 chambres de 56,40 à 65,50 €

**Le lieu** Un moulin champenois du XIIe siècle à pans de bois, à la sortie du village.

**Les chambres** Dans le moulin ou dans la grange, avec télé couleur.

**Les plus** Possibilité de pêcher la truite et le saumon sur place, un grand parc, une terrasse au bord de l'eau.

**Les environs** Le pays d'Othe, Troyes, les grands lacs artificiels.

**Pour réserver** 10190 Estissac
✆ 03 25 40 42 18 - Fax 03 25 40 40 92

## LE PRIEURE

5 chambres de 35 à 45 €

**Le lieu** Un prieuré du XIe siècle, avec une tour centrale, converti en ferme depuis la Révolution.

**Les chambres** Personnalisées, avec matériaux apparents (pierre et bois), spacieuses.

**Les plus** Un cadre historique, bien mis en valeur par un décor de bon goût.

**Les environs** Troyes, Chaource, la Forêt d'Orient, Bar-sur-Seine.

**Pour réserver** Place de L'Eglise 10260 Fouchères
✆ 03 25 40 98 09 - Fax 03 25 40 98 09

## LES COLOMBAGES CHAMPENOIS

6 chambres de 25 à 50 €

**Le lieu** Une demeure champenoise restaurée en pleine Champagne Méridionale.

**Les chambres** Beaucoup de charme.

**Les plus** Coin cuisine, vente de produits fermiers, ambiance conviviale.

**Les environs** En plein Parc Naturel de la Forêt d'Orient, Troyes, ville médiévale à 12 km.

**Pour réserver** 33, rue du Haut - Jeanne Joëlle
10270 Laubressel
✆03 25 80 27 37 - Fax 03 25 80 80 67

## LES BRUYERES

3 chambres de 35 à 43 €

**Le lieu** Dans un agréable cadre de verdure, une maison contemporaine aux larges baies vitrées.

**Les chambres** Agréables et de grand confort.

**Les plus** Un cadre agréable à vivre, superbe salon ouvert sur le parc par de larges baies. Table d'hôtes.

**Les environs** Canal de Bourgogne, Tonnerre, Chaource.

**Pour réserver** Mme Albert-Brunet
Chemin du Bois aux Moines 10130 Les Croutes
✆03 25 70 60 90

## LA CRAY'OTHE

5 chambres de 29 à 59 €

**Le lieu** Une maison du XIXe, ancienne propriété de la maison de Savoie.

**Les chambres** Sobres et agréables.

**Les plus** Un beau corps de ferme, un jardin agréable et les repas à la ferme-auberge, notamment autour du cidre.

**Les environs** Le Pays d'Othe, parc de la Forêt d'Orient, Troyes.

**Pour réserver** 31, Grande Rue 10190 Messon
✆03 25 70 31 12 - Fax 03 25 70 37 03

## QUIETUDE

4 chambres de 47,26 à 62,50 €

**Le lieu** Une péniche reconvertie, amarrée sur la Seine devant les moulins de Nogent.

**Les chambres** Décor tout en bois.

**Les plus** Un cadre unique et superbement décoré, une nuit sur l'eau. Table d'hôtes dans une salle à manger sous verrière de style Louis Philippe.

**Les environs** Château de la Motte-Tilly, cité médiévale de Provins, Troyes.

**Pour réserver** Rue de l'Ile Olive
10400 Nogent-sur-Seine ✆03 25 39 80 14

## LE BIEF DU MOULIN

3 chambres de 38 à 53 €

**Le lieu** Charmante propriété située en bordure de l'Aube.

**Les chambres** Confortables, de style Louis XV et Louis XVI.

**Les plus** Très beau cadre ; pêche, vélo, balades.

**Les environs** Plan d'eau de la Sallières à 5 km, caves de Champagne, château de la Motte-Tilly.

**Pour réserver** Mme Misswald
1, place du Maréchal-Foch 10380 Plancy l'Abbaye
✆ 03 25 37 44 71

## CHATEAU DE POUGY

5 chambres à 39 €

**Le lieu** Une très belle bâtisse XVIIIe de style Empire, entourée d'un parc aux arbres centenaires.

**Les chambres** Vastes et tranquilles.

**Les plus** Le calme au cœur du village, les promenades dans le parc.

**Les environs** Les Lacs de la Forêt d'orient, Troyes ; la pêche, les randonnées.

**Pour réserver** Grande Rue 10240 Pougy
✆ 03 25 37 09 41 - Fax 03 25 37 87 29

## LES PANADIERS

2 chambres à 33,40 €

**Le lieu** Une maison champenoise du XIXe sur 5000 m2 de terrain plantés de pommiers.

**Les chambres** Tranquilles et agréables, vue sur le jardin.

**Les plus** Une belle propriété, ambiance champêtre et beaucoup de calme.

**Les environs** Troyes, la Bourgogne, les magasins d'usine.

**Pour réserver** Evelyne Dauphin
27, rue Notre Dame 10190 Villemaur-sur-Vanne
✆ 03 25 40 55 57 - Fax 03 25 40 55 57

## CHATEAU DU RU JACQUIER

6 chambres de 60 à 80 €

**Le lieu** Un beau château de la fin du XVIIIe siècle au cœur d'un grand parc.

**Les chambres** De l'espace, un beau mobilier de style et un cadre raffiné.

**Les plus** Des prestations soignées, le parc de 15 ha e ses animaux, la piscine.

**Les environs** Le vignoble, Dormans, parc naturel de l Montagne de Reims.

**Pour réserver** 51700 Igny-Comblizy
✆ 03 26 57 10 84 - Fax 03 26 57 82 80

CHAMPAGNE-ARDENNE

## BERNARD ET NICOLE PATIZEL

3 chambres à 36 €

**Le lieu** Dans un petit village, une fermette d'après-guerre reconvertie récemment en habitation.

**Les chambres** Au rez-de-chaussée ou à l'étage, certaines avec entrée indépendante.

**Les plus** Un grand bol de campagne, une atmosphère sympathique. Table d'hôtes.

**Les environs** La forêt sur place, Verdun.

**Pour réserver** 5, rue Saint-Bernard
51330 Les Charmontois
✆03 26 60 39 53 - Fax 03 26 60 39 53

## IRENE CHANCE

3 chambres à 49 €

**Le lieu** Chez un viticulteur, dans une vieille maison champenoise.

**Les chambres** Agréables et confortables, avec un beau mobilier ancien.

**Les plus** Le charme vieillot des chambres, la terrasse sur le jardin d'agrément.

**Les environs** Musée de la Vigne et du Vin, Reims, les Faux de Verzy, carrière de Chailly.

**Pour réserver** 18, rue Carnot 51500 Mailly-Champagne ✆03 26 49 44 93 - Fax 03 26 49 44 93

## LA GROSSE HAIE

3 chambres de 40 à 42 €

**Le lieu** Une maison récente mais de caractère, dans une belle propriété arborée.

**Les chambres** Décor rustique et chaleureux.

**Les plus** Une étape agréable, au calme, avec le verger, le jardin et le potager. Maison au décor recherché. Table d'hôtes.

**Les environs** Forêt des faux de Verzy, route du Champagne, Epernay, Chalons, Baconne.

**Pour réserver** M. et Mme Songy
Chemin de Saint-Pierre 51510 Matougues
✆03 26 70 97 12 - Fax 03 26 70 12 42

## BRIGITTE DREMONT

5 chambres à 38,10 €

**Le lieu** Une demeure champenoise dans un joli village.

**Les chambres** Simples et rustiques, agréables.

**Les plus** Sur place, vente de champagne ; plaisante cour fleurie.

**Les environs** Epernay à 12 km, Reims à 35 km, Chalons-en-Champagne à 1/2 heure.

**Pour réserver**
7, rue du Fort 51190 Oger
✆03 26 57 94 78 - Fax 03 26 59 17 41

## LE TEMPLE

4 chambres à 49 €

**Le lieu** Au cœur du Tardenois, une ferme champenoise typique, encore en activité, ancienne commanderie des Templiers.

**Les chambres** Jolies et bien équipées.

**Les plus** De beaux bâtiments en pierre du pays, beaucoup de calme.

**Les environs** Vallée de la Marne et vignoble, Reims, Epernay, Château-Thierry.

**Pour réserver** Michel et Chantal Le Varlet 51700 Passy Grigny ✆ 03 26 52 90 01 - Fax 03 26 52 18 86

## CHRISTINE ET CHRISTIAN DAMBRON

4 chambres à 42 €

**Le lieu** Une maison moderne dans un grand jardin.

**Les chambres** Décor à thème : Asie ou Poupées et vieilles dentelles par exemple.

**Les plus** Des prestations confortables, un cadre et un accueil soignés.

**Les environs** Epernay, le vignoble, la forêt.

**Pour réserver**
Route de Vauciennes à Montbayen
51530 Saint Martin d'Ablois
✆ 03 26 59 95 16 - Fax 03 26 51 67 91

## AU BROCHET DU LAC

5 chambres à 40 €

**Le lieu** Dans le village, une ferme champenoise du XVIIIe à pans de bois.

**Les chambres** Décor campagnard, avec poutres apparentes.

**Les plus** Un cadre et un accueil sympathique, belle cour fermée, table d'hôtes.

**Les environs** Lac du Der, Vitry-le-François, Saint-Dizier.

**Pour réserver** 15, Grande Rue 51290 Saint Rémy en Bouzemont ✆ 03 26 72 51 06 - Fax 03 26 73 06 95

## LA CHARMETTE

1 chambre à 50 €

**Le lieu** Une demeure en pierre du pays de pur style champenois au milieu d'un jardin très fleuri.

**Les chambres** 1 suite composée de deux chambres et d'un salon et une salle de bain.

**Les plus** La salle de repos pour les hôtes ; les randonnées dans les vignes, les bois.

**Les environs** Le vignoble les Faux de Verzy, la Vallée du Petit Morin.

**Pour réserver** 17, Grande Rue - Charmel-Corinne Deguines 51270 Talus Saint-Prix ✆ 03 26 52 82 11

## JOY ET LAURENT LAPIE

5 chambres de 35 à 71 €

**Le lieu** Une ferme rénovée au pied du vignoble champenois.

**Les chambres** Vastes, décor personnalisé.

**Les plus** Un équilibre judicieux entre l'ancien et le moderne pour un cadre agréable à vivre. Cuisine à disposition.

**Les environs** Visite de caves, les faux de Verzy, Reims, Chalons-en-Champagne.

**Pour réserver** 1, rue Jeanne d'Arc 51360 Val de Vesle
✆03 26 03 92 88 - Fax 03 26 02 76 16

## LE CHAT DODU

4 chambres à 44 €

**Le lieu** Une grande maison du XVIIIe siècle dans son vaste jardin.

**Les chambres** Vastes, avec de grands lits, un décor soigné et une belle vue sur les alentours.

**Les plus** Belle situation au-dessus d'une vallée boisée, thé et café à disposition dans les chambres.

**Les environs** Langres, vignobles, la forêt.

**Pour réserver** Colmier-le-Bas 52160 Auberive
✆03 25 88 93 43 - Fax 03 25 88 93 43

## FERME ADRIEN

5 chambres à 36 €

**Le lieu** Une grande ferme du XIXe en pleine nature.

**Les chambres** Spacieuses et confortables.

**Les plus** Produits fermiers au menu ; ambiance chaleureuse et familiale.

**Les environs** Les vieux villages pittoresques, Langres.

**Pour réserver**
M. et Mme Pelletier 52400 Coiffy le Haut
✆03 25 90 06 76 - Fax 03 25 84 48 65

## LA MAISON DE MARIE

2 chambres à 44 €

**Le lieu** Une maison typique à pans de bois dans le village.

**Les chambres** Tranquilles et agréables, une suite avec accès indépendant ou une chambre à l'étage de la maison.

**Les plus** Un jardin clos, une ambiance paisible et agréable.

**Les environs** Le lac du Der Chantecoq.

**Pour réserver** Sylvie Gravier. 11, rue de la Motte
52220 Droyes ✆03 25 04 62 30

## DOMAINE DE BAULANCOURT

5 chambres de 44 à 53€

**Le lieu** Une vaste et élégante maison de maître XIXe en briques et pierre.

**Les chambres** Réparties entre les 1er et 2e étages, soignées et agréables.

**Les plus** Un cadre apaisant avec un parc dominant la Laines et son étang. Table d'hôtes.

**Les environs** Circuit des églises à pans de bois, lacs du Der ou de la Forêt d'Orient, Troyes.

**Pour réserver** M. et Mme Viel-Cazal
Lieu-dit le Désert 52220 Longeville-sur-la-Laines
✆03 25 04 60 18 - Fax 03 25 04 60 18

## RELAIS DE LA COTE

4 chambres à 33,54€

**Le lieu** Une ancienne ferme rénovée.

**Les chambres** Un aménagement agréable et confortable.

**Les plus** Une ambiance tranquille et conviviale, table d'hôtes familiale.

**Les environs** Chaumont à 17 km, Colombey-les-deux-églises à 40 km.

**Pour réserver** 68, rue de Normandie
Christiane et Robert Lesprit 52800 Mandres-le-Côte
✆03 25 01 94 03 - Fax 03 25 01 94 03

# CORSE

Bastia
Calvi
HAUTE-CORSE
Porto
Evisa
Corte
Ajaccio
Zicavo
CORSE-DU-SUD
Porto-Vecchio
50 km
Bonifacio

## L'ORCA DE SAN GAVINO

3 chambres de 54 à 61 €

**Le lieu** Deux maisons contiguës, l'une contemporaine, l'autre du milieu XIXe.

**Les chambres** Assez spacieuses, avec accès indépendant. Elles donnent sur la plaine et la baie de Figari et, par temps clair, on distingue la Sardaigne.

**Les plus** La terrasse ombragée, table d'hôtes.

**Les environs** Les plages à 7 km, les sites archéologiques de la commune.

**Pour réserver** 20114 Figari ✆04 95 71 01 29

## I FUNDALI

5 chambres à 40 €

**Le lieu** Une ancienne maison isolée attenante à une tour génoise du XVe.

**Les chambres** Confortables, avec vue sur la vallée de Luri.

**Les plus** Randonnées pédestres au départ du gîte; la plage à 10 minutes; table d'hôtes familiale.

**Les environs** Le Conservatoire du Littoral et le sentier des Douaniers à 15 min; équitation à 15 minutes.

**Pour réserver** Alain Gabelle 20228 Luri ✆04 95 35 06 15

## LE RELAIS DU CAP

4 chambres de 40 à 65 €

**Le lieu** Une construction 70s entièrement rénovée en 2000 au pied des falaises.

**Les chambres** Des chambres et un appartement, tranquilles et agréables.

**Les plus** Le petit-déjeuner sur la terrasse; la vue imprenable sur la mer.

**Les environs** Plage, plongée sous-marine, balade dans les rochers.

**Pour réserver** Marine de Negru 20217 Olmeta du Cap ✆04 95 37 86 52 - Fax 04 95 37 86 52

## VILLA SERENA

3 chambres de 30 à 60 €

**Le lieu** Une grande villa neuve à 2 km de la ville.

**Les chambres** Personnalisées, avec meubles en rotin, en laqué noir ou en fer forgé vert, elles sont de taille moyenne mais très agréables.

**Les plus** Les grands volumes de la maison, l'architecture bien pensée, la vue magnifique.

**Les environs** Désert des Agriates, les plages.

**Pour réserver** Régine Perreten - Villa Serena Fromentica Sud 20217 Saint-Florent ✆04 95 37 29 58

## CHATEAU CAGNINACCI

4 chambres de 69 à 75 €

**Le lieu** Un ancien couvent du XVIIe siècle transformé au début du siècle en une demeure de style toscan.

**Les chambres** Elégantes et très agréables.

**Les plus** Le grand jardin avec ses arbres centenaires dominant la mer.

**Les environs** Bastia à 8 km, le Cap corse.

**Pour réserver**
Château Cagninacci
20200 San-Martino-di-Lota
✆04 95 31 69 30 - Fax 04 95 31 91 15

## DOMAINE DE CROCCANO

4 chambres de 46 à 68 €

**Le lieu** Une demeure traditionnelle des XVIIIe et XIXe dominant la vallée de Rizzanèse.

**Les chambres** Décor rustique.

**Les plus** La vue sur la mer et le soleil couchant. Au menu, tourte aux herbes sauvages, loup grillé au fenouil, fromages corses...

**Les environs** La citadelle de Sartène à 4 km, la plage du Lion de Roccapina à 20 km.

**Pour réserver** Route de Granace 20100 Sartène
✆04 95 77 11 37 - Fax 04 95 73 42 89

Cors

# LANGUEDOC ROUSSILLON

## CHRISTIAN LAFARGUE

5 chambres à 40 €

**Le lieu** Une grande maison avec terrasse en pleine campagne.

**Les chambres** Confortables, avec vue sur la campagne et la forêt.

**Les plus** Le parc de 100 ha garantit un calme parfait, salle à manger lumineuse.

**Les environs** Les châteaux cathares : Quéribus, Peyrepertuse ; haute vallée de l'Aude.

**Pour réserver** Domaine de Boutou
11330 Albieres ✆ 04 68 70 04 05

## DOMAINE DES GOUDIS

6 chambres à 73 €

**Le lieu** Un petit hameau du XVIIIe restauré en chambres d'hôtes.

**Les chambres** Confortables, toutes avec salle de bains et W-C privatifs, elles donnent sur le jardin ou les collines.

**Les plus** La piscine d'été, le sauna, le charme des vieilles pierres, le calme impressionnant.

**Les environs** Arques, Limoux, Quillan, les châteaux cathares et Carcassonne.

**Pour réserver** 11330 Bouisse
✆ 04 68 70 02 76 - Fax 04 68 70 00 74

## DOMAINE DES CASTELLES

3 chambres de 50,31 à 57,93 €

**Le lieu** Une belle demeure de caractère située dans un ancien domaine viticole.

**Les chambres** Spacieuses et lumineuses.

**Les plus** Le superbe parc, l'ambiance parfaitement reposante.

**Les environs** Carcassonne à 5 km, châteaux cathares dans un rayon de 50 km, vignoble des Corbières.

**Pour réserver** Isabelle Clayette
11170 Caux et Sauzens
✆ 04 68 72 03 60 - Fax 04 68 72 03 60

## DOMAINE DE FALGAS

8 chambres de 35,06 à 37,50 €

**Le lieu** Une grande maison de pierre sur un domaine agricole.

**Les chambres** Assez spacieuses, meublées avec style, vue sur les prairies environnantes.

**Les plus** L'élevage de pur-sang arabes sur le domaine, le calme, l'air pur.

**Les environs** Les châteaux cathares, Limoux, Lavelanet et le lac de Montbel.

**Pour réserver** Domaine de Falgas 11230 Chalabre
✆ 04 68 69 20 88 - Fax 04 68 69 33 49

## DOMAINE DE LA BONDE

6 chambres de 54 à 62 €

**Le lieu** Une maison construite en 1680, ancienne Manufacture Royale, entourée d'un verger d'un ha.

**Les chambres** Toutes exposées plein sud, beau mobilier ancien et salles de bain luxueuses.

**Les plus** Le parc avec piscine, la table d'hôte séduisante et raffinée.

**Les environs** Canal du Midi, Montagne Noire.

**Pour réserver** 30, route de Caudebronde
11390 Cuxac Cabardès
© 04 68 26 57 16 - Fax 04 68 26 59 94

## LOU CASTELET

5 chambres à 70 €

**Le lieu** Une belle maison de maître du XIXe avec un grand jardin en terrasses.

**Les chambres** Très vastes, 30 m2 environ, luxueusement décorées.

**Les plus** Belle salle à manger XIXe, la piscine privée, la vue panoramique sur le vignoble.

**Les environs** Narbonne, Carcassonne, l'abbaye de Fontfroide.

**Pour réserver** M. et Mme Wouters-Machiels
33, place de la République 11200 Fabrezan
© 04 68 40 56 00 Fax 04 68 40 56 08

## CHATEAU VILLEMAGNE

2 chambres à 34 €

**Le lieu** Une demeure de caractère, ancien prieuré, avec un joli jardin.

**Les chambres** Confortables et chaleureuses.

**Les plus** Dégustation des vins du domaine ; un cadre ravissant.

**Les environs** L'abbaye Lagrasse à 8 km, la Cité de Carcassonne à 27 km, les châteaux cathares.

**Pour réserver** Paulette et Roger Carbonneau
11220 Lagrasse © 04 68 24 06 97

## BEAU RIVAGE

5 chambres de 37 à 45 €

**Le lieu** Une maison moderne entourée de 3000 m2 de pelouse arborée.

**Les chambres** De taille moyenne mais douillettes et coquettes, elles donnent sur la piscine ou sur la rivière.

**Les plus** La piscine, le joli village, le bon équipement des chambres.

**Les environs** Minerve, une ferme équestre à 300 m, de nombreuses balades possibles.

**Pour réserver** Claire Lefèvre
11120 Mirepeisset © 04 68 46 25 07

## DOMAINE DE LA GRANGETTE

4 chambres de 52 à 58 €

**Le lieu** En retrait du village, une vaste maison languedocienne dans son parc.

**Les chambres** Décorées avec goût et meublées d'ancien.

**Les plus** La tranquillité de la campagne méditerranéenne, la piscine.

**Les environs** Le canal du Midi, l'abbaye de Fontfroide, Minerve, Narbonne, Béziers.

**Pour réserver** Mireille Renoux-Meyer 11590 Ouveillan ✆04 68 46 86 24 - Fax 04 68 46 86 24

## DOMAINE DE COUCHET

4 chambres de 53,36 à 56,41 €

**Le lieu** Une belle maison du XVIIIe siècle sur un domaine de 5 ha.

**Les chambres** Rustiques et personnalisées, au nom de châteaux cathares.

**Les plus** De très agréables pièces communes (bibliothèque, séjour, salle à manger) aux meubles de caractère, table d'hôtes.

**Les environs** Le Pays Cathare et ses châteaux, Carcassonne, Foix, Mirepoix.

**Pour réserver** 11230 Peyrefitte du Razès ✆04 68 69 55 06 - Fax 04 68 69 55 06

## ABBAYE DE VILLELONGUE

4 chambres de 50 à 54 €

**Le lieu** Les vestiges d'une ancienne abbaye cistercienne du XIIe siècle.

**Les chambres** De caractère, construites dans l'ancien dortoir des moines.

**Les plus** Un cadre merveilleux et apaisant, les jardins dans l'enclos des moines, les ruines de l'église à ciel ouvert.

**Les environs** Montolieu, Carcassonne.

**Pour réserver** Jean Eloffe 11170 Saint-Martin-le-Vieil ✆04 68 76 92 58 - Fax 04 68 76 92 58

## LA GIRAUDASSE

5 chambres à 48 €

**Le lieu** Une maison de maître XVIIe dans un jardin verger de 3000 m2.

**Les chambres** Agréables, deux réservées aux non-fumeurs.

**Les plus** Plusieurs sentiers de randonnées partent de la maison ; saveurs locales au menu.

**Les environs** Le château de Ternes à 25 km, les gorges de Galanus à 12 km, la mer à 50 km.

**Pour réserver** 2, place de la Fontaine - Soulatge 11330 Tuchan ✆04 68 45 00 16 - Fax 04 68 45 05 40

## ABBAYE DE CAPSERVY

4 chambres de 45 à 52 €

**Le lieu** Sur 26 ha de vignes et de champs de céréales, une magnifique abbaye du XIe siècle entièrement restaurée.

**Les chambres** Vastes et sobres, au décor sobre très bien adapté à l'esprit des lieux.

**Les plus** Un site magnifique et apaisant, lac, piscine, cuisine familiale de qualité.

**Les environs** Carcassonne, les châteaux cathares.

**Pour réserver** 11600 Villardonnel
✆04 68 26 61 40

## INDEO

3 chambres de 90 à 120 €

**Le lieu** Une ancienne station de pompage SNCF de la fin XIXe à 5 minutes d'Uzès.

**Les chambres** Très spacieuses, chacune avec terrasse couverte, elles sont très confortablement meublées.

**Les plus** La piscine, le vaste parc traversé par un ancien viaduc et une rivière.

**Les environs** Uzès, les Cévennes, Avignon.

**Pour réserver** Le Viaduc - Route des Haras
30700 Arpaillargues
✆04 66 22 37 15 - Fax 04 66 22 39 16

## AUBERGE DES RIBES HAUTES

2 chambres à 35 €

**Le lieu** Une ancienne magnanerie du XVIIe convertie en restaurant-chambres d'hôtes.

**Les chambres** Calmes, avec sur le jardin et la campagne environnante.

**Les plus** Le restaurant sur place, la terrasse qui donne sur un jardin fermé.

**Les environs** Les gorges de l'Ardèche et de la Cèze, l'aven d'Orgnac, Le Garn.

**Pour réserver** Chemin des Ribes Hautes
30430 Barjac ✆04 66 24 57 61

## MAS ESCOMBELLE

5 chambres à 51 €

**Le lieu** Une ancienne magnanerie du XVIIIe sur 3 000 m2 de jardin paysager.

**Les chambres** Joliment décorées et personnalisées. L'une d'elles peut accueillir u
ne famille de 5 personnes.

**Les plus** La piscine, les oliviers, le calme.

**Les environs** Les gorges de l'Ardèche, l'Aven d'Orgnac, les Cévennes.

**Pour réserver** Isabelle et Antoine Agapitos. La Vilette
30430 Barjac ✆04 66 24 54 77 - Fax 04 66 24 54 77

## DOMAINE DES CLOS

7 chambres de 60 à 144 €

**Le lieu** Un magnifique mas en pierre du XVIIIe en pleine campagne.

**Les chambres** Terre cuite au sol, parquet, murs patinés à la chaux, décor méditerranéen.

**Les plus** Le jardin, la piscine, le charme de la maison.

**Les environs** Les Alpilles, Nîmes, Arles, le Pont-du-Gard et la Camargue.

**Pour réserver** Domaine des Clos
Route de Bellegarde 30300 Beaucaire
✆04 66 01 14 61 - Fax 04 66 01 00 47

## MAISON D'HOTES VIE

5 chambres de 65 à 84 €

**Le lieu** Un mas des XVIIe et XVIIIe siècle au milieu des vignes et des oliviers.

**Les chambres** Voûtées ou avec mezzanine, le charme des vieilles pierres ; spacieuses.

**Les plus** La piscine avec vue sur la garrigue, le superbe mûrier.

**Les environs** Le Pont-du-Gard, Nîmes, la Camargue et les Alpilles.

**Pour réserver** Mas de Raffin 30210 Castillon du Gard
✆04 66 37 13 28 - Fax 04 66 37 62 55

## LE MAS DU SEIGNEUR

5 chambres de 58 à 81 €

**Le lieu** Un domaine de 15 ha en plein pays camisard, avec un authentique mas du XVIe.

**Les chambres** Spacieuses, poutres apparentes, murs blancs et tissus provençaux.

**Les plus** Une propriété restaurée avec goût, qui domine une belle vallée. Table d'hôtes.

**Les environs** Parc national des Cévennes, bambouseraie de Prafrance, Uzès, Vézenobres.

**Pour réserver** M. et Mme Bertrand 30530 Chamborigaud ✆04 66 61 41 52 - Fax 04 66 61 41 52

## CHATEAU DE LASCOURS

6 chambres de 91,47 à 122 €

**Le lieu** Un magnifique château des XIIe et XVIIe siècles avec ses douves.

**Les chambres** Très spacieuses (entre 35 et 60 m2), elles sont personnalisées et certaines disposent d'un superbe lit à baldaquin.

**Les plus** Le parc d'un hectare, la piscine, le charme des lieux.

**Les environs** Le camp de César au Laudun, les nombreuses caves viticoles.

**Pour réserver** 30290 Laudun
✆04 66 50 39 61 - Fax 04 66 50 30 08

## CHATEAU DE MASSAL

3 chambres de 58 à 74 €

**Le lieu** Un petit château du milieu XIXe au cœur d'une vallée.

**Les chambres** Spacieuses, avec une décoration plutôt sophistiquée.

**Les plus** Un magnifique jardin arboré et fleuri, une vue splendide sur les environs.

**Les environs** Les abbayes romanes, les forêts.

**Pour réserver** Mme du Luc - Bez et Esparon
30120 Le Vigan
✆04 67 81 07 60 - Fax 04 67 81 07 60

## LES BUIS DE LUSSAN

4 chambres de 61 à 68 €

**Le lieu** Une maison de vignerons datant du XVIIIe siècle.

**Les chambres** Assez vastes, décorées dans un style provençal.

**Les plus** Exposition plein sud, une vue panoramique ; agréable jardin médiéval, bassin jacuzzi.

**Les environs** Les Gorges de l'Aiguillon, Uzès, les Cévennes à 40 km.

**Pour réserver** Rue de la Ritournelle 30580 Lussan
✆04 66 72 88 93

## MAS DES GARRIGUES

4 chambres à 55 €

**Le lieu** Dans un hameau superbe et préservé, une belle maison de pierre.

**Les chambres** Chaleureuses et personnalisées.

**Les plus** Un décor soigné, meubles et gravures anciens, un site authentique. Table d'hôtes. Ferme équestre.

**Les environs** Uzès et le parc naturel régional des Cévennes.

**Pour réserver** La Lèque 30580 Lussan
✆04 66 72 91 18 - Fax 04 66 72 97 91

## MICHEL ET ELIANE MARTIN

5 chambres de 65 à 87 €

**Le lieu** Une grande maison provençale en pleine verdure, à 5 km du centre-ville.

**Les chambres** Grandes et disposant toutes d'une terrasse, elles sont joliment décorées dans un style provençal.

**Les plus** Le vaste parc avec piscine.

**Les environs** Uzès, les Cévennes, Avignon, la Camargue, le Pont-du-Gard, les Alpilles.

**Pour réserver** 631, chemin d'Engance. Le Garric
30000 Nîmes ✆04 66 26 84 77 - Fax 04 66 26 84 77

## AUBERGE DE LA JURADE

4 chambres de 36 à 54 €

**Le lieu** Une ancienne bergerie restauré sur une propriété de 7 ha.

**Les chambres** Reposantes et bien équipées.

**Les plus** La cuisine régionale attrayante au restaurant sur place, un agréable charme rustique.

**Les environs** Le Cirque de Navacelles à 6 km, le Vigan à 17 km, les grottes des Demoiselles à 30 km.

**Pour réserver** La Jurade 30120 Rogues
© 04 67 81 53 17

## LA POUSARANQUE

7 chambres de 36 à 63 €

**Le lieu** Très beau bâtiment de ferme avec jardin et piscine.

**Les chambres** Confortables et personnalisées, avec télévision.

**Les plus** Table d'hôtes régionale et chaleureuse, les deux piscines.

**Les environs** Anduze à 12 km, la Grotte Demoiselle à 20 km ; canoë-kayak à 20 km.

**Pour réserver** Domaine de l'Evesque 30610 Sauve
© 04 66 77 00 97 - Fax 04 66 77 00 97

## LA FERME DE CRUVIERS

4 chambres à 54 €

**Le lieu** Un ancien mas en pleine campagne avec terrasse panoramique sur toute la région.

**Les chambres** Confortables, avec de jolies photographies du département.

**Les plus** La cuisine à base des produits de la ferme et du terroir ; la piscine privée.

**Les environs** Uzès à 5 km, le Pont du Gard à 10 km, Avignon à 40 km, Nîmes à 30 km.

**Pour réserver** Route de Saint Ambroix 30700 Uzès
© 04 66 22 10 89 - Fax 04 66 22 06 76

## MAS APOLLINE

3 chambres de 45 à 50 €

**Le lieu** Une maison contemporaine construite dans le style mas provençal.

**Les chambres** Spacieuses (30 m2 environ), fraîchement décorées dans des tons gais.

**Les plus** Les oliviers qui entoure la maison, les oies et les canards qui gambadent en liberté.

**Les environs** La Camargue, Nîmes, le Pont-du-Gard, Montpellier.

**Pour réserver** RD 179 - Montcalm 30600 Vauvert
© 04 66 73 52 20 - Fax 04 66 73 52 20

## LES JARDINS DE LA LIVREE

6 chambres de 46 à 79 €

**Le lieu** Dans le centre historique de Villeneuve, une ancienne ferme rénovée, entourée de murs.

**Les chambres** Agréable décor provençal, beau mobilier.

**Les plus** Très agréable jardin clos avec piscine, beaucoup de charme, une belle situation, cuisine provençale au restaurant sur place.

**Les environs** Palais des Papes, Pont du Gard, les Baux-de-Provence.

**Pour réserver** 4 bis, rue Camp de Bataille 30400 Villeneuve-lès-Avignon ✆ 04 90 26 05 05

## VILLA DES ROSES

4 chambres à 42,70 €

**Le lieu** Une maison de maître restaurée, entourée d'un parc.

**Les chambres** Confortables et spacieuses.

**Les plus** Une ambiance agréable, une cuisine aux influences tantôt régionales, tantôt indonésiennes.

**Les environs** Les gorges de l'Hérault, les plages à 30 km, l'étang de Thau.

**Pour réserver** 15, av. de Pezenas. Laurent et Siti Fillon 34230 Adissan ✆ 04 67 25 01 24

## LA GENESTIERE

2 chambres de 43 à 50 €

**Le lieu** Une maison récente et de plein pied, au style agréable, dans un vaste jardin.

**Les chambres** Vastes, sobres et confortables.

**Les plus** Une maison fraîche en été, accès direct à la forêt et à la garrigue pour la balade.

**Les environs** Lac de Salagou, Saint-Guilhem-le-Désert, cirque de Mourèze, manufacture de Villeneuvette.

**Pour réserver** Flore et Maurice Neveu Route de Liausson 34800 Clermont-l'Hérault ✆ 04 67 96 30 97 - Fax 04 67 96 32 56

## FRANÇOISE BARBE ET ROLAND NIERI

2 chambres de 41 à 46 €

**Le lieu** Une maison de maître du XIXe au cœur du village.

**Les chambres** Pas très grandes mais décorées avec raffinement, l'une à l'ancienne, l'autre à l'anglaise.

**Les plus** Le parc, la piscine, le charme de la maison (carrelage ancien, pierres apparentes…).

**Les environs** L'étang de Thau, Montpellier, Sète, le cirque de Navacelles.

**Pour réserver** 55, avenue de la Gare 34770 Gigean ✆ 04 67 78 39 91

## FRANÇOISE CHEVALIER-PERIER

6 chambres à 41 €

**Le lieu** Une belle maison vigneronne du XIXe dans un petit parc ombragé.

**Les chambres** Personnalisées, décorées dans un style coloré et chaleureux.

**Les plus** Superbes terrasse et patio ; cuisine chaleureuse à la table d'hôtes.

**Les environs** Le plateau du Larzac à 20 km, le circuit des chapelles romanes sur place.

**Pour réserver** 34260 La Tour sur Orb
✆04 67 95 02 99 - Fax 04 67 95 02 99

## LES ARBOUSIERS

6 chambres à 40 €

**Le lieu** Une maison contemporaine en plusieurs parties autour d'un jardin central.

**Les chambres** De taille moyenne mais bien équipées et joliment décorées (style méditerranéen ou rustique).

**Les plus** Le parking clos, le jardin.

**Les environs** Le canal du Midi, l'oppidum d'Ensérune, Béziers, les Monts d'Espinouse.

**Pour réserver** Fabre-Barthez Bruno 34370 Maureilhan
✆04 67 90 52 49 - Fax 04 67 90 50 50

## LES 4 SAISONS

2 chambres de 39 à 46 €

**Le lieu** Une maison de caractère du XVIIe au pied du Massif du Caroux.

**Les chambres** Charmantes avec petit coin cuisine. Exposition sud avec terrasse.

**Les plus** Un cadre rustique et agréable : cheminée, pierre apparente, bois.

**Les environs** Les gorges d'Héric sur place, la vallée de l'Orb, la route des lacs à 20 km.

**Pour réserver** Le Village - Véronique et Antoine Saussol et Martinez 34390 Mons-la-Trivalle
✆04 67 97 70 93 - Fax 04 67 97 70 93

## DANIEL GENER

4 chambres à 42 €

**Le lieu** Une ancienne gendarmerie construite au milieu du XVIIIe siècle.

**Les chambres** Toutes avec salle de bains privatives, accès direct sur le jardin.

**Les plus** Un parc ombragé, le parking fermé, le salon de jardin.

**Les environs** Pézenas, l'abbaye de Valmagne, Saint-Guilhem le Désert.

**Pour réserver** 34, av Pierre Sirven 34530 Montagnac
✆04 67 24 03 21 - Fax 04 67 24 03 21

## LA BERGERIE DE L'ETANG

6 chambres de 76 à 152 €

**Le lieu** Tranquillement perdue sur un domaine de 800 ha, une magnifique ancienne bergerie restaurée avec goût.

**Les chambres** Personnalisées et climatisées.

**Les plus** Un cadre absolument magnifique, tant la nature que le bâtiment, des prestations de haut niveau.

**Les environs** Le canal du Midi, l'oppidum d'Ensérune, Minerve, Narbonne.

**Pour réserver** M. Delaude 34310 Montels
✆ 04 67 93 46 94 - Fax 04 67 93 42 56

## LES QUATR' FARCEURS

5 chambres de 23 à 30,50 €

**Le lieu** Une maison ancienne cachée dans une ruelle d'un village médiéval classé.

**Les chambres** Décorées dans un style rustique, elles dégagent beaucoup de charme et de chaleur. Elles donnent sur la montagne.

**Les plus** Table d'hôtes généreuse, terrasse.

**Les environs** Les gorges d'Héric, le parc naturel du Haut-Languedoc.

**Pour réserver** Rue de la Comporte 34390 Olargues
✆ 04 67 97 81 33 - Fax 04 67 97 81 33

## CHATEAU DE QUARANTE

5 chambres de 110 à 130 €

**Le lieu** Un charmant château début XIXe entouré d'un grand parc ombragé et fleuri.

**Les chambres** Vastes, certaines avec balcon ; superbe décoration avec meubles anciens.

**Les plus** Jardin et véranda très agréables, cuisine agréable et soignée.

**Les environs** Le Canal du Midi à 5 min, la Route des Vins, les plages à 30 min.

**Pour réserver** 34310 Quarante
✆ 04 67 89 40 41 - Fax 04 67 89 40 41

## LES MIMOSAS

5 chambres de 67 à 73 €

**Le lieu** Une maison de maître du XIXe aux portes du Parc Naturel Régional du Haut-Languedoc.

**Les chambres** Spacieuses et confortables.

**Les plus** Une grande terrasse, une cuisine sobre et élégante à la table d'hôtes.

**Les environs** Les gorges d'Héric à 15 km, Narbonne à 45 km, Minerve à 40 km.

**Pour réserver** M. et Mme La Touche
Av des Orangers 34460 Roquebrun
✆ 04 67 89 61 36 - Fax 04 67 89 61 36

## LE MAS DE BOMBEQUIOLS

6 chambres de 80 à 110 €

**Le lieu** Sur un domaine de 50 ha, une belle bastide dont les origines remontent au Xe siècle.

**Les chambres** Autour de la cour intérieure, toutes avec accès indépendant. Charme et beau mobilier ancien.

**Les plus** Un cadre pleine nature, une architecture superbe. Piscine.

**Les environs** Saint-Guilhem-le-Désert, cirque de Navacelles.

**Pour réserver** 34190 Saint André de Bueges
✆ 04 67 73 72 67 - Fax 04 67 73 73 67

## MICHELE ET BERNARD GUEUGNEAU

4 chambres de 45 à 60 €

**Le lieu** Maison de caractère languedocien dans un terrain clos de 5000 m2.

**Les chambres** Confortables équipées de télévision et de réfrigérateur.

**Les plus** La terrasse avec cuisine d'été, la propriété boisée.

**Les environs** Le Pic Saint-Loup, Montpellier et la vallée de l'Hérault à 20 km, la mer à 25 km.

**Pour réserver** 214, chemin des Clausses
L'Euziere 34270 Sainte-Croix de Quintillargues
✆ 04 67 59 52 68 - Fax 04 67 59 52 68

## LES BOUGAINVILLIERS

3 chambres de 56,41 à 99,09 €

**Le lieu** Un bâtiment d'architecture méridionale au milieu d'un parc de 2 ha.

**Les chambres** Vastes, décoration personnalisée, avec entrée indépendante, terrasse privée, kitchenette.

**Les plus** Grande terrasse surplombant la piscine et le jardin, hammam, jacuzzi ; tennis.

**Les environs** Site romain à 1 km, Pont du Gard.

**Pour réserver** 343, chemin des Combes Noires
Barlaguet Daniel 34400 Villetelle
✆ 04 67 86 87 00 - Fax 04 67 86 87 00

## JEAN-PIERRE ET SYLVIE DURAND

3 chambres à 52 €

**Le lieu** Une maison neuve de style caussenard sur un terrain fleuri de 5000 m2.

**Les chambres** Jolies, avec vue sur la campagne et sur le parc arboré et fleuri.

**Les plus** Kitchenette à disposition, table d'hôtes régionale.

**Les environs** Les gorges du Tarn à 12 km, Mende, Marvejols et Florac à 25 km.

**Pour réserver** Le Jas 48230 Chanac
✆ 04 66 48 22 93

## AUBERGE DES VIOLLES

6 chambres à 30 €

**Le lieu** Dans une nature intacte, une ferme typique.

**Les chambres** Tranquilles et agréables, style campagnard, la plupart avec vue sur la vallée.

**Les plus** La piscine très agréable, la table d'hôtes chaleureuse autour notamment des agneaux de la ferme.

**Les environs** Aubrac à 10 km, Parc des Loups du Gévaudan à 15 km.

**Pour réserver** Les Violles
48100 Chirac ✆ 04 66 32 77 66

## AUBERGE CHEZ LOUIS

6 chambres à 60,37 €

**Le lieu** Une bâtisse du XIXe entourée de cultures et de forêts à 800 m d'altitude.

**Les chambres** Indépendantes de l'auberge rurale, simples et confortables.

**Les plus** Découverte de la vie de la ferme ; dégustation de spécialités régionales au restaurant sur place.

**Les environs** La Canourgue, gorges du Tarn, parc de Ste-Lucie avec les loups du Gévaudan.

**Pour réserver** Le Mazelet 48500 La Canourgue
✆ 04 66 32 83 16

## JEAN ET ANNE-MARIE FAGES

5 chambres à 41,17 €

**Le lieu** Une maison caussenarde des XIVe-XVe siècles en pleine campagne.

**Les chambres** Confortables, avec télévision et téléphone.

**Les plus** Un accueil chaleureux ; le calme, la détente ; nombreux équipements pratiques.

**Les environs** Les gorges du Tarn, l'Aubrac.

**Pour réserver** La Vialette
48500 La Canourgue ✆ 04 66 32 83 00

## GITE DE L'ESCOUTAL

2 chambres de 40 à 45 €

**Le lieu** Une ancienne ferme en schiste au toit de lauzes dans un cadre superbe.

**Les chambres** Confortables et décorées avec goût.

**Les plus** Cuisine variée à la table d'hôtes, le calme d'une situation en pleine nature.

**Les environs** Le Parc National des Cévennes, la station de ski du Mont Lozère, le lac de Naussac.

**Pour réserver** Les Bonnetés
48190 Le Bleymard ✆ 04 66 48 64 08

## LE REFUGE DU MOURE

5 chambres de 34 à 46€

**Le lieu** Une maison en pierre de granit dans un jardin fleuri.

**Les chambres** Calmes et confortables, meubles régionaux, vue sur la forêt.

**Les plus** Un décor élégant et chaleureux.

**Les environs** La Halte Stevenson en forêt de Mercoire, les sources de l'Allier, Pradelles.

**Pour réserver** Agnès et Christian Simonet
48300 Le Cheylard l'Evêque ©04 66 69 03 21
Fax 04 66 69 03 21

## LES PUECHS DE L'AUBRAC

5 chambres à 39€

**Le lieu** Une ancienne grange rénovée dans le style de la région.

**Les chambres** Agréables et personnalisées.

**Les plus** La vue sur les pâturages, la cuisine familiale et régionale.

**Les environs** Le parc des Loups du Gévaudan à 15 km, Laguiole à 35 km, cascade du Déroc à 4 km.

**Pour réserver** Marchastel
André et Jeanine Boyer 48260 Nasbinals
©04 66 32 53 79

## L'ESCAPADE

4 chambres à 42,69€

**Le lieu** Une ferme traditionnelle du XVIIe en granit dans une vaste propriété agricole.

**Les chambres** Chaleureuse décoration de style régional en bois, vue sur la campagne.

**Les plus** Une ambiance chaleureuse, à la table, charcuterie maison et volailles de la ferme.

**Les environs** Le lac de Naussac à 3 km, Le Puy à 50 km, Mende à 50 km.

**Pour réserver** M. et Mme Auguste. Hameau de Pomeyrols 48300 Naussac ©04 66 69 25 91

## LE RANC DES AVELACS

6 chambres à 54€

**Le lieu** En pleine nature, un petit hameau du XVIIe en pierres de schiste, à 550 m d'altitude.

**Les chambres** Donnant toutes sur une terrasse avec vue panoramique sur le Mt Aigoual, elles sont joliment décorées dans le style cévenol.

**Les plus** La petite piscine privée, les 4 km de chemin de terre pour arriver sur place.

**Les environs** Les gorges du Tarn.

**Pour réserver** M. et Mme Chatin
48330 Saint-Etienne-Vallée-Française
©04 66 45 70 80 - Fax 04 66 45 75 58

## PAUL ET YVONNE CALMELS

3 chambres de 30 à 35 €

**Le lieu** Une belle maison en pierres construite en 1963.

**Les chambres** Si deux d'entre elles doivent partager les W-C, elles sont toutes charmantes et douillettes.

**Les plus** Le grand jardin et le terrain privés, le charme du hameau.

**Les environs** Les gorges du Tarn et de la Jonte, les Causses, l'Aubrac.

**Pour réserver** Combelasais 48500 Saint-Rome de Dolan ✆04 66 48 80 08

## DOMAINE DES TROIS TILLEULS

3 chambres à 45,70 €

**Le lieu** Un ensemble de maison traditionnelles dans un ancien hameau réhabilité.

**Les chambres** Confortables et bien équipées, elles sont assez spacieuses et très calmes.

**Les plus** La rivière qui borde le domaine, la cuisine traditionnelle de la table d'hôtes.

**Les environs** Les monts Aigoual et Lozère, le parc des Cévennes, les gorges du Tarn.

**Pour réserver** Village 48400 Saint-Julien-d'Arpaon ✆04 66 45 25 54 - Fax 04 66 45 25 95

## LA NARCE

3 chambres à 41 €

**Le lieu** Un peu à l'écart du village, une ferme lozérienne début XXe en granit.

**Les chambres** Aménagées dans la grange et l'étable.

**Les plus** Une nature généreuse, des chambres charmantes avec pierres apparentes et un décor soigné. Table d'hôte aux recettes typiques.

**Les environs** Margeride et Aubrac, parc des bisons, Laguiole.

**Pour réserver** M. et Mme Chalvet 48310 Termes ✆04 66 31 64 12

## DOMAINE DU MAS BAZAN

5 chambres à 51 €

**Le lieu** Un charmant mas catalan du XIXe, en briques et galets, au milieu de 10 hectares de vignes et de vergers.

**Les chambres** Vastes et agréables, avec un joli mobilier ancien.

**Les plus** Un domaine viticole très agréable, piscine et généreuse table d'hôtes.

**Les environs** Elne, Collioure, Perpignan.

**Pour réserver** 66200 Alénya ✆04 68 22 98 26 - Fax 04 68 22 97 37

## CAL XANDERA

6 chambres de 30 à 33€

**Le lieu** Une ferme construite au XVIIIe siècle et intelligemment rénovée.

**Les chambres** De taille moyenne, elles dispensent beaucoup de charme avec leurs pierres apparentes et leurs boiseries d'époque.

**Les plus** La vue sur les montagnes, la terrasse ombragée, la bonne table d'hôtes.

**Les environs** Plusieurs stations de sports.

**Pour réserver** 49, route de Font-Romeu 66760 Angoustrine ✆04 68 04 61 67 - Fax 04 68 04 61 67

## MAS SENYARICH

5 chambres de 50 à 55€

**Le lieu** Un mas catalan en pierre dans une grande propriété boisée et fleurie.

**Les chambres** Confortables avec vue sur la mer.

**Les plus** Terrasse pour lézarder au soleil, piscine pour se rafraîchir et belle cuisine catalane pour la gourmandise.

**Les environs** Collioure à 6 km, la plage à 5 km.

**Pour réserver** Marina et Gérard Romero
66700 Argelès sur Mer
✆04 68 95 93 63 - Fax 04 68 95 93 63

## MAS FELIX

5 chambres à 55€

**Le lieu** Perché sur un mamelon au cœur de la forêt et des vignes, un mas catalan du XVIIIe.

**Les chambres** Avec accès indépendant, décor soigné et belle vue.

**Les plus** Un cadre magnifique, côté nature comme architecture, beaucoup de calme. Belle table d'hôtes.

**Les environs** Ille-sur-Têt, Castelnou, prieuré de Serrabonne, Perpignan.

**Pour réserver** Mme Boulitrop
66300 Camelas ✆04 68 53 46 71

## MAS TERRA ROSA

3 chambres à 53,35€

**Le lieu** Un beau mas catalan à l'écart du bourg.

**Les chambres** Spacieuses, elles offrent une vue superbe sur le Canigou et donnent sur un jardin fleuri avec terrasse ombragée.

**Les plus** La tranquillité du site, les 4 ha de la propriété.

**Les environs** La vallée du Tech, les gorges de la Fou, le massif du Canigou.

**Pour réserver** Las Bougueres
66400 Céret ✆04 68 87 34 00

## LAURENCE JONQUERES D'ORIOLA

4 chambres à 49 €

**Le lieu** Une ancienne bâtisse avec meubles anciens et tommettes dans une cour et ses palmiers centenaires.

**Les chambres** Spacieuses possédant cheminée et meubles anciens.

**Les plus** La déco des chambres, le cadre soigné.

**Les environs** Perpignan, Collioure, St-Cyprien.

**Pour réserver** 9, rue des Cavaliers
66200 Corneilla del Vercol
✆04 68 22 12 67 - Fax 04 68 22 12 67

## MAS DE LA COULOUMINE

6 chambres à 37 €

**Le lieu** Une maison contemporaine à la sortie du village.

**Les chambres** Climatisées, elles ne sont pas très grandes mais confortables ; elles donnent sur la campagne.

**Les plus** Le parking privé, la belle piscine, le petit parc.

**Les environs** Perpignan, la côte Vermeille, la vallée de la Tech.

**Pour réserver** Route de Bages 66200 Elne
✆04 68 22 36 07 - Fax 04 68 22 36 07

## MAS DES GENETS

6 chambres à 50,68 €

**Le lieu** Une maison de caractère avec patio et terrasses sur 2,5 ha de jardin méditerranéen.

**Les chambres** Agréables, toutes avec vue sur le jardin d'orangers et pamplemoussiers.

**Les plus** Nombreuses activités sur place : piscine, tennis, mini-golf.

**Les environs** La mer à 10 km, Collioure à 20 km.

**Pour réserver** Chollat-Namy Marie-Claude 66560 Ortaffa ✆04 68 22 17 60 - Fax 04 68 22 17 60

## CASE GUILLAMO

3 chambres de 54 à 92€

**Le lieu** En pleine nature, un beau mas du XVIIIe au cœur de la forêt.

**Les chambres** Charme rustique et chaleureux, avec poutres et pierres apparentes.

**Les plus** 43 ha de tranquillité en moyenne montagne, piscine, table d'hôtes de spécialités catalanes.

**Les environs** Les gorges de la Fou, le mont Canigou, un peu plus loin Collioure et la côte.

**Pour réserver** 66230 Serralongue
✆04 68 39 60 50

## LAS ASTRILLAS

6 chambres à 42€

**Le lieu** Un ancien mas catalan composé de plusieurs corps de bâtiment.

**Les chambres** Douillettes et tranquilles.

**Les plus** Ambiance conviviale et tranquille, jardin abondamment fleuri.

**Les environs** L'abbaye de Saint-Michel à 2 km, le Canigou, Perpignan.

**Pour réserver** 12, Carrer d'Aval 66500 Taurinya
✆04 68 96 17 01 - Fax 04 68 96 17 01

# LIMOUSIN POITOU CHARENTES

## FAGEOLLE CHRISTIAN-NATHALIE

3 chambres de 29 à 38 €

**Le lieu** Une maison du XIXe sur une exploitation de bovins.

**Les chambres** Ouvrant sur la campagne corrézienne, elles sont spacieuses et confortables.

**Les plus** Marche à pied, vélo. Spécialités d'Auvergne et du Limousin à la table d'hôtes.

**Les environs** Le Puy de Sancy à 40 km, le plateau de Millevaches à 20 km.

**Pour réserver** Chalons-d'Aix 19200 Aix
✆ 05 55 94 31 17 - Fax 05 55 94 31 17

## CHATEAU D'ARNAC

4 chambres à 80 €

**Le lieu** Dans un parc de 8 ha, avec lac et bois, un château en pierre du XVIIIe.

**Les chambres** Vastes et très agréables à vivre, ouvertes sur le parc.

**Les plus** Des prestations luxueuses, une agréable touche britannique.

**Les environs** Rocamadour, Collonges-la-Rouge, gouffre de Padirac, Lascaux, Sarlat.

**Pour réserver** M. et Mme Webb. Nonards 19120 Beaulieu-sur-Dordogne ✆ 05 55 91 54 13

## LA MAISON

6 chambres de 46 à 56 €

**Le lieu** Une maison construite au XIXe par un général distingué au Mexique et qui s'est inspiré de ce pays.

**Les chambres** Des ambiances superbes et personnalisées.

**Les plus** Une maison superbe au style chaleureux, distribuée autour de son patio fleuri.

**Les environs** Gouffre de Padirac.

**Pour réserver** Mme Henriet - 11, rue de la Gendarmerie 19120 Beaulieu-sur-Dordogne
✆ 05 55 91 24 97

## LE MAS VIDAL

3 chambres à 38 €

**Le lieu** Une maison en pierre avec jardin et terrasse couverte.

**Les chambres** Une avec loggia, tranquilles et agréables.

**Les plus** Un beau jardin ; belle vue sur la vallée de la Dordogne.

**Les environs** Vallée de la Dordogne, Padirac ; canoë, baignade.

**Pour réserver** Mas Vidal. Simbille Pierre et Michèle 19120 Bilhac ✆ 05 55 91 08 74

## CLEMENT J.-CLAUDE

4 chambres de 29 à 48,80 €

**Le lieu** Une maison corrézienne de caractère sur 2,5 ha de terrain, à 200 m du lac.

**Les chambres** Un décor plutôt raffiné et une belle vue sur la campagne corrézienne.

**Les plus** Un calme parfait, les balades en barque sur le lac.

**Les environs** Les gorges de la Dordogne, les cascades de Gimel, Argentat.

**Pour réserver** Teyssonnière - La Maison du Lac 19320 Marcillac-la-Croisille
✆ 05 55 21 58 99 / 06 73 36 96 79

## AUX SABOTS DU CAUSSE

4 chambres de 35 à 40 €

**Le lieu** Une ancienne ferme en pierre et son jardin fleuri.

**Les chambres** Joliment meublées et dotées d'un mini-bar, elles sont agréables à vivre.

**Les plus** Randonnées pédestres ou à VTT, pétanque, ping-pong, baignade.

**Les environs** Turenne à 9 km, Rocamadour à 30 km, Collonges-la-Rouge à 20 km.

**Pour réserver** M. et Mme Lalle. Belveyre 19600 Nespouls ✆ 05 55 85 84 57

## FERME DE LA BORDE

3 chambres à 42 €

**Le lieu** Sur une exploitation agricole (culture de noyers et élevage d'oies), une maison début XXe en pierre et ardoise.

**Les chambres** Agréables, au décor soigné.

**Les plus** Une étape tranquille, un cadre agréable, un équipement pratique (lave-linge).

**Les environs** Pompadour, Collonges-la-Rouge, Sarlat, grotte de Lascaux.

**Pour réserver** Nadine Bugé - La Borde 19410 Saint-Bonnet l'Enfantier
✆ 05 55 73 72 44 - Fax 05 55 73 72 44

## CHATEAU DE LA SALVANIE

4 chambres à 50,30 €

**Le lieu** Un petit château du XVIIIe dans un cadre champêtre magnifique.

**Les chambres** Cossues, avec leur mobilier ancien et leur parquet en chêne, elles ouvrent sur le parc.

**Les plus** Salon TV, cour, jardin, terrasse; randonnées pédestres.

**Les environs** La vallée de la Dordogne, Padirac à 35 km, Rocamadour à 30 km, Beaulieu.

**Pour réserver** Poujade Edmond 19120 Tudeils
✆ 05 55 91 53 43

## FERME-AUBERGE DE LA VALLEE DE LA CREUSE

6 chambres de 42,69 à 50,31 €

**Le lieu** Un corps de ferme du XVIIIe tout en pierre comprenant plusieurs bâtiments.

**Les chambres** Elles donnent sur les prés et sur la vallée de la Creuse et sont spacieuses.

**Les plus** Elevage de bovins et de volailles que l'on retrouve au menu.

**Les environs** Aubusson à 6 km, Guéret à 34 km.

**Pour réserver** Patrice et Guylaine d'Hiver
Ourdeaux Alleyrat 23200 Aubusson
✆ 05 55 66 29 65 / 06 87 88 58 19

## LA COMMANDERIE

5 chambres à 52 €

**Le lieu** Une ancienne commanderie classée monument historique sur le plateau de Millevaches.

**Les chambres** Avec de beaux volumes, leur décoration évoque Moyen-Age et chevaliers.

**Les plus** Le jardin médiéval, l'étang avec truites.

**Les environs** Aubusson à 28 km, le lac de Vassivière à 13 km, Gentioux à 13 km.

**Pour réserver** Pallier - Gomichon Yolande et Yves
23340 Gentioux
✆ 05 55 67 91 73 - Fax 05 55 67 91 73

## LE COTTAGE BEAUSOLEIL

4 chambres à 49 €

**Le lieu** Une maison de famille au milieu d'un parc planté d'arbres de la région.

**Les chambres** Confortables et de caractère.

**Les plus** Promenade dans le parc et dans le vieux village des Coussières.

**Les environs** A 300 m du plan d'eau de Coustille et ses activités nautiques ; à 1 km de la forêt domaniale de Chabrière.

**Pour réserver** Beausoleil. Royer Jeanine 23000 Guéret
✆ 05 55 81 90 96

## CHATEAU DE PUY-HAUT

5 chambres de 54 à 58 €

**Le lieu** Un château des XIIe-XVIIIe, sur une colline.

**Les chambres** Un décor superbe et sobre.

**Les plus** Un cadre magnifique, servi par un décor de bon goût, joli mobilier. Piscine, coin cuisine, table d'hôtes.

**Les environs** Aubusson, château de Doussac, forêt de Tronçais, Guéret, Montluçon.

**Pour réserver** M. et Mme Ribbe - Puy-Haut
23170 Lussat ✆ 05 55 82 13 07

## BRIGITTE BAUDERE

2 chambres à 44 €

**Le lieu** Face à la vallée, une grande maison fin XIXe.

**Les chambres** Dans une maison indépendante, avec vue sur la vallée.

**Les plus** Un cadre agréable, un accueil convivial, beaucoup de tranquillité.

**Les environs** Aubusson, château de Villemonteux.

**Pour réserver** La Chaumette 23700 Mainsat
✆ 05 55 83 11 52

## MAISON D'HOTES NOEL DANIEL ET CHRISTINE

2 chambres à 43 €

**Le lieu** Une maison de caractère du XIXe avec son salon jardin.

**Les chambres** Tranquilles, chacune avec télévision et bibliothèque.

**Les plus** Une ambiance tranquille et conviviale, week-ends gastronomie de septembre à mai.

**Les environs** Les mégalithes et les dolmens à Marsac.

**Pour réserver** 15, rue de Lavaud
Le Bourg 23210 Marsac ✆ 05 55 81 50 49

## CHATEAU DE CHAZEPAUD

5 chambres de 55 à 80 €

**Le lieu** Dans un parc centenaire, une folie début XXe, de style néo-Renaissance.

**Les chambres** 5 chambres très vastes, au décor personnalisé, avec vue sur le parc ou la campagne.

**Les plus** Un décor chatoyant et éclectique, un équipement très confortable (piscine couverte, piano, salle de remise en forme).

**Les environs** Musée de la Tapisserie d'Aubusson.

**Pour réserver** 23260 St-Bard
✆ 05 55 67 33 03 - Fax 05 55 67 30 25

## LE MASBEAU

3 chambres à 38 €

**Le lieu** Une maison bourgeoise début XXe dans une grande cour, entourée de champs.

**Les chambres** Agréables et de caractère.

**Les plus** La piscine sur place, ambiance conviviale ; possibilité de cuisiner.

**Les environs** Aubusson à 40 km, Limoges à 60 km ; tennis et plan d'eau à 2 km.

**Pour réserver** Jean-Pierre Pelège
23400 Saint-Dizier-Leyrenne
✆ 05 55 64 40 11

## LE QUERE MARCELLE ET JEAN-LOUIS

5 chambres à 38€

**Le lieu** Une grande maison bourgeoise des XVIe et XIXe dans un grand parc ombragé.

**Les chambres** Décor élégant, confort agréable.

**Les plus** Ambiance tranquille et conviviale, cinq étangs de pêche sur place.

**Les environs** Le lac de Saint-Pardoux à 15 km, Bellac et les monts de Blond.

**Pour réserver** Rouffignac
87300 Blanzac ✆ 05 55 68 03 38

## ZIEGLER BRIGITTE ET PHILIPPE

5 chambres de 29 à 36€

**Le lieu** Une maison de maître du XVIII et son jardin réservé aux hôtes.

**Les chambres** Confortables, avec vue sur le jardin et la campagne limousine.

**Les plus** Ambiance conviviale et cadre agréable.

**Les environs** Abbaye romane et château de Chalucet à 10 km, Limoges.

**Pour réserver** Moulinard 87220 Boisseuil
✆ 05 55 06 91 22 - Fax 05 55 06 98 28

## LE MARCHADEAU

3 chambres de 36,59 à 37€

**Le lieu** Une ancienne ferme rénovée datant du XVIIIe dans un grand parc.

**Les chambres** Décor plutôt rustique, vue sur la campagne limousine.

**Les plus** Un cadre tranquille et agréable.

**Les environs** De nombreux châteaux et abbayes à visiter, le parc naturel régional Périgord Limousin.

**Pour réserver** Daccord 87800 Burgnac
✆ 05 55 58 13 30

## CHATEAU DE BRIE

4 chambres à 92€

**Le lieu** Un château seigneuriale du XVIe siècle sur la route Richard Cœur de Lion.

**Les chambres** Vastes, personnalisées avec un beau mobilier de style.

**Les plus** Un vaste domaine, avec parc boisé, jardin anglais, élégante cuisine régionale.

**Les environs** Les 15 châteaux de la route Richard Cœur de Lion.

**Pour réserver** Mr et Mme du Manoir de Juaye
87150 Champagnac la Rivière
✆ 05 55 78 17 52 - Fax 05 55 78 14 02

## PATRICK ET MAYDER LESPAGNOL

4 chambres à 38 €

**Le lieu** Une maison traditionnelle du pays des tuiliers.

**Les chambres** Tranquilles et agréables, avec accès indépendant.

**Les plus** Découverte de la ferme d'élevage de chèvres biodynamique, produits de la ferme à la table d'hôtes.

**Les environs** Limoges à 35 km, Pompadour à 20 km ; baignade, pêche à 6 km.

**Pour réserver** La Chapelle 87380 Chateau-Chervix
© 05 55 00 86 67 - Fax 05 55 00 70 78

## DOMAINE DE LAS GOUTTAS

3 chambres de 36 à 56 €

**Le lieu** Sur une petite ferme d'élevage, une maison indépendante typique de la région.

**Les chambres** Décor sobre, beau mobilier, avec vue sur la cour ou la campagne.

**Les plus** Un cadre calme et champêtre, des chambres agréables, table d'hôtes avec les produits de la ferme.

**Les environs** Château de Coussac-Bonneval.

**Pour réserver** M. et Mme Penaud
87500 Coussac-Bonneval © 05 55 75 24 25

## L'AGE

5 chambres de 31 à 65 €

**Le lieu** Une belle villa de style anglo-normand au sommet d'une colline dans un superbe parc.

**Les chambres** Agréables, avec vue sur la vallée ou le parc.

**Les plus** Les serres, le potager, les volières dans le parc. Sur place, équitation pour cavaliers confirmés.

**Les environs** La Collégiale du Dorat à 8 km, le Saut de la Brame à 15 km.

**Pour réserver** Albespy Jean-Paul et Annie
87190 Magnac-Laval © 05 55 68 26 03

## LE VAL DU GOTH

2 chambres à 53,35 €

**Le lieu** Dans un parc arboré de 2 ha, une ferme du XVIIIe en pierre confortablement rénovée.

**Les chambres** Vue agréable et à la décoration raffinée, avec TV et magnétoscope.

**Les plus** Un parc très agréable, avec bassin d'agrément, étang de pêche, piscine.

**Les environs** Le parc régional Périgord-Limousin, la route Richard Cœur de Lion.

**Pour réserver** M. et Mme Francis Pez. Le Vansanaud
87440 Marval © 05 55 78 76 65 - Fax 05 55 78 23 79

## CHATEAU DE VAUGENIGE

5 chambres de 65 à 75 €

**Le lieu** Un élégant château du XIXe siècle dans son parc.

**Les chambres** Vastes, avec un décor clair et cosy et des meubles de famille.

**Les plus** De nombreuses activités (piscine couverte, pêche, stages variés) et un cadre flatteur.

**Les environs** Le musée de Châteauponsac, le lac de Saint-Pardoux.

**Pour réserver** 87250 Saint-Pardoux
© 05 55 76 58 55 - Fax 05 55 76 57 11

## LA FORGE CHAMBRE D'HOTES

4 chambres à 36 €

**Le lieu** Une ancienne forge restaurée entourée d'un jardin verdoyant.

**Les chambres** Tranquilles et agréables.

**Les plus** La grande salle avec cheminée et la charpente d'époque apparente, les produits fermiers à la table d'hôtes.

**Les environs** Les châteaux avoisinants; parc animalier paysager à 8 km.

**Pour réserver** Batailler Dominique et Aude. Le Bourg 87260 St-Hilaire-Bonneval © 05 55 00 68 57

## M. ET MME MOY

2 chambres à 38 €

**Le lieu** En pleine campagne, une ferme typiquement charentaise.

**Les chambres** Meublées à l'ancienne, elles sont coquettes et bien tenues.

**Les plus** Piscine sur place; randonnées pédestres, pêche à 2 km.

**Les environs** Les églises romanes, le château de la Rochefoucauld, le Marais Poitevin.

**Pour réserver** La Grande Métairie 16700 Bioussac
© 05 45 31 15 67 - Fax 05 45 29 07 28

## MARIE ET CONSTANT RENAULT

4 chambres à 30,59 €

**Le lieu** Une ancienne maison charentaise rénovée et son étang.

**Les chambres** Assez spacieuses et bien agencées, elles sont très accueillantes.

**Les plus** Pique-nique, pêche dans l'étang, jeux pour enfants.

**Les environs** Le musée Alfred de Vigny, visite des chais, la chapelle des Templiers.

**Pour réserver** La Fenêtre - Pérignac 16250 Blanzac
© 05 45 24 81 25 - Fax 05 45 24 81 25

## LES FRUGERES

3 chambres de 43 à 45 €

**Le lieu** Une maison moderne dans le style régional.

**Les chambres** Plutôt grandes, décor moderne ou à l'ancienne, vue sur le jardin et la piscine.

**Les plus** Belle situation au cœur du vignoble, jardin, piscine, équipement pratique.

**Les environs** Cognac, la Charente.

**Pour réserver** 383, route de Corbières
16100 Boutiers Saint-Trojan ✆ 05 45 32 63 75
ou 06 07 03 02 51 - Fax 05 45 32 63 75

## CLAUDINE ET JEAN RICHON

5 chambres à 40 €

**Le lieu** Une belle demeure charontaise dans un magnifique domaine viticole du XIXe.

**Les chambres** Assez spacieuses, elles sont agréables ; l'une d'elles est une suite familiale.

**Les plus** La piscine sur place, vélo, circuits de randonnée ; visite du domaine.

**Les environs** Monuments romans, sites gallo-romains ; étang avec sports nautiques à 7 km.

**Pour réserver** Denat - La Templerie
16430 Champniers ✆ 05 45 68 73 89
ou 05 45 68 49 00 - Fax 05 45 68 91 18

## LOGIS DE BOUSSAC

3 chambres de 54 à 62 €

**Le lieu** L'ancienne résidence d'été des négociants en eau-de-vie et des maires de Cognac.

**Les chambres** Richement meublées, bien équipées, elles sont très agréables.

**Les plus** Piscine privée ; la rivière sur place, pêche, canoë.

**Les environs** Cognac et son vignoble.

**Pour réserver** M. et Mme Méhaud - Boussac
16370 Cherves-Richemont
✆ 05 45 83 13 01 - Fax 05 45 83 21 21

## LE BOIS DE MAURE

4 chambres à 30,49 €

**Le lieu** Sur une petite exploitation agricole de production de foie gras, une vieille maison de 1830 bien restaurée.

**Les chambres** Calmes et bien aménagées, elles disposent d'un accès indépendant.

**Les plus** Le calme de la campagne, le grand jardin, les spécialités de foie gras.

**Les environs** Aubeterre, Barbézieux, Angoulême, Cognac.

**Pour réserver** Guy Testard 16360 Condéon
✆ 05 45 78 53 15

## SAFARI-PARC DE HAUTE SAINTONGE

8 chambres à 42,70 €

**Le lieu** Dans un parc animalier, une vieille ferme charentaise récemment rénovée.

**Les chambres** Spacieuses et décorées avec sobriété et goût, garantie d'un bon séjour.

**Les plus** Un cadre nature apaisant, une atmosphère typique, table d'hôtes avec spécialités de gibier.

**Les environs** Barbézieux, Saint-Emilion.

**Pour réserver** Relais du Buissonnet
16480 Guizengeard
✆ 05 45 98 99 31 - Fax 05 45 98 49 95

## MME DESRENTES

3 chambres de 29 à 35,20 €

**Le lieu** Une ancienne ferme, typique de la région avec son grand porche et son beau toit de tuiles.

**Les chambres** Coquettes et assez spacieuses, elles sont agréables à vivre.

**Les plus** Un séjour agréable avec la vue sur la belle cour fleurie, nombreuses activités autour du cognac et de sa fabrication.

**Les environs** Cognac, Saintes.

**Pour réserver** Village de Chez les Rois
16100 Louzac-Saint-André ✆ 05 45 82 16 04

## CHRISTIAN RICHARD

5 chambres à 46 €

**Le lieu** Sur une ferme céréalière en haut du village, un ancien corps de bâtiment en pierre entièrement restauré.

**Les chambres** Avec vue sur le jardin et la piscine, confortables et bien meublées.

**Les plus** Un séjour très agréable : jardin, terrasse, piscine. Cuisine d'été, billard.

**Les environs** Les petits villages aux alentours avec moulin, église romane, dolmen, château.

**Pour réserver** Les Vignauds - Luxé 16230 Mansle
✆ 05 45 39 01 47 - Fax 05 45 39 01 47

## LE PRUNIER

2 chambres à 34 €

**Le lieu** Dans le village, une ferme charentaise du XVIIIe avec une cour fermée.

**Les chambres** Aménagées dans une ancienne écurie, avec pierres apparentes, elles sont coquettes et douillettes.

**Les plus** Un cadre chaleureux, beau salon d'accueil, coin cuisine, table d'hôtes.

**Les environs** Eglises romanes de Saintonge.

**Pour réserver** Malvieille 16290 Moulidars
✆ 05 45 96 40 38 - Fax 05 45 90 09 85

LIMOUSIN POITOU-CHARENTES

## LES TILLEULS

3 chambres de 47 à 50€

**Le lieu** Une vaste demeure typiquement charentaise, construite en 1840.

**Les chambres** Vastes, ouvertes sur le parc et respectueuses du style de la propriété.

**Les plus** Beaucoup de calme, cadre agréable.

**Les environs** Angoulême, Cognac, balade sur la Charente.

**Pour réserver** Jenny et Dereck Fordham
Chez Quillet 16290 Moulidars
✆ 05 45 21 59 00 - Fax 05 45 21 59 01

## MICHELINE ET JACKY CHAINIER

5 chambres de 37 à 40€

**Le lieu** Une maison de maître construite en 1850.

**Les chambres** Calmes, décor classique et agréable, parquets cirés.

**Les plus** Les produits de la ferme, pineau et cognac notamment, un séjour apaisant.

**Les environs** Circuit des églises romanes, Cognac.

**Pour réserver** 8, chemin du Chiron
16130 Salles d'Angles
✆ 05 45 83 72 79 - Fax 05 45 83 64 82

## LA RONDE

3 chambres de 58 à 74€

**Le lieu** Une belle demeure charentaise du XVIIIème.

**Les chambres** Soigneusement décorées et meublées, elles sont cossues et confortablement.

**Les plus** La piscine, la déco des chambres, les activités sur place : vélo, cheval, golf....

**Les environs** Les sites archéologiques.

**Pour réserver** Jean et Johelle de Prévost
La Ronde 16170 St-Amand-de-Nouere
✆ 05 45 96 82 10 - Fax 05 45 96 82 10

## LOGIS DE BRASSAC

3 chambres de 22,80 à 41,15€

**Le lieu** Sur un vaste parc de 40 ha, un logis du XVIIIe ouvert sur la vallée de la Bonnieure.

**Les chambres** Meublées et décorées avec goût, elles jouissent d'une belle vue sur la vallée.

**Les plus** Chambres sobres et bien tenues, terrasse panoramique, possibilité de coin cuisine.

**Les environs** Château de la Rochefoucault, églises romanes, vestiges romains.

**Pour réserver** Mme Sauzet 16260 Suaux
✆ 05 45 71 12 61

## RELAIS DE L'AGE

4 chambres à 41€

**Le lieu** Une bâtisse typique entourée d'un parc de 6000 m2.

**Les chambres** Aménagées dans les dépendances d'une ancienne ferme limousine, elles possèdent beaucoup de charme.

**Les plus** Très belle piscine et randonnées sur place.

**Les environs** Le Château de la Rochefoucauld à 15 km; tennis, équitation, baignade.

**Pour réserver** L'Age 16260 Suaux
✆ 05 45 71 19 36 - Fax 05 45 71 19 36

## LA CANTINOLIERE

2 chambres de 32 à 54€

**Le lieu** Une maison de maître datant du XIXe dans un vaste parc de 2 ha où se trouvent les vestiges d'un château du XIIe.

**Les chambres** Donnant sur le parc ou le village, elles sont calmes et coquettes.

**Les plus** Salon de jardin pour les hôtes, promenade dans le parc.

**Les environs** Plan d'eau de Villefagnan à 1 km, la forêt de Ruffec à 10 km.

**Pour réserver** La Cantinolière 16240 Villefagnan
✆ 05 45 31 60 81

## LE MAURENCON

2 chambres à 43€

**Le lieu** A l'entrée d'un petit village, une grande maison charentaise.

**Les chambres** Spacieuses et charmantes avec leur beau mobilier, elles donnent sur la cour.

**Les plus** Un cadre agréable, un vaste jardin côté sud pour la détente, table d'hôtes.

**Les environs** La Saintonge et ses églises, le Marais Poitevin, Saintes, Saint-Jean d'Angély.

**Pour réserver** M. et Mme Fallelour - 10, rue de Maurençon 17400 Antezant-la-Chapelle
✆ 05 46 59 94 52 - Fax 05 46 59 94 52

## LES HORTENSIAS

3 chambres de 44 à 49€

**Le lieu** Une ancienne ferme viticole en pierre de Saintonge, au style préservé.

**Les chambres** Claires et agréables, elles sont aménagées avec goût.

**Les plus** Un cadre très agréable, de l'architecture de la maison au jardin, table d'hôtes avec des produits fermiers locaux.

**Les environs** Rochefort, Saint-Jean d'Angély.

**Pour réserver** M. et Mme Jacques - 16, rue des Sablières 17380 Archingeay
✆ 05 46 97 85 70 - Fax 05 46 97 61 89

## AUBERGE DU VIEUX PUITS

3 chambres de 45 à 67 €

**Le lieu** Une propriété autour d'un ancien chai réaménagé.

**Les chambres** Vastes, élégantes, avec mezzanine, coin kitchenette.

**Les plus** Un cadre agréable et authentique.

**Les environs** Ile de Ré, la Rochelle, Rochefort.

**Pour réserver**
25, rue du Moulin - Chagnolet 17139 Dompierre
✆ 05 46 01 25 25 / 06 08 62 21 61
Fax 05 46 01 25 25

## M. ET MME FERCHAUD

2 chambres de 43 à 50 €

**Le lieu** Une maison charentaise du XIXe en pierre.

**Les chambres** Décor classique et bourgeois, très tranquilles.

**Les plus** Un cadre sympathique, un accueil convivial.

**Les environs** Brouage, château de la Gataudière, les parcs à huîtres.

**Pour réserver** 11, rue des Lilas
La Ménardière 17320 Marennes
✆ 05 46 85 41 77

## LE LOGIS DES BESSONS

5 chambres de 39 à 42 €

**Le lieu** Un beau logis du XIXe au cœur du vignoble. Une ferme avec poneys, ânes, chèvres.

**Les chambres** Ouvrant sur le jardin aromatique ou sur le vignoble, meublées en style charentais.

**Les plus** Sur place, visite de l'Ecomusée du Cognac : la distillerie, les chais. Piscine privée.

**Les environs** Les chais de Cognac à 20 km, art roman et romain à Saintes (25 km).

**Pour réserver** Ginette Tesseron 17770 Migron
✆ 05 46 94 91 16 - Fax 05 46 94 98 22

## PAPINEAU HELENE

2 chambres de 40 à 61 €

**Le lieu** Une maison de construction récente dans un jardin fleuri.

**Les chambres** Confortables et bien agencées. La plus chère est une suite familiale.

**Les plus** Salon de jardin, barbecue, tables de pique-nique.

**Les environs** Royan et la côte de beauté, Saintes et la Saintonge romane, Oléron.

**Pour réserver** 54, rue de Toulon 17600 Sablonceaux
✆ 05 46 02 36 29

## CHATEAU DES SALLES

5 chambres de 69 à 100 €

**Le lieu** A la campagne, un charmant petit manoir du XVe siècle remanié au XIXe siècle.

**Les chambres** Vastes et claires, avec un élégant mobilier de style, orientées au sud.

**Les plus** Un cadre raffiné, une belle situation dans un parc de 6 ha.

**Les environs** Talmont, l'estuaire de la Gironde et ses petits ports.

**Pour réserver** Rue du Gros-Chêne 17240 Saint Fort sur Gironde ✆ 05 46 49 95 10 - Fax 05 46 49 02 81

## MME DENIEAU

5 chambres à 43 €

**Le lieu** Une demeure typiquement oléronnaise située dans une exploitation viticole.

**Les chambres** Toutes avec accès indépendant, elles sont calmes et confortables.

**Les plus** Les confitures et pâtisseries maison, les chambres avec mezzanine pour les enfants; le ping-pong.

**Les environs** La mer à 400 mètres, les huîtres.

**Pour réserver** 20, rue de la Légère
La Menounière 17310 Saint-Pierre-d'Oléron
✆ 05 46 47 14 34 - Fax 05 46 36 03 15

## JEANNINE ET GILBERT LOIZEAU

3 chambres à 38 €

**Le lieu** Une grande maison charentaise, ancienne ferme, dans un grand jardin.

**Les chambres** Confortables, sobrement décorées et bien tenues, l'une d'entre elles peut accueillir une famille.

**Les plus** La vue sur la vallée de la Charente. Petit-déjeuner et table d'hôtes généreux.

**Les environs** Saintes, La Rochelle, Rochefort.

**Pour réserver** Forgette 17350 Saint-Savinien
✆ 05 46 90 21 20 ou 06 08 32 20 29
Fax 05 46 90 21 20

## LA TREMIERE

2 chambres de 60 à 70 €

**Le lieu** Une maison de charme au style rétais typique.

**Les chambres** Agréable décoration d'inspiration marine, accès indépendant et terrasse au bord de la piscine.

**Les plus** Un cadre apaisant, la vue sur la mer.

**Les environs** Visite de l'île de Ré, La Rochelle.

**Pour réserver** Marie Pommier
6, rue des Fautreaux
17740 Sainte-Marie-de-Ré ✆ 05 46 30 02 92

## M. ET MME RIBIERAS

4 chambres de 52 à 67 €

**Le lieu** Tranquillement clos de murs, un ensemble de style rétais typique autour de la piscine.

**Les chambres** Modernes et confortables, elles sont de plain pied et ouvertes sur la piscine.

**Les plus** Un décor clair et agréable, beaucoup de calme, coin cuisine à disposition.

**Les environs** Les charmes de l'île, pour la balade ou la baignade (plage à 400 m).

**Pour réserver** 1, chemin des Turpines
17740 Sainte-Marie-de-Ré ✆ 05 46 30 09 15

## LA COTE OUEST

2 chambres à 49 €

**Le lieu** Une maison basse à la rétaise sur un terrain de 2000 m2.

**Les chambres** Chaleureuses et coquettes, elles sont confortablement meublées et ont vue sur le jardin.

**Les plus** Tennis sur place ; la plage à 2 km.

**Les environs** Le Phare des Baleines à 2 km, la réserve ornithologique à 1 km.

**Pour réserver** Annick Gauchon - 57, rue de l'Armandel
17590 St-Clément des Baleines
✆ 05 46 29 20 40 Fax 05 46 29 26 48

## CHATEAU DE FEUSSE

2 chambres à 60 €

**Le lieu** Un château du XVIIe classé monument historique.

**Les chambres** Meublées de rustique et bien équipées, elles ne souffrent d'aucun défaut.

**Les plus** La piscine privée, le jardin, le parc.

**Les environs** Oléron à 12 km, la Côte Sauvage à 10 km. Centre équestre, tennis, pêche en rivière à 1 km.

**Pour réserver** Meunier Nicole 17320 St-Just-Luzac
✆ 05 46 85 16 55 - Fax 05 46 85 16 55

## GERARD ET FRANÇOISE FREMAUX

4 chambres de 28 à 38 €

**Le lieu** En pleine campagne sur un vaste jardin, une ancienne cure du XVIIIe en pierre.

**Les chambres** Avec accès indépendant, aménagée dans le respect du style d'époque.

**Les plus** Un cadre authentique, dans l'architecture comme dans le décor (beaux meubles anciens). Table d'hôtes.

**Les environs** Tumulus de Bougon, la Mothe-Saint-Héray, Saint-Maixent-l'Ecole.

**Pour réserver** La Cure 79800 Avon
✆ 05 49 76 39 92 - Fax 05 49 76 39 92

## LA FEROLIERE

2 chambres de 26 à 37 €

**Le lieu** Une ancienne maison forte poitevine dans un vallon à l'écart des routes.

**Les chambres** Tranquilles et agréables.

**Les plus** Visite de la ferme bio ; une situation calme au bord d'une rivière.

**Les environs** Le Marais Poitevin à 30 km, le Futuroscope à 50 km, Parthenay à 5 km.

**Pour réserver** M. et Mme Ferjou
79420 Beaulieu-sur-Parthenay
✆ 05 49 70 64 63

## LA LEONIERE

4 chambres à 30 €

**Le lieu** Une maison de caractère entourée d'un parc et d'un jardin.

**Les chambres** Vastes et simples, avec coin cuisine.

**Les plus** Deux étangs privés pour la pêche et la barque, une ambiance conviviale.

**Les environs** Le Puy du Fou à 40 km, le Marais Poitevin à 50 km, le Futuroscope à 80 km.

**Pour réserver** Michèle et Francis Bisleau
La Léonière de Terves 79300 Bressuire
✆ 05 49 65 19 25

## CHATEAU DE CHERVEUX

4 chambres de 45 à 54 €

**Le lieu** Un authentique château du XVe siècle, classé Monument Historique.

**Les chambres** Ouvertes sur la cour intérieure et les douves, aménagées au-dessus de la salle des gardes.

**Les plus** Un cadre gothique flamboyant magnifique, table d'hôtes simple et régionale.

**Les environs** Le Marais Poitevin.

**Pour réserver** M.-T. et François Redien
2, place de l'Eglise 79410 Cherveux
✆ 05 49 75 06 55 - Fax 05 49 75 06 55

## CHATEAU DE CIRIERES

3 chambres à 55 €

**Le lieu** Dans un parc de 18 ha, un château XIXe de style néo-gothique.

**Les chambres** Vastes, jusqu'à 35 m2, avec vue sur le parc.

**Les plus** Un cadre historique et chaleureux, avec un décor bien dans le ton.

**Les environs** Bressuire, le Puy-du-Fou, un peu plus loin le Marais Poitevin.

**Pour réserver** M. et Mme Dugast. 18, rue de Sainte-Radegonde 79140 Cirières ✆ 05 49 80 53 08

## CHAMBRES D'HOTES DU GRAND COIN

2 chambres de 42 à 45 €

**Le lieu** Une ancienne ferme maraîchère rénovée.

**Les chambres** Tranquilles et confortables, avec accès indépendant.

**Les plus** La rivière toute proche, le jardin avec piscine.

**Les environs** La découverte du marais poitevin.

**Pour réserver**
M. Beausse - Le Grand Coin
79510 Coulon ✆ 05 49 35 99 25

## M. ET MME DELRIEU

3 chambres à 41 €

**Le lieu** À l'écart du village, en bord de Sèvre, une maison dans un jardin débordant.

**Les chambres** Donnant sur la rivière, mobilier de style.

**Les plus** Une très belle situation sur la Sèvre, un jardin très agréable.

**Les environs** Niort, Marais Poitevin, La Rochelle, un peu plus loin le Futuroscope ou le Puy-du-Fou.

**Pour réserver** 17, rue Elise Lucas 79510 Coulon ✆ 05 49 05 00 39

## M. ET MME RENAUDEAU

2 chambres de 28 à 43 €

**Le lieu** Une grande maison typique de la Gâtine.

**Les chambres** Vastes (26 m2) et fonctionnelles (placard, télé), décorées dans un style campagnard, avec vue sur la campagne.

**Les plus** Une situation tranquille dans un jardin paysager, les jeux traditionnels en bois.

**Les environs** Parthenay, tumulus de Bougon, le Futuroscope.

**Pour réserver** L'Ageon 79200 La Chapelle-Bertrand ✆ 05 49 94 66 59

## REJANE ROSOLOWSKI

2 chambres à 34 €

**Le lieu** Un sobre et beau bâtiment de ferme début XXe.

**Les chambres** De part et d'autre du bâtiment, assez grandes, avec terrasse privée.

**Les plus** Un cadre calme et agréable, un décor rustique et chaleureux, rénové dans le respect du style d'époque.

**Les environs** Parthenay, Vasles.

**Pour réserver** La Turbe 79390 La Ferrière-en-Parthenay ✆ 05 49 63 15 17

## LE PARADIS

6 chambres à 42€

**Le lieu** Une maison maraîchine rénovée dans un parc de 5 ha avec étang.

**Les chambres** Tranquilles et agréables.

**Les plus** Les balades en barque ou en canoë sur l'étang, ambiance conviviale.

**Les environs** Le Marais Poitevin, La Rochelle; tennis à 1 km, équitation à 7 km.

**Pour réserver** 29, Sainte-Sabine
Chantal Rouyer 79270 Le Vanneau
✆ 05 49 35 33 95

## LE VIEUX FOURNIL

3 chambres de 47 à 55€

**Le lieu** Une vaste maison en pierre de pays, en lisière de forêt.

**Les chambres** Une à l'étage, deux au rez-de-chaussée vue sur le jardin, cadre agréable.

**Les plus** De beaux matériaux rustiques à l'intérieur, un jardin fleuri à l'extérieur.

**Les environs** Le parc botanique de fleurs sauvages du Grand Mauduit.

**Pour réserver** Le Grand Mauduit
10, route de la Forêt 79360 Marigny
✆ 05 49 09 72 20 - Fax 05 49 09 72 20

## SCHAMBERT GERARD ET CATHERINE

2 chambres à 40€

**Le lieu** Au cœur du village, une maison des XVIIe-XVIIIe siècles.

**Les chambres** Assez grandes, avec vue sur le jardin et accès indépendant.

**Les plus** Un grand jardin ombragé avec terrasse, un séjour agréable.

**Les environs** Le Marais Poitevin, les îles de Ré et d'Aix.

**Pour réserver** 82, Grande Rue 79210 Mauze-sur-le-Mignon ✆ 05 49 26 37 01 - Fax 05 49 26 70 47

## LAVILLAUROY ALAIN

2 chambres de 29 à 53€

**Le lieu** Une maison du XVIIIe avec tour et rempart du XIIIe.

**Les chambres** De caractère, agréables et confortables.

**Les plus** En plein cœur d'une cité médiévale en bordure du Thouet.

**Les environs** Le Marais Poitevin à 45 km, le Futuroscope à 50 km.

**Pour réserver**
10, rue du Château 79200 Parthenay
✆ 05 49 64 19 69

## FAMILLE LONHIENNE

3 chambres de 37 à 46 €

**Le lieu** Un ancien fortin du XIVe transformé en maison au XVIIe, situé au milieu d'un espace boisé de 74 ha.

**Les chambres** Jolies et confortables.

**Les plus** Un cadre agréable et de caractère, une situation au calme.

**Les environs** L'abbaye de l'Etoile à 6 km, Chauvigny à 20 km, St-Savin à 25 km.

**Pour réserver** La Talbardière 86210 Archigny
✆ 05 49 85 32 51 - Fax 05 49 85 69 72

## CHATEAU DE TREGUEL

6 chambres de 43 à 61 €

**Le lieu** Un beau château du XIXe dominant une vallée avec ruisseau.

**Les chambres** Raffinées et personnalisées, toutes meublées d'ancien.

**Les plus** Le parc arboré de 25 ha, l'élégance du cadre, qu'on retrouve à la table d'hôtes.

**Les environs** Le Futuroscope à 30 km, le Marais Poitevin à 70 km.

**Pour réserver** Route de Nantes. Laurence et Florent Sarazin 86100 Chalandray ✆ 05 49 60 18 95

## MARTINET J.-YVES ET MARTINE

4 chambres à 35 €

**Le lieu** Un ancien corps de ferme transformé en maison poitevine sur 4000 m2 de terrain.

**Les chambres** Un style agréable et soigné.

**Les plus** Beaucoup de calme, une belle cour paysagère.

**Les environs** Le Futuroscope à 13 km, Poitiers à 18 km, circuit des vins du Haut-Poitou.

**Pour réserver**
16, rue des Ormeaux - Charrajou
86170 Charrais ✆ 05 49 51 14 62

## LA VEAUDEPIERRE

5 chambres de 40 à 47 €

**Le lieu** Une belle demeure XVIIIe avec vue exceptionnelle sur le château.

**Les chambres** Confortables et meublées à l'ancienne.

**Les plus** La déco des chambres, le superbe escalier de pierre, le vaste jardin.

**Les environs** Saint-Savin-sur-Gartempe.

**Pour réserver** 8, rue du Berry
La Veaudepierre 86300 Chauvigny
✆ 05 49 46 30 81 - Fax 05 49 47 64 12

## LA VERRERIE

2 chambres de 35 à 37 €

**Le lieu** Une grande maison blanche dans le village.

**Les chambres** Vastes et simples, dans un style rustique et chaleureux.

**Les plus** Une atmosphère conviviale, de l'espace et un cadre agréable.

**Les environs** Poitiers, le Futuroscope, église romane de Jazeneuil, Lusignan.

**Pour réserver** Lucien et Isabelle Provost
86600 Coulombiers
✆ 05 49 43 71 69 - Fax 05 49 43 71 69

## LA GRENOUILLERE

5 chambres de 42 à 45 €

**Le lieu** Deux corps de bâtiments d'une ancienne ferme tourangelle du XIXe en tuffeau et pierre apparente.

**Les chambres** Personnalisées, au décor soigné, avec vue sur le jardin.

**Les plus** Une très belle propriété.

**Les environs** Châtellerault, Poitiers, Azay-le-Rideau, Chinon, Loudun.

**Pour réserver** M. et Mme Braguier
17, rue de la Grenouillère 86220 Dangé St-Romain
✆ 05 49 86 48 68 - Fax 05 49 86 46 56

## CLOS BOUGON

4 chambres de 45,70 à 76,20 €

**Le lieu** Une belle grande maison de pays.

**Les chambres** A l'étage, avec vue sur le parc et la piscine, grande salle de bain, mobilier ancien, télévision.

**Les plus** Un cadre ancien agréable, avec poutres apparentes, la parc avec piscine, la cuisine d'été.

**Les environs** Loudun, le Futuroscope, Poitiers, Chinon.

**Pour réserver** 86330 La Chaussée
✆ 05 49 22 56 72 - Fax 05 49 22 56 72

## LOGIS DU CHATEAU DU BOIS DOUCET

4 chambres à 61 €

**Le lieu** La dépendance d'un superbe château XVIIe classé monument historique.

**Les chambres** Elégantes et personnalisées.

**Les plus** Le cadre authentique et soigné, le jardin à la française.

**Les environs** Poitiers à 8 km, les châteaux de la Loire à 30 km ; Futuroscope.

**Pour réserver**
Vicomte et vicomtesse H de Villoutreys
86800 Lavoux ✆ 05 49 44 20 26

## ANNETTE JEANNIN

2 chambres de 30,50 à 37 €

**Le lieu** Une maison poitevine 1900 située sur le rempart.

**Les chambres** Tranquilles et agréables, avec vue sur le jardin.

**Les plus** La cour et le jardin aménagés, beaucoup de calme.

**Les environs** La route des vins du Haut-Poitou, le Futuroscope à 27 km.

**Pour réserver** 19, rue Jacquard 86110 Mirebeau
✆ 05 49 50 54 06 - Fax 05 49 50 54 06

## CHATEAU DE VAUMORET

3 chambres de 54 à 68 €

**Le lieu** Un petit château du XVIIe dans un parc de 15 ha.

**Les chambres** Décorées avec goût, orientées à l'est sur la cour d'honneur.

**Les plus** Le calme absolu, le cadre de verdure.

**Les environs** Le Poitou roman, le Futuroscope à 10 minutes, les vallées du Clain et de la Vienne.

**Pour réserver** Famille Vaucamp
Rue du Breuil Mingot 86000 Poitiers
✆ 05 40 61 32 11 - Fax 05 49 01 04 54

## CHATEAU DE MASSEUIL

2 chambres à 60 €

**Le lieu** Une demeure historique du XVe siècle dans un parc de 20 ha sur la vallée de l'Auxances.

**Les chambres** Vastes, meublées d'ancien et parfaitement calmes.

**Les plus** Un bel ensemble, avec les tours d'enceinte, la chapelle et le parc.

**Les environs** Ruines gallo-romaines de Sauxay.

**Pour réserver** Alain Gail 86190 Quincay
✆ 05 49 60 42 15 - Fax 05 49 60 70 15

## FERME APICOLE DE SAINT-SAVIN

3 chambres à 40 €

**Le lieu** Sur un vaste verger, une superbe vieille ferme qui remonte à la fin du XIIIe siècle.

**Les chambres** Charmantes, avec mobilier ancien, une avec coin cuisine.

**Les plus** Un cadre exceptionnel, beaucoup de calme et de charme. Le miel maison au petit-déjeuner.

**Les environs** Parc de la Brenne.

**Pour réserver** M; et Mme Barbarin - Siouvre 86310 Saint-Savin ✆ 05 49 48 10 19 - Fax 05 49 48 49 39

## PHILIPPE DUDOIT - LES GATS

2 chambres de 37 à 41 €

**Le lieu** Une maison de maître dans une propriété rurale en bord de Gartempe.

**Les chambres** De taille moyenne, tranquilles et agréables.

**Les plus** Vue sur la rivière; pêche, randonnée, tennis.

**Les environs** Le Roc d'Enfer à 10 km, les sentiers pédestres, les vallées de la Vienne et de la Gartempe.

**Pour réserver** 86500 Saulgé
© 05 49 91 06 10 - Fax 05 49 91 06 10

## CHATEAU DE CIBIOUX

2 chambres à 85 €

**Le lieu** Dans un parc, un remarquable château du XVe, avec des aménagements et ajouts des XVIe, XVIIe et XVIIIe.

**Les chambres** Beau mobilier ancien et vue sur la vallée.

**Les plus** Cadre historique remarquablement préservé, agréable parc et son ruisseau.

**Les environs** Eglises romanes, Civray, parc de la Vallée des Singes.

**Pour réserver** M. Corbin 86250 Surin
© 05 49 87 04 89 - Fax 05 49 87 46 30

## FERME-AUBERGE DE LA BLONNERIE

3 chambres à 39 €

**Le lieu** Sur une vaste exploitation, une gentilhommière du XVIIIe dans un grand parc arboré.

**Les chambres** Avec vue sur le parc, dans un style rustique.

**Les plus** Un cadre agréable, avec le parc, l'étang et le charme de la maison, table d'hôtes.

**Les environs** Châtellerault.

**Pour réserver** Mme Massonnet
La Blonnerie 86230 Vellèches
© 05 49 86 41 72 - Fax 05 49 86 41 72

## DOMAINE DE LA FUIE

5 chambres de 37 à 44 €

**Le lieu** Sur une exploitation agricole, une grande maison blanche construite en 1658.

**Les chambres** Décor rustico-bourgeois, avec mobilier de style et un agréable soin du détail.

**Les plus** Une ambiance conviviale, le parc avec la piscine couverte.

**Les environs** Le Futuroscope, Poitiers, la vallée de la Gartempe.

**Pour réserver** Bataillé 86380 Vendeuvre-du-Poitou
© 05 49 51 34 95 - Fax 05 49 54 08 81

## LA POCTERIE

3 chambres à 43€

**Le lieu** Une maison de caractère en pierres apparentes et son grand jardin très fleuri.

**Les chambres** Agréablement personnalisées, avec mobilier ancien et touches plus modernes.

**Les plus** Le jardin avec ses roses anciennes et sa piscine.

**Les environs** Le Futuroscope à 18 km, Chauvigny à 14 km, Poitiers à 22 km.

**Pour réserver** Martine Poussard 86210 Vouneuil-sur-Vienne ✆ 05 49 85 11 96

## LES HAUTS DE CHABONNES

5 chambres de 44 à 46€

**Le lieu** Au milieu des champs et tout près d'une forêt, une ancienne ferme des XVIIIe-XIXe.

**Les chambres** Confortables et calmes.

**Les plus** Une belle maison et une situation agréable au bord d'une réserve naturelle.

**Les environs** La réserve naturelle du Pinail, Poitiers, Futuroscope, Chauvigny, vallée de la Vienne.

**Pour réserver** Mme Penot 86210 Vouneuil-sur-Vienne ✆ 05 49 85 28 25 - Fax 05 49 85 22 75

# MIDI-PYRENEES

## PIERRE SERRES

5 chambres à 42 €

**Le lieu** Une ancienne grange en pierres du pays dans un cadre verdoyant.

**Les chambres** De taille moyenne mais offrant une vue superbe sur la chaîne des Pyrénées. Décoration rustique.

**Les plus** Le charme d'un hameau de montagne, l'agréable jardin avec barbecue.

**Les environs** Les châteaux de Foix et de Montségur, la principauté d'Andorre.

**Pour réserver** 2e Bazerques 09110 Ax-les-Thermes
✆ 05 61 64 05 70

## CHATEAU DE BENAC

6 chambres de 49 à 51 €

**Le lieu** Une grande maison du XVIIe sur 11 ha de parc boisé.

**Les chambres** Grandes et calmes, elles disposent de tous les équipements attendus.

**Les plus** La cuisine familiale et végétarienne ; vélo, randonnée, pétanque, ping-pong.

**Les environs** Le château de Foix à 8 km.

**Pour réserver** Doumenc Serge et Sylvie 09000 Benac
✆ 05 61 02 65 20

## FERME DE CAUSSOU

6 chambres de 37 à 43 €

**Le lieu** Une ferme du XVIIe typique de la vallée de la Bourguillère.

**Les chambres** Meublées dans un style rustique régional, elles sont personnalisées et bien équipées.

**Les plus** Les 14 hectares autour de la maison, le calme.

**Les environs** Foix, la vallée de l'Ariège, le massif de l'Arize.

**Pour réserver** 09000 Cos ✆ 05 61 65 34 42
Fax 05 61 65 34 42

## JEANNE GOSSELIN

4 chambres de 30,50 à 38,10 €

**Le lieu** Une maison du XVIe siècle rénovée dans le style de l'époque.

**Les chambres** Assez spacieuses, elles sont agréablement décorées de sculptures et de tableaux d'artistes contemporains.

**Les plus** Les terrasses, les belles pelouses, a bonne table d'hôtes.

**Les environs** Mirepoix, les châteaux cathares.

**Pour réserver** Certes 09700 Gaudies
✆ 05 61 67 01 56 - Fax 05 61 67 42 30

MIDI-PYRENEES

## LA FERME DU TOURON

4 chambres de 38,50 à 41,50 €

**Le lieu** Un corps de ferme typique dans un grand parc boisé et fleuri.

**Les chambres** Assez spacieuses, elles offrent une belle vue et sont charmantes avec leur mobilier ancien.

**Les plus** Calme et agrément du site, charme de l'aménagement, les produits de la ferme.

**Les environs** Foix, Grotte du Mas d'Azil, rivière souterraine de Labourèche.

**Pour réserver** M. et Mme Denry - Le Touron 09130 Lanoux ✆ 05 61 67 15 73

## LA VALLEE VERTE

3 chambres à 40 €

**Le lieu** Dans un hameau de montagne, une superbe ferme en pierre typique et joliment restaurée.

**Les chambres** Agréables, vue sur la montagne.

**Les plus** Le charme du bâtiment, les chambres décorées avec les tissus fabriqués sur place (possibilité de pratiquer). Produits biologiques.

**Les environs** Foix et son châteaux, grottes.

**Pour réserver** Birgit et Jean-Claude Loizance Hameau de Madranque 09000 Le Bosc ✆ 05 61 02 71 29

## BENEDICT ET MARIE-ANNE DE BRUYNE

3 chambres à 42 €

**Le lieu** Sur une ferme en activité, un corps de bâtiment ariégeois en pierre dans un jardin arboré.

**Les chambres** Avec pierre apparente et vue sur le jardin.

**Les plus** Un cadre rustique et chaleureux, le calme du jardin, piscine. Table d'hôtes régionale.

**Les environs** Lac de Monbel, château de Montségur, Mirepoix, Foix.

**Pour réserver** Ferme de Bon Repos 09600 Leran ✆ 05 61 01 27 83

## IMPASSE DU TEMPLE

5 chambres de 53,50 à 58 €

**Le lieu** Dans le village, une maison du XVIIIe aux volets bleus.

**Les chambres** Vastes et soignées, elles garantissent un bon séjour.

**Les plus** Un agréable jardin bordé par un ruisseau, de belles pièces communes.

**Les environs** Montségur, lac de Montbel, Mirepoix, Foix, Limoux, Carcassonne.

**Pour réserver** M. et Mme Furness 09600 Léran ✆ 05 61 01 50 02 - Fax 05 61 01 50 02

## LA MAISON BLANCHE

3 chambres à 43 €

**Le lieu** Un grand parc ombragé entoure la maison située près de la rivière Salat.

**Les chambres** D'un bon confort, elles sont exclusivement non-fumeur.

**Les plus** Le parc ombragé et les activités possibles : vélo, promenade en attelage.

**Les environs** Saint-Lizier, gorges de Ribaouto.

**Pour réserver** Alain et Agnès Roques. Prat du Ritou 09190 Lorp Sentaraille © 05 61 66 48 33 ou 06 12 52 36 00 - Fax 05 61 66 36 71

## CHAMBRES D'HOTES BERDE

5 chambres de 39 à 49 €

**Le lieu** Dans un village de la vallée de la Haute Ariège, une maison rustique de style pyrénéen.

**Les chambres** Chaleureuses et agréables, elles sont climatisées et meublées d'ancien.

**Les plus** Un magnifique cadre fleuri primé, une décoration d'inspiration locale, petit déjeuner copieux avec les produits maison. Table d'hôtes.

**Les environs** Ax-les-Thermes, Andorre, l'Espagne.

**Pour réserver** Unac 09250 Luzenac © 05 61 64 45 51 - Fax 05 61 64 49 07

## LA MAISON DE LA GRANDE OURSE

3 chambres à 45 €

**Le lieu** A côté d'un hameau de montagne, une maison du XVe restaurée avec les matériaux d'époque.

**Les chambres** Personnalisées, au décor très agréable (la propriétaire est décoratrice).

**Les plus** Un cadre superbe, bien mis en valeur par le décor, beau jardin paysager.

**Les environs** Foix, grotte du Mas d'Azil, Saint-Lizier, circuit des églises romanes.

**Pour réserver** Mme Matulova 09800 Salsein
✆ 05 61 96 16 51

## MAUD LE FUR

2 chambres de 42 à 57 €

**Le lieu** Une maison quercynoise ancienne avec jardinet et terrasse, en centre-ville.

**Les chambres** Donnant sur les collines boisées, elles sont vastes et confortables. L'une d'entre elles peut accueillir une famille.

**Les plus** Le barbecue (près du ruisseau) à disposition, le charme du village.

**Les environs** Vallées du Lot et du Célé, Figeac.

**Pour réserver** Place de la Mairie 12260 Balaguier d'Olt
✆ 05 65 61 62 31 - Fax 05 65 64 62 31

## MADELEINE ET ANDRE ALAZARD

4 chambres à 45 €

**Le lieu** Une grande maison en pierre au pied de l'Aubrac.

**Les chambres** Meublées en noyer massif, elles allient charme et confort.

**Les plus** La ferme en activité : élevage de chèvres et culture de céréales.

**Les environs** Les sites et villages de la vallée du Lot, le plateau de l'Aubrac à 20 km.

**Pour réserver** Cervel, route de Vinnac 12190 Estaing
✆ 05 65 44 09 89 - Fax 05 65 44 09 89

## LA FERME DES TRONQUES

6 chambres de 34 à 40 €

**Le lieu** Une ferme tranquille et ensoleillée.

**Les chambres** Calmes et donnant sur les prés et les bois, elles sont en outre de plain-pied.

**Les plus** Les légumes, les volailles, les herbes viennent de la ferme ; de beaux espaces, un étang privé pour la pêche.

**Les environs** Sauveterre de Rouergue à 20 km, Belcastel à 20 km.

**Pour réserver** Les Tronques - Régine et Marc Foulquier 12440 La Salvetat Peyralès
✆ 05 65 81 81 34 - Fax 05 65 81 81 34

## JEAN LAURENS

4 chambres de 46 à 61 €

**Le lieu** Dans un petit hameau, une belle bâtisse en pierre de basalte et toit de schiste.

**Les chambres** Vastes, très claires, avec vue sur les monts de l'Aubrac.

**Les plus** Une belle architecture typique, bien mise en valeur, visite de l'exploitation agricole. Coin cuisine.

**Les environs** Mur-de-Barrez, Aurillac, monts du Cantal, Laguiole et l'Aubrac, Conques.

**Pour réserver** Vilherols 12600 Lacroix Barrez
✆ 05 65 66 08 24 - Fax 05 65 66 19 98

## M. ET MME CHAYRIGUES

4 chambres à 48 €

**Le lieu** A l'écart de la ville, sur une exploitation d'élevage bovin (race aubrac), une maison construite en 1614, en granit et toit de lauzes.

**Les chambres** Avec accès indépendant, au charme rustique.

**Les plus** Les paysages de l'Aubrac, un cadre rustique et soigné, des chambres confortables.

**Les environs** Roquelaure, Conques, château du Bousquet, vallée du Lot.

**Pour réserver** Bouët 12210 Laguiole
✆ 05 65 44 33 33

## LES SENTIERS BATTUS - CHEMIN FAISANT

8 chambres de 15 à 35 €

**Le lieu** En pleine nature sur un promontoire, un hameau de maisons traditionnelles du XVIIIe.

**Les chambres** Elles sont réparties dans les différentes maisons et sont rustiques et charmantes.

**Les plus** Un cadre préservé et typique, nombreuses activités (ferme équestre notamment). Table d'hôtes régionale.

**Les environs** Laguiole et l'Aubrac.

**Pour réserver** Le Batut 12600 Murols
✆ 05 65 66 18 61 - Fax 05 65 66 18 61

## L'ERMITAGE

5 chambres de 50 à 82 €

**Le lieu** Un ancien couvent sur les hauteurs du village.

**Les chambres** Avec vue sur le village et les gorges de la Jonte, elles sont charmantes et bien conçues.

**Les plus** Départ de randonnées, visite des gorges du Tarn et de la Jonte.

**Les environs** Montpellier Le Vieux à 10 km, les grottes de Dargilan et Aven Armand à 20 km.

**Pour réserver** Doris et Philippe Garsi
12720 Peyreleau ✆ 05 65 62 61 91

## M. ET MME BEDOS

3 chambres de 40 à 45 €

**Le lieu** Dans le village, dans un jardin ombragé, une maison récente construite dans le style du pays.

**Les chambres** Joliment personnalisées et décorées, elles offrent de plus un joli panorama.

**Les plus** Terrasse sur le jardin, très agréable jardin, table d'hôtes.

**Les environs** Rodez, Micropolis, Millau, un peu plus loin Conques, Laguiole, gorges du Tarn.

**Pour réserver** La Coste 12290 Pont-de-Salars
✆ 05 65 46 84 14 - Fax 05 65 46 84 14

## ANDRE ET MONIQUE PRADEL

3 chambres à 40 €

**Le lieu** Une maison de style rustique avec terrasse-véranda fleurie.

**Les chambres** Meublées d'ancien, elles ont beaucoup de charme et de caractère.

**Les plus** 2 chevaux à disposition ; sentiers pédestres ou cyclables.

**Les environs** Rodez à 22 km, Villefranche à 25 km, Belcastel à 5 km.

**Pour réserver** La Garrissonie 12390 Rignac
✆ 05 65 64 53 25 - Fax 05 65 64 53 25

## L'ARCADE

5 chambres à 40 €

**Le lieu** Une maison de style caussenard en pierres de taille sur 2000 m2 de terrain.

**Les chambres** Assez spacieuses, confortablement meublées, agréables à vivre.

**Les plus** Le jardin potager, une rivière à 50 m, la généreuse table d'hôtes.

**Les environs** Les gorges du Tarn, Monptellier le Vieux, l'Aven Armande et le Larzac.

**Pour réserver** Mr et Mme Francis Fabre
Route des Gorges du Tarn 12640 Rivière-sur-Tarn
✆ 05 65 59 85 88 - Fax 05 65 59 85 88

## LA MANUFACTURE

5 chambres de 60 à 75 €

**Le lieu** Au cœur d'Auterive au bord de l'Ariège, une belle maison de maître début XVIIIe, ancienne manufacture de draps.

**Les chambres** Confortables, très agréables et joliment décorées de meubles anciens.

**Les plus** Un cadre de caractère, jardin d'agrément. Table d'hôtes régionale.

**Les environs** Pays Lauragais, canal du Midi.

**Pour réserver** Mme Balansa
2, rue des Docteurs Basset 31190 Auterive
✆ 05 61 50 08 50 - Fax 05 61 50 08 50

## LES MURAILLES

5 chambres à 43 €

**Le lieu** Dans un parc arboré, une ancienne grange en brique de terre crue du Lauragais.

**Les chambres** Décor soigné, dans un style anglais, avec vue sur les Pyrénées.

**Les plus** De l'espace, un cadre agréable et bien mis en valeur, repas autour des produits de la ferme.

**Les environs** Toulouse, Muret, le Lauragais.

**Pour réserver** Route de Grazac 31190 Auterive
✆ 05 61 50 76 98 - Fax 05 61 50 76 98

## DOMAINE DE MENANT

3 chambres à 53 €

**Le lieu** Une maison de maître typiquement commingeoise au cœur d'un immense domaine forestier.

**Les chambres** Orientées plein sud et donnant sur le parc, elles sont élégamment décorées.

**Les plus** Les trois lacs du domaine, la nature à perte de vue.

**Les environs** Saint-Bertrand-de-Comminges et la vallée de la Garonne.

**Pour réserver** Mme Jander 31360 Auzas
✆ 05 61 90 21 51

## EN TRISTAN

4 chambres de 37 à 41 €

**Le lieu** Une métairie du XIXe dans une propriété de 4000 m2.

**Les chambres** Vraiment spacieuses, elles donnent sur les Pyrénées.

**Les plus** Grande bibliothèque et son fonds de livres sur la peinture et la musique.

**Les environs** Le circuit des bastides, Albi, Montauban ; golf, canoë, ULM.

**Pour réserver** Gérard et Chantal Zabé 31380 Azas
✆ 05 61 84 94 88 - Fax 05 61 84 94 88

## FERME D'EN PECOUL

2 chambres à 41 €

**Le lieu** Sur une exploitation agricole en activité, un corps de ferme lauragais dans un jardin.

**Les chambres** Confortables, vue sur le jardin.

**Les plus** Un site calme, des chambres sobres qui invite à la détente. Cuisine généreuse du Sud-Ouest à la table d'hôtes.

**Les environs** Toulouse, Revel, lac Saint-Ferréol, un peu plus loin Carcassonne ou Albi.

**Pour réserver** M. et Mme Messal 31460 Cambiac
✆ 05 61 83 16 13 - Fax 05 61 83 16 13

## CHATEAU DU CROISILLAT

5 chambres de 61 à 115 €

**Le lieu** Un superbe château remanié au fil des siècles sur un parc de 11 ha et ses étangs en terrasse.

**Les chambres** Cadre élégant et mobilier d'époque.

**Les plus** La piscine privée, la chapelle classée, un lieu chargé d'histoire.

**Les environs** Albi, Carcassonne, la Montagne Noire.

**Pour réserver** 31460 Caraman
✆ 05 61 83 10 09 / 06 86 70 84 87
Fax 05 61 83 30 11

## VIVIANE DUCLAUD - LA BASTIDE

4 chambres à 45 €

**Le lieu** Une ancienne bastide toulousaine sur 7000 m2 de jardin planté de fleurs et d'arbres fruitiers.

**Les chambres** Tranquilles, avec une belle vue sur la campagne.

**Les plus** L'ambiance calme et champêtre, la piscine privée.

**Les environs** Lourdes à 1 h, la Cité de l'Espace à Toulouse, la chaîne des Pyrénées à 50 km.

**Pour réserver** La Bastide 31420 Francon
✆ 05 61 98 67 25

## CHATEAU DE LARRA

3 chambres de 69 à 92 €

**Le lieu** Une demeure historique du XVIIIe dans un parc et jardin.

**Les chambres** Vastes, confortables et meublées ancien.

**Les plus** La vie de château, cuisine de terroir à la table d'hôtes, parking fermé (portail électronique).

**Les environs** Toulouse à 35 km, le Gers et ses bastides.

**Pour réserver** Baronne de Carrière - Larra 31330 Grenades-sur-Garonne ✆ 06 51 82 62 51

## M. ET MME PANEGOS

2 chambres à 42 €

**Le lieu** Une belle maison de maître, typique avec ses briques rouges toulousaines.

**Les chambres** Aménagées dans l'aile de la maison, meubles anciens, ouvrant sur le jardin.

**Les plus** Beaucoup de charme, dans l'architecture de la maison comme dans son jardin fleuri, chambres calmes.

**Les environs** Toulouse, Cité de l'Espace, Revel, lac de Saint-Féréol, Albi.

**Pour réserver** Garnes d'Espagne 31570 Lanta
✆ 05 61 83 75 23

## MAISON D'HOTES DE BIGOT

5 chambres de 45 à 68 €

**Le lieu** Une maison typique, ancienne ferme du château Bigot, située dans le parc du château.

**Les chambres** Dans la maison ou dans une ancienne étable restaurée, un décor de caractère avec poutres apparentes.

**Les plus** Un superbe pont à trois arches et un ancien moulin à vent, coin cuisine.

**Les environs** Canal du Midi, le Lauragais.

**Pour réserver** M. Joseph Pinel 31450 Montesquieu-Lauragais ✆ 05 61 27 02 83 - Fax 05 61 27 02 83

## BRIGITTE LE BRIS

2 chambres à 40 €

**Le lieu** Une maison de caractère du XVIIIe en campagne, entre près et champs, au pied des petites Pyrénées.

**Les chambres** Violette et Rose, confortables et douillettes.

**Les plus** Un cadre agréable, maison et jardin, des tons doux. Table avec les produits maison.

**Les environs** Rieux-Volvestre et sa cathédrale, Montmaurin et sa villa gallo-romaine.

**Pour réserver** Les Pesques 31220 Palaminy ✆ 05 61 97 59 28 - Fax 05 61 98 12 97

## MICHELE ET PATRICE BOUISSET

2 chambres à 43 €

**Le lieu** Une demeure typique et son pigeonnier en ardoises dans un grand jardin fleuri et arboré.

**Les chambres** Beau mobilier ancien et vue champêtre.

**Les plus** Jardin fleuri avec piscine, cuisine régionale à la table d'hôtes.

**Les environs** Le château du XVIe dans le village, les villages de caractère alentour.

**Pour réserver** L'Enclos 31430 Saint-Elix le Château ✆ 05 61 87 61 46 - Fax 05 61 87 61 46

## LE MOULIN

4 chambres à 42 €

**Le lieu** Un vieux moulin entouré de plusieurs hectares de terrain.

**Les chambres** Très spacieuses, lumineuses, elles sont joliment meublées d'ancien.

**Les plus** Les arbres fruitiers du parc, les parterres fleuris.

**Les environs** La vallée de la Garonne, l'Espagne, Saint-Bertrand-de-Comminges.

**Pour réserver** Steve Callen 31420 Samouillan ✆ 05 61 98 86 92

## M. ET MME CHANFREAU-PHIDIAS

2 chambres de 46 à 60 €

**Le lieu** Une ferme authentique fin XVIIe sur 3 ha arborés.

**Les chambres** Tranquilles et agréables.

**Les plus** Ambiance chaleureuse et familiale, une architecture lauragaise typique.

**Les environs** Toulouse, la Montagne Noire, Albi, le Lauragais.

**Pour réserver** Le Petit Roquette 31570 Sainte-Foy-d'Aigrefeuille ✆ 05 61 83 60 88 - Fax 05 61 83 60 88

## CHATEAU DES VARENNES

4 chambres de 76 à 110 €

**Le lieu** Un magnifique château du XVIe en briques roses entouré d'un parc aux arbres centenaires.

**Les chambres** Spacieuses et personnalisées, elles sont douillettes et luxueuses.

**Les plus** La piscine, le calme des lieux, la table d'hôtes.

**Les environs** Le lac de Saint-Ferréol, Toulouse, Albi et Carcassonne.

**Pour réserver** Jacques et Béatrice Méricq 31450 Varennes ✆ 05 61 81 69 24

## LE CASTAGNE

4 chambres à 40 €

**Le lieu** Une maison du XVIe entièrement restaurée sur une exploitation agricole de 70 ha.

**Les chambres** Confortables et agréables.

**Les plus** Vue sur les Pyrénées ou les châteaux, une propriété avec lac (pêche, pédalo), piscine et minigolf.

**Les environs** Auch, nombreux villages typiques dans un rayon de 20 km ; château de Montluc.

**Pour réserver** Route de Toulouse Véronique Dupuy 32000 Auch ✆ 05 62 63 32 56 - Fax 05 62 63 32 56

## BETAYRE SUD

4 chambres de 35 à 38 €

**Le lieu** Une maison dans un parc ombragé dominant le village.

**Les chambres** Agréable mobilier ancien régional, vue sur la campagne.

**Les plus** Un cadre chaleureux, avec les boiseries et les beaux meubles, un jardin agréable, belle vue jusqu'aux Pyrénées.

**Les environs** Auch, château de Lavardens, Vic-Fezensac.

**Pour réserver** M. et Mme Barbé 32350 Biran ✆ 05 62 64 63 73

## SUZANNE LOO

2 chambres à 64 €

**Le lieu** Une maison du XIXe siècle bien mise en valeur avec 1 ha de terrain.

**Les chambres** Très bien meublées et équipées, coquettes, elles sont très spacieuses et donnent sur les Pyrénées.

**Les plus** Le joli jardin fleuri, la piscine dans un cadre charmant.

**Les environs** L'Isle-Jourdain, Auch, la vallée de la Gimone.

**Pour réserver** Pagayrac 32220 Gaujac
✆ 05 62 62 40 34 - Fax 05 62 62 40 34

## AU SOULAN DE LAURANGE

4 chambres de 68 à 83 €

**Le lieu** Une maison de maître gasconne fin XVIIIe à l'allure toscane.

**Les chambres** Spacieuses, confortables et décorées avec soin.

**Les plus** Piscine privée ; la vue sur les coteaux du Gers face aux Pyrénées.

**Les environs** Les abbayes cisterciennes : pêche, randonnée, tennis, golf.

**Pour réserver** M. Crochet et M. Petit - Juilles 32200 Gimont ✆ 05 62 67 76 62 - Fax 05 62 67 76 62

## CHAMBRES D'HOTES AU CHATEAU

3 chambres de 43 à 46 €

**Le lieu** Une très belle chartreuse du XVIIIe siècle dans un parc arboré.

**Les chambres** Confortables, ouvertes sur le parc.

**Les plus** Un large panorama jusqu'aux Pyrénées, un bâtiment superbe et bien mis en valeur. Table d'hôtes régionale.

**Les environs** Marciac, route des bastides, Nogaro, maisons de vins ou d'armagnac.

**Pour réserver** M. et Mme de Resseguier 32230 Juillac
✆ 05 62 09 37 93

## MOULIN DE MAZERES

4 chambres à 45,50 €

**Le lieu** Un ancien moulin à eau restauré, dans un îlot de verdure bordé par une rivière.

**Les chambres** Indépendantes, tout confort, décor personnalisé.

**Les plus** La piscine privée, pêche sur 600 m de parcours, beaucoup de tranquillité.

**Les environs** Les Pyrénées, le Gers, Toulouse.

**Pour réserver** Raymond et Régine Bertheau 32450 Lartigue
✆ 05 62 65 98 68 - Fax 05 62 65 83 50

## LA TANNERIE

3 chambres de 44 à 53 €

**Le lieu** Une maison bourgeoise du XIXe siècle avec un bel escalier intérieur.

**Les chambres** Très spacieuses (30 à 45 m2), d'un bon confort, donnent à l'ouest ou au sud.

**Les plus** Le jardin avec terrasse et vue sur les Pyrénées, le calme du site.

**Les environs** La route des Bastides, le lac de Miélan.

**Pour réserver** M. et Mme Bryson 32170 Miélan
✆ 05 62 67 62 62 - Fax 05 62 67 62 62

## MAISON DE LA PORTE FORTIFIEE

4 chambres de 42 à 54 €

**Le lieu** Une maison du XVIIIe dans une ruelle médiévale du village.

**Les chambres** Spacieuses et meublées avec goût, elles sont confortables et donnent au sud.

**Les plus** Les deux terrasses pour les petits-déjeuners, la vue sur la vallée de l'Osse.

**Les environs** Marciac, Mirande, Vic-Fezensac, Auch.

**Pour réserver** Kovacs Marie-Thérèse
32320 Montesquiou
✆ 05 62 70 97 59 - Fax 05 62 70 97 59

## M. ET MME COURNOT

3 chambres de 46 à 55 €

**Le lieu** En face de la vieille halle du village (XIIIe), une belle maison de maître à arcades.

**Les chambres** Vastes et agréables, personnalisées avec goût, avec vue sur la halle.

**Les plus** Un site classé, un agréable jardin clos, un décor soigné du sol au plafond.

**Les environs** Lectoure, abbaye de Flaran.

**Pour réserver** Place de la Halle
32380 Saint-Clar
✆ 05 62 66 47 31 - Fax 05 62 66 47 70

## DOMAINE DE LORAN

4 chambres de 40 à 45 €

**Le lieu** Dans un grand parc, près d'un lac, une belle maison de style, reconnaissable à ses deux tours.

**Les chambres** Très grandes, décor chaleureux et coloré, avec accès indépendant.

**Les plus** Une belle propriété, un joli parc avec arbres, fleurs et un lac.

**Les environs** Mirande, les collines du Gers.

**Pour réserver** M. et Mme Nedellec 32300 Saint-Maur
✆ 05 62 66 51 55 - Fax 05 62 66 78 58

## ARIANE LAINE

4 chambres à 42 €

**Le lieu** Une propriété rurale du XVIIe près de Nogaro.

**Les chambres** Personnalisées, avec balcon, dans un bâtiment indépendant.

**Les plus** Vente sur place de produits régionaux à base de canard, un très agréable jardin.

**Les environs** Les châteaux du Gers, Marciac.

**Pour réserver** Sempe
32400 Termes-d'Armagnac
© 05 62 69 25 13 - Fax 05 62 69 25 13

## JANINE BESSAC

3 chambres de 35 à 43 €

**Le lieu** Une belle maison de pierres en centre du village.

**Les chambres** Calmes, avec beaucoup de caractère, assez spacieuses et confortables.

**Les plus** Le calme, le charme du village, la bonne situation.

**Les environs** Les grottes de Pech-Merle, Saint-Cirq-Lapopie.

**Pour réserver** Place de la Mairie 46330 Cabrerets
© 05 65 31 27 04 - Fax 05 65 30 25 46

## NOEL ET MONIQUE MASCHERETTI

5 chambres à 38 €

**Le lieu** Une ancienne bâtisse du XVe siècle an pierre dans un parc arboré et fleuri.

**Les chambres** Joliment décorées et meublées.

**Les plus** Piscine et tennis privés ; les plats régionaux à la table d'hôtes.

**Les environs** Rocamadour, Saint-Cirq-Lapopie, les vignobles de Cahors, promenades sur le Lot.

**Pour réserver** Saint Henri 46000 Cahors
© 05 65 22 56 47 / 06 81 55 55 36

## LA CABANE

3 chambres de 46 à 55 €

**Le lieu** Une maison bourgeoise du XVIIe dans un jardin ombragé et aménagé avec soin.

**Les chambres** Confortables et spacieuses, meublées avec goût.

**Les plus** Une étape tranquille ; piscine sur place, promenade, pêche à 300 m.

**Les environs** Les villages médiévaux, Sarlat, Domme, Rocamadour ; grottes préhistoriques.

**Pour réserver** Occo et Carin Binnendijk
Poudens 46340 Degagnac
© 05 65 41 49 74 - Fax 05 65 41 49 74

## DOMAINE DE LABARTHE

3 chambres de 54 à 91 €

**Le lieu** Une noyeraie de 10 ha abritant une gentilhommière du XVIIIe.

**Les chambres** Agréablement décorées, avec accès indépendant.

**Les plus** Jolie piscine ; barbecue dans le parc, petit-déjeuner gourmand.

**Les environs** Rocamadour, Saint-Cirq-Lapopie, Cahors, la vallée du Lot.

**Pour réserver** M. et Mme Claude Bardin 46090 Espère
✆ 05 65 30 92 34 - Fax 05 65 20 06 87

## FERNAND DUMOULIN

2 chambres de 42 à 56 €

**Le lieu** Une construction récente sur le modèle d'une ferme quercynoise.

**Les chambres** De taille appréciable (25 m2) et bien équipées (frigo dans chaque), elles sont confortables.

**Les plus** La piscine, la belle terrasse privée avec vue sur le Lot.

**Les environs** Figeac, les descentes en canoë sur le Lot, Saint-Cirq-Lapopie.

**Pour réserver** Lavalade 46100 Faycelles
✆ 05 65 34 61 31 - Fax 05 65 34 61 31

## MOULIN DE FRESQUET

5 chambres de 50,30 à 67 €

**Le lieu** Un ancien moulin à eau quercynois dans un parc clos de 3 ha.

**Les chambres** Un cadre de caractère, tapisseries, meubles anciens. Non-fumeur.

**Les plus** Parc arboré superbe, avec cours d'eau peuplés de canards ; plusieurs terrasses.

**Les environs** Rocamadour, gouffre de Padirac à 9 km, les vallées du Lot et de la Dordogne.

**Pour réserver** Route de Figeac 46500 Gramat
✆ 05 65 38 70 60 / 06 08 85 09 21
Fax 05 65 33 60 13

## ELIANE MONTARNAL

3 chambres à 38 €

**Le lieu** Une ferme du Quercy entièrement restaurée.

**Les chambres** Agréable, avec accès indépendant par une terrasse donnant sur le parc.

**Les plus** Les plats régionaux en table d'hôtes, beaucoup de calme.

**Les environs** Sarlat, Rocamadour, Lascaux, Cahors.

**Pour réserver** Gatiniol 46350 Lamothe-Fenelon
✆ 05 65 37 60 24

## DOMAINE LES TUILERIES

3 chambres à 44 €

**Le lieu** Une maison ancienne de type quercynois, au cœur du pays de la Truffe Noire.

**Les chambres** Meublées dans le style campagnard en harmonie avec les poutres et pierres apparentes.

**Les plus** Un cadre authentique et sauvage ; spécialiste en trufficulture.

**Les environs** Cahors, la vallée du Lot, Saint-Cirq-Lapopie.

**Pour réserver** Carrier André 46090 Le Montat
✆ 05 65 21 04 72 - Fax 05 65 21 04 72

## MANOIR DE LA BARRIERE

4 chambres à 75 €

**Le lieu** Dans un parc traversé par une rivière, une belle maison du XIIe, inscrite aux Monuments Historiques.

**Les chambres** Vastes et au décor superbe, pierres apparentes, beau mobilier.

**Les plus** Un cadre magnifique, piscine, table d'hôtes autour du foie gras.

**Les environs** Rocamadour, Lascaux, Padirac.

**Pour réserver** M. et Mme Auffret 46300 Le Vigan
✆ 05 65 41 40 73 - Fax 05 65 41 40 20

## M. ET MME FABIEN

1 chambre de 31 à 46 €

**Le lieu** Dans un vaste jardin, une ancienne grange rénovée dans le style régional.

**Les chambres** Vaste, au beau mobilier, avec accès indépendant.

**Les plus** Une belle vue sur le Ségala, un cadre plaisant, possibilité de randonnée équestre avec le propriétaire. Cuisine à disposition.

**Les environs** Figeac, Conques, vallées du Lot et du Célé, Rocamadour, Padirac.

**Pour réserver** La Croux 46270 Linac
✆ 05 65 34 93 04

## MYRIAM BAZIN

3 chambres de 43 à 73 €

**Le lieu** Une belle maison en pierres, dans le village.

**Les chambres** Grandes et chaleureuses, elles sont calmes et donnent sur une cour fleurie.

**Les plus** Le charme du village, la décoration originale des chambres.

**Les environs** Souillac, les grottes de Lacave et la vallée de la Dordogne.

**Pour réserver** Avenue du Capitani
La Cour au Tilleul 46600 Martel
✆ 05 65 37 34 08

## LE MAS AZEMAR

6 chambres de 60 à 78 €

**Le lieu** Dans un grand parc arboré au pied du château, une belle maison de maître du XVIIIe.

**Les chambres** Décor raffiné, avec mobilier d'époque et pierre apparente.

**Les plus** Une très belle maison, aménagée avec un goût très sûr, piscine, exposition d'art, dégustation de vins de Cahors.

**Les environs** Cahors, Rocamadour.

**Pour réserver** Sabine et Claude Patrolin
Rue du Mas de Vinssou 46090 Mercuès
✆ 05 65 30 96 85 - Fax 05 65 30 53 92

## LE VIEUX SECHOIR

4 chambres à 35 €

**Le lieu** Une ancienne grange fin XIXe et sa grande cour ombragée.

**Les chambres** Tranquilles et confortables, avec vue sur la cour ou la ferme.

**Les plus** Le joli pigeonnier, le cadre campagnard.

**Les environs** Rocamadour à 8 km, Padirac à 4 km, les grottes de Lascaux à 16 km.

**Pour réserver** Lavergne Josiane - Grèzes 46500 Miers
✆ 05 65 33 68 33 - Fax 05 65 33 68 33

## CHAMBRES D'HOTES DU SYNDIC

6 chambres de 38 à 43 €

**Le lieu** Sur l'axe Sarlat-Rocamadour, dans une ferme, une maison typique du Quercy.

**Les chambres** Accès indépendant, avec vue sur la campagne.

**Les plus** Situation au calme, belle vue sur la vallée depuis la terrasse, table d'hôtes avec les produits de la ferme.

**Les environs** Sarlat, Rocamadour, Lascaux, Saint-Cirq-Lapopie, Cahors.

**Pour réserver** Le Syndic 46300 Payrignac
✆ 05 65 41 15 70 - Fax 05 65 41 15 70

## JACQUELINE ET ANDRE CHRISTOPHE

3 chambres de 30,5 à 35 €

**Le lieu** Une maison ancienne en pierre.

**Les chambres** Confortables et indépendantes de la maison des propriétaires.

**Les plus** Une étape calme et bien située ; coin cuisine à disposition.

**Les environs** Sarlat à 40 km, Cahors et son vignoble à 30 km.

**Pour réserver** Trespécoul 46310 Peyrilles
✆ 05 65 31 00 91 - Fax 05 65 31 00 91

## CHATEAU DE ROUSSILLON

1 chambre à 70 €

**Le lieu** Un château des XIII-XVe en cours de restauration.

**Les chambres** Une immense chambre de 50 m2 située à la base d'une tour, meublée Louis XIII.

**Les plus** Le calme, le paysage, l'impression d'être dans la peau d'un chevalier.

**Les environs** Cahors, Figeac, Rocamadour.

**Pour réserver** 46090 Saint-Pierre-Lafeuille
✆ 05 65 36 87 05 - Fax 05 65 36 82 34

## MANOIR DE SURGES

3 chambres de 46 à 69 €

**Le lieu** Manoir du XVIIème de type quercynois dans un domaine de 36 ha.

**Les chambres** Spacieuses et confortables, avec des lits à baldaquin.

**Les plus** Le calme, la piscine privée, le paysage.

**Les environs** Sarlat, Rocamadour, Saint-Cirq-Lapopie.

**Pour réserver** Manoir de Surgès - Joëlle Delille
46150 Thedirac ✆ 05 65 21 22 45

## LA LAURENCE

5 chambres à 44,30 €

**Le lieu** Un chalet traditionnel restauré à flanc de montagne.

**Les chambres** Décor personnalisé, accès indépendant et vue agréable.

**Les plus** Un beau cadre nature, vue sur la vallée et les Pyrénées, nombreuses activités.

**Les environs** Col du Tourmalet, cirque de Gavarnie, pic du Midi de Bigorre.

**Pour réserver** M. et Mme Huteau
Route du col d'Aspin 65710 Campan
✆ 05 62 91 84 02 - Fax 05 62 91 84 21

## FLANERIE

3 chambres à 43 €

**Le lieu** Juste à côté de l'église romane, une ferme gasconne du XVIIIe, élevage d'ânes.

**Les chambres** Vastes, au décor chaleureux et personnalisé.

**Les plus** Une atmosphère conviviale, des chambres agréables, les activités de randonnée avec ânes de bât. Table d'hôtes régional.

**Les environs** Madiran, les rives de l'Adour.

**Pour réserver** M. et Mme Guyot
Hameau de Mazères 65700 Castelnau Rivière Basse
✆ 05 62 31 90 56 - Fax 05 62 31 92 88

## FERME DE DAUNAT

3 chambres à 32 €

**Le lieu** Sur une ferme en activité, une grande maison sympathique face aux Pyrénées.

**Les chambres** Spacieuses, à l'étage, avec une vue pouvant porter jusqu'au Pic du Midi.

**Les plus** Une ambiance chaleureuse, la vue sur les montagnes, location d'ânes pour la balade.

**Les environs** Pau, Lourdes, Tarbes, les Pyrénées.

**Pour réserver** M. et Mme Grange
Chemin de Daunat 65500 Escaunets
✆ 05 59 81 50 67

## MICHEL ET MARTHE GIBOUDEAUX

2 chambres à 41 €

**Le lieu** Une maison de famille du XVIIe située au cœur du village.

**Les chambres** Décoration romantique, un bon niveau de confort.

**Les plus** Un agréable cadre traditionnel, agréable cuisine autour des produits du jardin à la table d'hôtes.

**Les environs** Station de ski à 7 km, le Pic du Midi à 30 km, l'Espagne à 30 km.

**Pour réserver** 65240 Grezian
✆ 05 62 39 96 78

## ANNE-MARIE AGUT

2 chambres de 38,11 à 45,73 €

**Le lieu** Une maison de plain-pied de style Ile de France sur une propriété de 3000 m2.

**Les chambres** Récemment rénovées, très claires et reposantes.

**Les plus** Une maison très ensoleillée, cuisine régionale, autour des champignons en saison.

**Les environs** Lourdes à 8 km, tous les cols pyrénéens, l'Espagne tout près.

**Pour réserver** 8, chemin Dalie 65380 Lamarque-Pontacq ✆ 05 59 53 51 22 - Fax 05 59 53 51 22

## NADINE ET JEAN MARC VIVES

6 chambres à 34 €

**Le lieu** Une belle ferme bigourdane entourée d'un jardin d'agrément.

**Les chambres** Toutes avec sanitaires complets et privés, vue sur la chaîne des Pyrénées.

**Les plus** Les jeux pour enfants dans le jardin, la table d'hôtes.

**Les environs** Lourdes, Tarbes, les forêts de Mourle et d'Ossun.

**Pour réserver** 28, route de Bartres 65100 Loubajac
✆ 05 62 94 44 17 - Fax 05 62 42 38 58

## DOMAINE DE LA CAMPAGNE

4 chambres de 35 à 38 €

**Le lieu** Une maison de maître du XIXe et ses dépendances.

**Les chambres** Tranquilles et confortables.

**Les plus** Un cadre de verdure, une piscine ; produits de la ferme et du jardin en table d'hôtes.

**Les environs** Festival Jazz in Marciac, les vins de Madiran, Lourdes et les Pyrénées à 50 km.

**Pour réserver** 65700 Maubourguet
© 05 62 96 45 71 - Fax 05 62 96 02 29

## MAISON BURRET

3 chambres de 34,30 à 45,75 €

**Le lieu** Une ferme bigourdane fin XIXe rénovée.

**Les chambres** Un joli décor, une ambiance chaleureuse.

**Les plus** Les produits locaux à la table d'hôtes, un cadre agréable rustique, piste mini-moto et karting pour enfants.

**Les environs** Pic du Midi, Lourdes.

**Pour réserver** 67, le Cap de la Veille
Jean-Louis et Jo Cazaud 65200 Montgaillard
© 05 62 91 54 29 - Fax 05 62 91 52 42

## LES ROCAILLES

3 chambres à 54 €

**Le lieu** Dans un village typique au pied des Pyrénées, une maison traditionnelle du XVIIe.

**Les chambres** Personnalisées, ouvertes sur le jardin ou les montagnes, bien équipées (TV, climatisation).

**Les plus** Un superbe jardin, un décor rustique et chaleureux. Petit déjeuner gourmand.

**Les environs** Lourdes, Gavarnie, Pic du Midi.

**Pour réserver** Mme Fanlou 65100 Omex
© 05 62 94 46 19 - Fax 05 62 94 33 35

## DOMAINE VEGA

5 chambres à 50 €

**Le lieu** Un beau manoir du XVIe siècle entouré d'un parc de 3 ha.

**Les chambres** Equipées d'un mobilier artisanal, personnalisées, elles ont beaucoup de charme avec leur parquet de châtaignier.

**Les plus** La superbe piscine, le parc arboré, la table d'hôtes.

**Les environs** Saint-Bertrand-de-Comminges, le cirque de Gavarnie, le Pic du Midi de Bigorre.

**Pour réserver** 65250 Saint Arroman
© 05 62 98 96 77 - Fax 05 62 98 96 77

## LE BELVEDERE

4 chambres de 42,69 à 47,26 €

**Le lieu** Une maison de maître du XVIIIe face aux Pyrénées dans un parc de 7000 m2.

**Les chambres** Mansardées, avec vue sur la montagne.

**Les plus** La tonnelle avec glycine, le parc aux arbres centenaires ; table d'hôtes régionale.

**Les environs** Le Pic du Midi de Bigorre, le Pont d'Espagne, Lourdes.

**Pour réserver** 6 rue de l'Eglise
M. et Mme Crampe 65400 Salles-Argeles
✆ 05 62 97 23 68 - Fax 05 62 97 23 68

## LE GRAND CEDRE

4 chambres à 57 €

**Le lieu** Une maison de maître du XVIIe dans un jardin de 3000 m2 et son potager à la française.

**Les chambres** Très vastes (30 m2 environ) avec vue sur cour, parc ou jardin.

**Les plus** Accès internet, piscine pour enfants.

**Les environs** Le Col du Tourmalet à 45 km, Lourdes à 7 km.

**Pour réserver** Peters Christian - 6, rue Barry
65270 Saint-Pé-de-Bigorre
✆ 05 62 41 82 04 - Fax 05 62 41 85 89

## LES ECURIES DU CHATEAU

4 chambres de 42,69 à 45,73 €

**Le lieu** Des chambres installées dans les écuries d'un château du XVIIIe.

**Les chambres** Lumineuses et spacieuses, très bien équipées.

**Les plus** Le cachet de la maison, la bonne table d'hôtes.

**Les environs** Lourdes, le cirque de Gavarnie, les lacs des Pyrénées.

**Pour réserver** Catherine Rivière d'Arc
Allée du Château 65140 Tostat
✆ 05 62 31 23 27 - Fax 05 62 31 23 27

## MME BROQUA

4 chambres à 34 €

**Le lieu** Dans un grand jardin, une maison récente aux accents provençaux.

**Les chambres** 3 dans une annexe indépendante, vastes et au décor personnalisé.

**Les plus** Un beau jardin primé, un cadre confortable, coin cuisine, table d'hôtes.

**Les environs** Tarbes, Rabastens, Maubourguet, Pau.

**Pour réserver** Rue Osmin Ricau
94, impasse des Bouleaux 65500 Vic-en-Bigorre
✆ 05 62 96 26 29

## PAUL ET RENEE ROLLAND

5 chambres de 26 à 34 €

**Le lieu** Une ferme du XVIIIe, élevage de canards et de bovins, avec vue sur la nature.

**Les chambres** Tranquilles et décorées avec des meubles anciens.

**Les plus** Les produits de la ferme, visite de la conserverie, ambiance conviviale.

**Les environs** La cathédrale d'Albi.

**Pour réserver** 47, chemin de Rayssaguel
La Ferme de Rayssaguel 81990 Cambon d'Albi
✆ 05 63 53 00 34 - Fax 05 63 53 00 34

## AUBERGE DE CAMPAGNE LA BOURIETTE

5 chambres de 45 à 53 €

**Le lieu** Dominant la vallée et la campagne, une ferme de caractère du XVIIIe.

**Les chambres** Donnant sur la piscine, avec vue sur la vallée, avec un beau décor sobre.

**Les plus** Le cadre nature, tranquillité et vue panoramique, les chambres élégantes. Table d'hôtes autour des produits locaux.

**Les environs** Cordes, Albi, Najac.

**Pour réserver** 81170 Campes
✆ 05 63 56 07 32 - Fax 05 63 56 23 76

## AURIFAT

4 chambres de 56 à 64 €

**Le lieu** Une maison de ferme avec son pigeonnier et sa vieille tour de guet.

**Les chambres** Un décor coquet, une vue panoramique sur la vallée, toutes avec entrée indépendante.

**Les plus** Le jardin en terrasse et la piscine pour la détente, la cuisine à disposition.

**Les environs** Plusieurs villages et bastides.

**Pour réserver** M. et Mme Wanklyn - Aurifat
81170 Cordes-sur-Ciel
✆ 05 63 56 07 03 - Fax 05 63 56 07 03

## LA MAISON DE JEANNE

4 chambres à 35 €

**Le lieu** Une maison du milieu du XVIIe entièrement rénovée.

**Les chambres** De beaux volumes et une belle décoration rustique. Vue sur la campagne environnante

**Les plus** Le charme de ce village de montagne, le petit jardin.

**Les environs** Les Monts de Lacaune, les lacs du Parc du Haut-Languedoc.

**Pour réserver** Le Bourg 81260 Esperausses
✆ 05 63 73 02 77

## CHATEAU DE GANDELS

8 chambres de 107 à 183 €

**Le lieu** Un superbe château Restauration avec bassins et fontaines dans un parc dessiné par Le Nôtre.

**Les chambres** Immenses, parfaitement équipées, meublées d'ancien, elles ont beaucoup de charme.

**Les plus** La piscine de 20 m.

**Les environs** Durfort, le canal du Midi, les châteaux cathares.

**Pour réserver** 81700 Garrevaques
© 05 63 70 27 67 - Fax 05 63 70 27 67

## CHATEAU DE GARREVAQUES

8 chambres à 120 €

**Le lieu** Un château du XVe rénové au XIXe (il fut brûlé pendant la Révolution).

**Les chambres** Meublées d'ancien, spacieuses, elles sont très chaleureuses.

**Les plus** Le parc de 7 ha avec piscine et tennis ; les arbres vieux de 4 siècles.

**Les environs** Le lac de Saint-Férréol, le canal du Midi, les châteaux cathares.

**Pour réserver** Mme Barande et Mme Combes
01700 Garrevaques
© 05 63 75 04 54 - Fax 05 63 70 26 44

## LA BOUSQUETARIE

4 chambres de 60,98 à 68,60 €

**Le lieu** Une gentilhommière du début XIXe au cœur d'un domaine agricole.

**Les chambres** Confortables et meublées à l'ancienne.

**Les plus** Piscine, tennis, pêche en étang ; la volaille fermière au menu.

**Les environs** Castres, Toulouse, la Montagne Noire, Albi.

**Pour réserver** M. et Mme Charles Sallier
La Bousquétarié 81700 Lempaut
© 05 63 75 51 09 - Fax 05 63 75 51 09

## CHAMBRES D'HOTES DE PUYCELSI

4 chambres à 30 €

**Le lieu** Dans un grand jardin, au pied du village fortifié, une maison récente de plain pied.

**Les chambres** Confortables et ouvertes sur la campagne.

**Les plus** Une vue superbe, un cadre simple et convivial. Table d'hôtes.

**Les environs** Le village de Puycelsi, Gaillac et le vignoble, un peu plus loin Albi ou Montauban.

**Pour réserver** Prat Barrat 81140 Puycelsi
© 05 63 33 11 22 - Fax 05 63 33 11 22

## FERME DE BELLEGARDE

2 chambres à 34 €

**Le lieu** Une ferme d'élevage de chèvres sur une colline, avec une belle vieille maison en pierre.

**Les chambres** Superbes avec pierres et poutres apparentes.

**Les plus** Un décor rustique superbe, un cadre naturel tout aussi agréable. Petit déjeuner avec des produits à base de lait de chèvre.

**Les environs** Bastide de Réalmont, Albi.

**Pour réserver** M. et Mme Hallet - Bellegarde 81120 Realmont ✆ 05 63 45 50 83 - Fax 05 63 45 50 83

## CLAUDE LARROQUE-RODRIGUEZ

2 chambres de 32 à 42 €

**Le lieu** Une maison ancienne de caractère, en pierre et reconnaissable à son pigeonnier.

**Les chambres** Décor sobre et beaucoup de calme.

**Les plus** Les petits déjeuners avec des gâteaux de la région et la table d'hôtes avec les produits de la ferme.

**Les environs** Cordes, Monestier, Albi, Carmaux et son musée de la Mine.

**Pour réserver** Lieu-dit Lagrave 81640 Salles ✆ 05 63 76 13 27

## BRIGITTE ET FRANCIS BESSIERES

4 chambres de 48 à 66 €

**Le lieu** Une maison tout en pierres apparentes sur 100 ha de prairies, bois et parcours.

**Les chambres** Personnalisées avec un intérieur soigné.

**Les plus** Piscine, sentier botanique sur la propriété, cueillette de champignons ; séjour avec poutres apparentes.

**Les environs** Les gorges de l'Aveyron à 15 km, Albi, Toulouse, Montauban à moins d'1 h.

**Pour réserver** Serene 81140 Vaour ✆ 05 63 56 39 34 - Fax 05 63 56 39 34

## L'ARBRE D'OR

4 chambres de 45 à 50 €

**Le lieu** Dans un jardin fleuri, une belle maison bourgeoise du XVIIe.

**Les chambres** Agréables, un décor soigné.

**Les plus** Le magnifique arbre qui donne son nom à la maison, le cadre agréable. Table d'hôtes.

**Les environs** Beaumont, Montauban, Auch.

**Pour réserver** M. et Mme Ellard
16, rue Despeyroux
82500 Beaumont-de-Lomagne
✆ 05 63 65 32 34 - Fax 0 563 65 29 85

## GILBERT ET MICHELE DIO

4 chambres à 38 €

**Le lieu** Une maison entourée d'arbres à 20 km au nord de Moissac.

**Les chambres** Tranquilles et confortables.

**Les plus** Médaille de la Toque d'or pour la table d'hôte avec les produits de la ferme,
un cadre typique.

**Les environs** Les bastides alentour, le plan d'eau de Montaigu à 20 km.

**Pour réserver** La Marquise - Brassac 82190 Bourg de Visa ✆ 05 63 94 25 16 - Fax 05 63 94 25 16

## FERME-AUBERGE DE LASBOURDETTES

1 chambre à 39 €

**Le lieu** Une maison ancienne restaurée sur une exploitation agricole.

**Les chambres** Vaste et confortable, avec accès indépendant.

**Les plus** La cuisine variée, gastronomique ou régionale. Produits de la ferme à emporter.

**Les environs** Le Quercy-Pays de Serres à découvrir en randonnée ; les églises et chapelles romanes.

**Pour réserver** Arlette Decaunes
82190 Bourg de Visa ✆ 05 63 94 26 75

## CHATEAU DE GOUDOURVILLE

6 chambres de 80 à 110 €

**Le lieu** Un superbe château du XIe siècle classé monument historique.

**Les chambres** Très vastes, superbement meublées, elles dispensent un grand charme et beaucoup de confort.

**Les plus** Les magnifiques pièces du château, la piscine, le domaine de 22 ha.

**Les environs** Le cloître et l'abbaye de Moissac, Toulouse, Cordes.

**Pour réserver** Le Pech 82400 Goudourville
✆ 05 63 29 09 06 - Fax 05 63 39 75 22

## LA FERME DU GENDRE

3 chambres de 30 à 36 €

**Le lieu** Sur une propriété de 40 ha, une ferme du XVIIe, ancien relais de diligence.

**Les chambres** Décorées de meubles anciens, claires.

**Les plus** Un cadre rustique et chaleureux, beaucoup de calme, produits de la ferme au petit déjeuner et à la table d'hôtes.

**Les environs** Gorges de l'Aveyron, Saint-Antonin, Caylus, Caussade.

**Pour réserver** M. et Mme Zamboni 82240 Lavaurette
✆ 05 63 31 97 72

## LES BRUNIS

5 chambres de 41 à 53 € (en juillet-août)

**Le lieu** Dans un petit hameau, une ancienne ferme rénovée sur un vaste terrain arboré.

**Les chambres** 3 très vastes, avec sur la piscine ou la campagne, avec accès indépendant.

**Les plus** Un cadre soigné, un beau mobilier régional, agréable piscine avec terrasse.

**Les environs** Les gorges de l'Aveyron, Bruniquel, Saint-Antonin, Najac, Montauban.

**Pour réserver** M. et Mme Antony 82800 Nègrepelisse
✆ 05 63 67 24 08 - Fax 05 63 67 24 08

# NORD PAS-DE-CALAIS PICARDIE

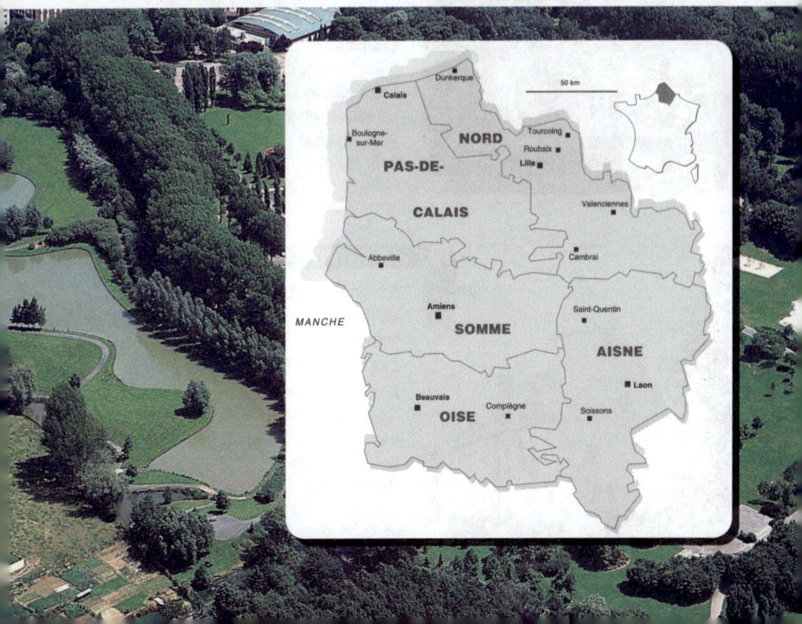

## DELCAMBRE

4 chambres de 42 à 55 €

**Le lieu** Une imposante demeure de caractère surplombant la vallée de l'Escaut.

**Les chambres** Tranquilles et confortables.

**Les plus** Un accueil chaleureux, une ambiance conviviale.

**Les environs** A 1 km, la vallée du Haut Escaut ; l'Archéosite à 3 km.

**Pour réserver** Carrefour de Bonavis 59266 Banteux
© 03 27 78 55 08 - Fax 03 27 78 55 08

## CHEZ JULIE

3 chambres à 41 €

**Le lieu** Une construction en brique rouge de 1920, ancien corps de ferme, rénovée en 1995.

**Les chambres** Tranquilles et confortables.

**Les plus** Une ambiance conviviale, un accueil charmant.

**Les environs** Lille à 12 km, les Flandres à 25 km.

**Pour réserver** 8, rue de Radinghem
Claire Tilmant-Danjou 59134 Beaucamps-Ligny
© 03 20 50 33 82 - Fax 03 20 50 34 35

## HET HEERENHUYS

4 chambres à 60 €

**Le lieu** Une maison bourgeoise de 1892 au bord de la frontière belge dans un village réputé.

**Les chambres** Confortablement équipées.

**Les plus** Cours de peinture sur porcelaine ; tennis sur place ; cuisine de terroir à la table d'hôtes.

**Les environs** La Belgique, les moulins, les estaminets.

**Pour réserver** Béatrice et Roger Maerten
340, rue de la Gare 59299 Boeschepe
© 03 28 49 45 73 - Fax 03 28 49 45 73

## LE WITHOF

5 chambres à 50 €

**Le lieu** Sur 3 ha, une ferme fortifiée du XVIe siècle entourée d'eau.

**Les chambres** Elégantes, avec mobilier Louis Philippe.

**Les plus** Un cadre historique et charmant, un jardin agréable, table d'hôtes.

**Les environs** Caps Blanc Nez et Gris Nez, Boulogne-sur-Mer et le centre Nausicaa.

**Pour réserver** Mmes Battais
Chemin du Château 59630 Bourbourg
© 03 28 22 16 17 - Fax 03 28 62 38 88

## LA QUENEQUE - BERNARD HUYGHE

4 chambres de 39 à 42 €

**Le lieu** Une ancienne ferme restaurée typique de la région Flandres.

**Les chambres** Calmes et personnalisées pour un confort soigné.

**Les plus** Ambiance tranquille et conviviale ; cuisine flamande à la table d'hôtes.

**Les environs** Les Monts de Flandre à 15 km, Lille à 25 km, Bruges, Gand.

**Pour réserver** 1822, rue de l'Epinette 59940 Estaires ✆03 28 40 84 69

## FERME DE ROSEMBOIS

5 chambres de 36 à 38 €

**Le lieu** Une sympathique maison en briques datant du début du XXe siècle.

**Les chambres** Dans la maison principale ou dans une dépendance, vue sur le jardin ou la campagne, décor sobre et mobilier de style.

**Les plus** Une étape tranquille et charmante, un accueil agréable.

**Les environs** Lille, la Belgique, Ypres, Arras.

**Pour réserver** M. et Mme Bajeux - Hameau du Bas Flandres 59134 Fournes en Weppes
✆03 20 50 25 69 - Fax 03 20 50 60 75

## LE CHATEAU

5 chambres de 49 à 54 €

**Le lieu** Une demeure de caractère construite en 1900 dans un parc fleuri de 2 ha.

**Les chambres** Vastes et raffinées, décor soigné : mobilier d'époque, ambiance personnalisée.

**Les plus** Un cadre raffiné, un accueil soigné ; cuisine régionale en table d'hôtes.

**Les environs** La côte d'Opale à 15 km, Gravelines ville fortifiée, Calais, Dunkerque.

**Pour réserver** Nathalie Duvivier-Alba
287, route de la Bistade 59630 Saint-Pierre-Brouck
✆03 28 27 50 05 - Fax 03 28 27 50 05

## VILLA MARIANI

4 chambres de 40 à 44 €

**Le lieu** Une vaste demeure construite au XIXe siècle sur les vestiges de l'ancien château.

**Les chambres** Décor clair et soigné, d'inspiration plutôt romantique.

**Les plus** Une maison impressionnante, parc agréable, kitchenette, expositions artistiques.

**Les environs** Lac du Val Joly, Sars-Poterie (musée du verre), Fourmies-Trélon (écomusée).

**Pour réserver** 5, Grand'Place 59740 Solre-le-Château
✆03 27 61 65 30 - Fax 03 27 61 63 38

## M. ET MME DENEUVILLE

4 chambres à 38 €

**Le lieu** Une maison ancienne bien rénovée, dont les origines remontent à 1713.

**Les chambres** Tranquilles et agréables, avec un bon niveau de confort.

**Les plus** Une ambiance chaleureuse et conviviale.

**Les environs** Saint-Omer à 15 km ; le golf à proximité de la chambre d'hôte.

**Pour réserver** 49, rue Principale 62380 Acquin-Westbécourt ✆ 03 21 39 62 57

## CHATEAU DE DRUCAS

3 chambres de 38,11 à 45,73 €

**Le lieu** Une belle demeure ancienne à l'allure de château dans un grand jardin.

**Les chambres** Spacieuses et soignées, avec accès indépendant.

**Les plus** Atmosphère conviviale et cadre tranquille et agréable.

**Les environs** Le Val d'Authie, le Pas-de-Calais à découvrir.

**Pour réserver** M. et Mme Augustin. Beauvoir Wavans 62390 Auxi-le-Château ✆ 03 21 04 01 11

## LA GACOGNE

4 chambres de 46 à 54 €

**Le lieu** Une demeure de caractère en pierre blanche datant de 1750.

**Les chambres** Une sympathique décoration personnalisée.

**Les plus** Le cadre : le bois, les vieux tilleuls ; ambiance conviviale.

**Les environs** Azincourt, Nausicaa à Boulogne. Tennis, randonnées pédestres.

**Pour réserver** Patrick et Marie-José Fenet 62310 Azincourt ✆ 03 21 04 45 61 - Fax 03 21 04 45 61

## LE CLOS GRINCOURT

2 chambres de 44 à 70 €

**Le lieu** Une jolie maison du XIXe dans un parc fleuri et arboré d'un ha.

**Les chambres** Un décor soigné. Non fumeurs.

**Les plus** Le jardin et les jeux pour les enfants, petit-déjeuner gourmand.

**Les environs** La Vieille Ville d'Arras, les cimetières de la Première Guerre mondiale.

**Pour réserver** 18, rue du Château 62161 Duisans ✆ 03 21 48 68 33 - Fax 03 21 48 68 33

## LE CLOS D'ECSH

4 chambres de 41 à 49 €

**Le lieu** Une ferme du XVIIIe typique du Boulonnais, en pierre du pays.

**Les chambres** Un cadre tranquille et agréable, tailles variables de 12 à 30 m2.

**Les plus** Une étape agréable dans un petit village, jardin au bord de la rivière, kitchenette.

**Les environs** Boulogne-sur-Mer et le centre Nausicaa, la côte.

**Pour réserver** Jacqueline Boussemaere
Rue de l'Eglise 62360 Echinghen
✆03 21 91 14 34 - Fax 03 21 91 06 41

## LA GRAND' MAISON

6 chambres de 40 à 50 €

**Le lieu** Un beau corps de ferme et son pigeonnier au centre.

**Les chambres** Charmantes et confortables.

**Les plus** La beauté de la région : ses paysages, sa mer changeante. Accueil soigné.

**Les environs** Le Cap Blanc Nez à 1,5 km ; le Tunnel sous la Manche à 5 min.

**Pour réserver** M. Boutroy - Ferme de l'Eglise
62179 Escalles ✆03 21 85 27 75
Fax 03 21 85 27 75

## MME DANIELE ROUSSEL

4 chambres de 29 à 38,50 €

**Le lieu** Une maison construite en 1920 de type Art déco.

**Les chambres** Tranquilles et confortables.

**Les plus** Le jardin d'agrément, la cheminée. Un cadre typique en briques rouges dans un village de caractère.

**Les environs** Les Champs de la Bataille de la Somme. Equitation, natation, pêche.

**Pour réserver** 37, Route Nationale 62450 Le Sars
✆03 21 07 05 01 - Fax 03 21 24 78 10

## LE MANOIR DU MELDICK

5 chambres à 50 €

**Le lieu** Une maison 1930 en brique rouge sur un terrain de 5 ha.

**Les chambres** Tranquilles et confortables.

**Les plus** Un calme agréable, un salon avec cheminée pour les soirées au coin du feu.

**Les environs** La mer à 5 km, Gravelines à 12 km, Boulogne à 30 km.

**Pour réserver** M. et Mme Houzet
2528, av du Général de Gaulle 62730 Marck
✆03 21 85 74 34 - Fax 03 21 85 74 34

## FERME DES QUATRE VENTS

3 chambres à 31 €

**Le lieu** Une ancienne ferme familiale en brique en pleine campagne.

**Les chambres** Tranquilles et bien tenues, avec entrée indépendante et possibilité de cuisiner.

**Les plus** Une allure typique et sympathique, une étape agréable.

**Les environs** Monument de Notre-Dame de Lorette, sites de la guerre 14-18, Arras.

**Pour réserver** Mme Antoinette Lesueur
Route de Roclincourt 62223 Saint-Nicolas-lez-Arras
✆03 21 55 27 85

## JOELLE MAUCOTEL

3 chambres à 40 €

**Le lieu** Une maison ancienne de caractère avec un grand porche donnant sur une cour ombragée.

**Les chambres** Spacieuses et confortables.

**Les plus** Ambiance conviviale et tranquille, accueil chaleureux.

**Les environs** La Côte d'Opale à 15 km, Boulogne-sur-Mer, Le Touquet.

**Pour réserver** 127, rue du Breuil 62830 Samer
✆03 21 87 64 19 - Fax 03 21 87 64 19

## CHATEAU DE SAULTY

5 chambres à 46 €

**Le lieu** Un château du XIXe siècle à la belle façade néo-classique.

**Les chambres** Vastes (20 et 30 m2), décor plutôt contemporain et sobre, certaines avec vue sur le parc.

**Les plus** Des chambres récemment refaites, un cadre campagnard (verger, parc) et élégant.

**Les environs** Amiens, Arras.

**Pour réserver** 82, rue de la Gare
Les Vergers de Saulty 62158 Saulty
✆03 21 48 24 76 - Fax 03 21 48 18 32

## LA CHAUMIERE

4 chambres à 48 €

**Le lieu** Une maison de charme toute blanche, couverte d'un toit en roseaux.

**Les chambres** Un décor élégant et raffiné de style anglais.

**Les plus** Un cadre agréable, beaucoup de calme grâce au parc arboré.

**Les environs** Les plages de sable, la réserve naturelle d'oiseaux, l'Abbaye de Valloires.

**Pour réserver** Christian et Geneviève Terrien
19, rue du Bihen 62180 Verton ✆03 21 84 27 10

## FERME-AUBERGE DU VIEUX PUITS

5 chambres à 50 €

**Le lieu** Une ferme-auberge de charme dans un environnement propice à la détente.

**Les chambres** Accueillantes et raffinées, elles allient le style campagnard à la modernité.

**Les plus** La piscine chauffée, ping-pong, basket ; les produits de la ferme au menu.

**Les environs** Les sources de l'Escaut à 3 km, l'abbaye de Vaucelles à 10 km.

**Pour réserver** 5, rue de l'Abbaye 02420 Bony
©03 23 66 22 33 - Fax 03 23 66 25 27

## VAL CHRETIEN

5 chambres de 50 à 59 €

**Le lieu** Une maison historique située sur le site d'une ancienne abbaye.

**Les chambres** Tranquilles et agréables, une plus spacieuse.

**Les plus** Le cadre paisible, le charme des anciens bâtiments de l'abbaye.

**Les environs** La route du Champagne à 20 km, maison de Jean de la Fontaine à 20 km.

**Pour réserver** Jean et Nariko Sion 02130 Bruyères-sur-Fère ©03 20 71 66 71

## MONIQUE SIMONNOT

6 chambres de 34 à 46 €

**Le lieu** Un vendangeoir du XVIe siècle dans les environs de Laon.

**Les chambres** Trois d'entre elles disposent de sanitaires privés. Vue sur la campagne ou la cour.

**Les plus** Un parc d'un hectare, un jardin, un étang, une vaste cour.

**Les environs** La ville médiéval de Laon, un plan d'eau aménagé de 7 ha.

**Pour réserver** Le Clos 02860 Chéret
©03 23 24 80 64

## LA FERME DE LA MONTAGNE

5 chambres à 46 €

**Le lieu** Un joli bâtiment ancien qui domine la vallée de l'Aisne.

**Les chambres** Spacieuses et agréables.

**Les plus** Le jardin boisé à flan de plateau, le charme des bâtiments du XIVe siècle ; tennis sur place.

**Les environs** La forêt de Compiègne à 10 km, le château de Pierrefond à 15 km, Soissons à 15 km.

**Pour réserver** M. et Mme Ferté
02290 Ressons-le-Long ©03 23 74 23 71

## BLANDINE ET MICHEL DOUNIAUX

6 chambres à 43 €

**Le lieu** Une fermette du XVIIIe dans un cadre verdoyant du Thiérache.

**Les chambres** Spacieuses et confortables, on peut même y profiter d'équipements pour bébé.

**Les plus** La cuisine du terroir ; randonnées pédestres, équestres, VTT.

**Les environs** Champ de courses de La Capelle, canoë sur l'Oise, circuit des églises fortifiées.

**Pour réserver** 10, rue du Gué 02580 Sorbais
✆ 03 23 97 49 83 - Fax 03 23 97 39 42

## JACQUES ET NELLY PASCARD

4 chambres à 34 €

**Le lieu** Une ferme en activité (polyculture) au cœur de la vallée de la Marne.

**Les chambres** Décor classique et agréable, toilettes communes aux 4 chambres.

**Les plus** Ambiance tranquille et campagnarde, possibilité de pension pour les chevaux.

**Les environs** Vallée de la Marne et circuit touristique de la Marne, Disneyland Paris.

**Pour réserver** 50, rue du Château 02810 Torcy-en-Valois ✆ 03 23 70 60 09 - Fax 03 27 70 63 01

## XAVIER ET CHRISTINE FERRY

4 chambres de 57 à 70 €

**Le lieu** Un joli manoir du XVe dans un parc verdoyant et sa petite rivière.

**Les chambres** D'un bon confort général, elles sont accueillantes et personnalisées.

**Les plus** Le golf et le tennis sur place ; vélo, randonnées.

**Les environs** La route touristique du champagne, Reims à 25 km, Soissons à 45 km.

**Pour réserver** Ferme du Château 02130 Villiers-Agron-Aiguizy ✆ 03 23 71 60 67 - Fax 03 23 69 36 54

## CHAMBRES D'HOTES DE BELLERIVE

5 chambres à 45 €

**Le lieu** Une ancienne grange restaurée avec goût dans un grand jardin.

**Les chambres** Confortables et soignées.

**Les plus** Un superbe jardin, une table d'hôtes particulièrement soignée.

**Les environs** Château de Compiègne à 12 km, Pierrefond à 15 km ; Noyon à 10 km.

**Pour réserver** Pauline Brunger
492, rue de Bellerive 60170 Cambronne-Les-Ribecourt
✆ 03 44 75 02 13 - Fax 03 44 76 10 34

## SYLVIANE LOKMER

1 chambre à 63 €

**Le lieu** Une maison d'architecte sur un terrain de 1000 m2.

**Les chambres** En fait un studio indépendant dans le jardin, très bien équipé.

**Les plus** Une belle architecture contemporaine, un cadre moderne et agréable.

**Les environs** 3 grandes forêts : Chantilly, Senlis, Compiègne. Le château de Chantilly, le Parc Astérix.

**Pour réserver** 30c, rue Victor Hugo 60500 Chantilly
✆03 44 57 63 91

## CHATEAU DE FOSSEUSE

4 chambres de 66 à 70 €

**Le lieu** Un château du XVIe en brique et pierre dans un parc boisé.

**Les chambres** Spacieuses et luxueuses, les grandes portes-fenêtres ouvrent sur le parc.

**Les plus** Un cadre romantique à souhait ; la pêche dans l'étang du parc, les promenades.

**Les environs** Auvers-sur-Oise, Isle Adam, Chantilly, Senlis.

**Pour réserver** M. et Mme Marro
104, rue du Vert Galant 60510 Fosseuse
✆03 44 08 47 66 - Fax 03 44 08 47 66

## PASCAL ET BRIGITTE BRUANDET

3 chambres à 41 €

**Le lieu** Une ferme traditionnelle picarde construite en 1867, dans un hameau préservé.

**Les chambres** Dans une des ailes de la ferme, un décor harmonieux et moderne.

**Les plus** Le mobilier contemporain créé par le propriétaire, beaucoup de calme.

**Les environs** Gerberoy, Beauvais, le Pays de Bray.

**Pour réserver** 13, Bellefontaine 60650 Hannaches
✆03 44 82 46 63 - Fax 03 44 82 46 63

## FERME DES TROIS BOULEAUX

4 chambres à 35 €

**Le lieu** Une ancienne grange restaurée chez des agriculteurs laitiers en activité.

**Les chambres** Douillettes et tranquilles.

**Les plus** Visite de la ferme pédagogique ; cuisine simple et régionale à la table d'hôtes.

**Les environs** Le beau village de Gerberoy, Beauvais à 20 km, Chantilly à 30 km.

**Pour réserver** 154, rue de Clermont
60480 Montreuil sur Brêche
✆03 44 80 44 85 - Fax 03 44 80 08 52

## ROGER LE FLOCHMOAN

1 chambre à 45,73 €

**Le lieu** Une maison en pierre picarde.

**Les chambres** Confortable et complètement indépendante ; vue sur la forêt.

**Les plus** Charmant salon avec pierres et poutres apparentes.

**Les environs** Senlis à 15 km, les châteaux de Pierrefond et Chantilly à 17 km, Compiègne à 18 km.

**Pour réserver** 50, rue du Gaudin 60700 Pontpoint
©03 44 70 03 98 - Fax 03 44 70 03 98

## LA FERME DU COLOMBIER

4 chambres à 38 €

**Le lieu** Un ancien corps de ferme seigneurial, toujours en exploitation.

**Les chambres** Tranquilles et agréables, 1 au rez-de-chaussée, 3 à l'étage.

**Les plus** Repas familial avec les produits du jardin et du terroir, ambiance conviviale.

**Les environs** Gerberoy, cité médiévale, cathédrales (Rouen, Beauvais, Amiens).

**Pour réserver** Annick et Jean-Claude Leturque
14, rue du Four Jean Legros 60650 Savignies
©03 44 82 18 49

## ABBAYE DE VALLOIRES

7 chambres de 58 à 98,50 €

**Le lieu** Une abbaye cistercienne fondée au XIIe siècle et reconstruite au XVIIIe.

**Les chambres** Chambres ou suites, un décor authentique et soigné, avec mobilier d'époque, vue sur le jardin ou le cloître.

**Les plus** Un cadre historique flatteur, un parc botanique magnifique, avec notamment des rosiers anciens.

**Les environs** Hesdin, la Baie de Somme.

**Pour réserver** Sauvegarde du patrimoine
80120 Argoules-per-Rue ©03 22 29 62 33

## CHATEAU DES ALLEUX

3 chambres de 90 à 115 €

**Le lieu** Une vieille demeure familiale du XVIIe entourée d'un jardin potager et d'un parc agricole boisé.

**Les chambres** Confortables et décorées avec soin.

**Les plus** Poney sur place, balades dans le parc, produits de la ferme, une ambiance conviviale.

**Les environs** L'Abbaye de Valloires, la forêt de Crécy, la baie de Somme à 30 km.

**Pour réserver** René-François de Fontanges
80870 Behen ©03 22 31 64 88

## LA RIVIERETTE

5 chambres à 54 €

**Le lieu** Au bord d'une rivière avec cols verts et poules d'eau, un ancien bâtiment à colombages.

**Les chambres** Dans un bâtiment indépendant, avec vue sur la rivière. Une avec kitchenette.

**Les plus** La piscine couverte et chauffée, la pêche ; ambiance conviviale.

**Les environs** L'abbaye de Saint-Riquier à 4 km, la baie de Somme à 20 km.

**Pour réserver** M. et Mme de Lamarlière
2, rue de la Ferme 80132 Caours
✆03 22 24 77 49 - Fax 03 22 24 76 97

## ELIANE VAHE-PETIT

2 chambres à 43 €

**Le lieu** Une maison classique dans un jardin à deux pas de la mer.

**Les chambres** Cadre sobre et agréable, ouvertes sur le jardin.

**Les plus** La situation à 800 m de la plage, la véranda pour le petit-déjeuner.

**Les environs** La baie de Somme, la Maison de l'Oiseau, le parc du Marquenterre.

**Pour réserver** La Picardière - La Mollière
465, rue Douville Maillofou 80410 Cayeux/Mer
✆03 22 26 63 93 - Fax 03 22 26 63 93

## ALAIN ET MARYSE SAGUEZ

4 chambres à 52 €

**Le lieu** Une propriété de caractère du XIXe, dans un parc boisé.

**Les chambres** Indépendantes de la maison des propriétaires, décor rustique.

**Les plus** Un cadre rustique et élégant, possibilité de promenade en calèche, table d'hôtes.

**Les environs** Amiens, sa cathédrale, ses hortillonnages.

**Pour réserver** 2, rue Grimaux 80480 Dury
✆03 22 95 29 52

## HUBERT LANDRIEUX

5 chambres à 43 €

**Le lieu** Une belle maison ancienne avec jardin.

**Les chambres** Confortables et agréables.

**Les plus** Un cadre agréable et un accueil soigné.

**Les environs** Le Parc Ornithologique à 15 km, St-Valéry/Somme à 20 km, vallée de l'Authie à 15 km.

**Pour réserver** 30, Route Nationale
80120 Forest Montiers
✆03 22 28 31 57 - Fax 03 22 28 31 57

## MARTINE WARLOP

5 chambres à 46 €

**Le lieu** Une originale maison d'architecte aux lignes très modernes.

**Les chambres** Confortables, décor sobre et contemporaine, ouverte sur la campagne.

**Les plus** Une maison remarquable, une situation tranquille dans un petit village.

**Les environs** Péronne (mémorial de la Grande Guerre), vallée de la Somme, Amiens.

**Pour réserver** 1, rue Genermont 80320 Fresnes-Mazancourt ✆ 03 22 85 49 49 - Fax 03 22 85 49 59

## CHATEAU DE MAISON PONTHIEU

4 chambres de 57,95 à 61 €

**Le lieu** Un château des XVIIe-XVIIIe siècles.

**Les chambres** Vastes (de 25 à 50 m2), vue sur le jardin et agréable décor à l'ancienne.

**Les plus** Un ensemble agréable, avec le vaste parc arboré, un confort soigné.

**Les environs** Abbaye de Saint-Riquier, forêt de Crécy-en-Ponthieu (site de la bataille).

**Pour réserver** 2 rue de Fouilly 80150 Maison-Ponthieux ✆ 03 22 29 03 01 - Fax 03 22 29 03 01

## CHATEAU DE FOUCAUCOURT

Chambres de 53,40 à 61 €

**Le lieu** Un château du XVIIIe dans un parc à l'anglaise de 18 ha.

**Les chambres** Agréablement aménagées, avec vue sur le parc.

**Les plus** Une étape de charme pour profiter de la campagne picarde.

**Les environs** L'Abbaye de Valloires, la Collégiale d'Abbeville, le château de Rambures.

**Pour réserver** 1 rue verte - Mme de Rocquigny 80140 Oisemont ✆ 03 22 25 12 58 - Fax 03 22 25 15 58

## CHAMBRES D'HOTES DU BOIS DE BONANCE

5 chambres à 61 €

**Le lieu** Une accueillante maison en brique rose dans son cadre de verdure.

**Les chambres** Spacieuses, décor sobre.

**Les plus** La piscine chauffée dans le jardin ; les balades dans le parc.

**Les environs** La baie de Somme, le domaine du Marquenterre à 15 km, Valloires à 25 km.

**Pour réserver** M. et Mme Jacques Maillard 80132 Port-le-Grand ✆ 03 22 24 11 97 - Fax 03 22 31 72 01

## FERME DU CHATEAU DE LA MOTTE

5 chambres de 46 à 60 €

**Le lieu** En pleine campagne, dans une propriété de 30 ha, une maison moderne.

**Les chambres** Spacieuses, calmes et confortables (2 avec balnéo), mobilier d'époque.

**Les plus** Le salon avec feu de bois. Sur place, piscine, tennis, plan d'eau.

**Les environs** La plage et ses loisirs à 2 km, la Baie de Somme à 4 km.

**Pour réserver** 36, route de Froise Monchaux 80120 Quend Plage ✆ 03 22 23 94 48 - Fax 03 22 23 97 57

## GILLES ET JASMINE THIEBAULT

5 chambres à 43 €

**Le lieu** Une maison de style picard dans un jardin de 2000 m2.

**Les chambres** Confortables et soignées.

**Les plus** Ambiance conviviale, accueil chaleureux.

**Les environs** La baie de Somme à 8 km, la réserve ornithologique de Marquenterre à 15 km.

**Pour réserver** 12, hameau Ebalet 80960 Saint-Blimont ✆ 03 22 30 61 41

Bidons de lait, Normandie © iconotec.com / Pierre Delaguérard

# NORMANDIE

SEINE
MARITIME
Etretat
Le Havre
Rouen
MANCHE
Cherbourg
Saint-Lô
MANCHE
Caen
CALVADOS
Falaise
EURE
Evreux
Flers
Argentan
ORNE
Alençon
50 km

## SERGE ET MARIE-FRANCE BREE

3 chambres de 38 à 40€

**Le lieu** Sur une exploitation laitière, une maison ancienne en pierre.

**Les chambres** Confortables et joliment meublées, elles donnent sur la verdure.

**Les plus** Visite de la ferme, promenade pédestre.

**Les environs** Le Pays d'Auge, la plaine de Caen, Cabourg et Ouistreham à 25 km.

**Pour réserver** Ferme du Vieux Château 14370 Airan ✆ 02 31 23 65 08 - Fax 02 31 23 65 08

## FERME DU PETIT VAL

5 chambres de 41,46 à 47,26€

**Le lieu** Une belle propriété avec un corps de ferme en pierre du XVIIIe, récemment restauré.

**Les chambres** Avec vue sur le parc ou la cour, elles sont coquettes et rustiques.

**Les plus** Un décor agréable, avec de fréquents rappels de pierre et un beau mobilier.

**Les environs** Courseulles-sur-Mer, Caen, plages du Débarquement.

**Pour réserver** M. Lesage. 24, rue du Camp Romain 14480 Banville ✆ 02 31 37 92 18

## MONIQUE HAMELIN

2 chambres à 46€

**Le lieu** Une maison normande du XVIIe à colombages.

**Les chambres** Vastes, avec un beau décor, mobilier ancien ou anglais.

**Les plus** Une belle propriété arrangée avec goût, le jardin fleuri.

**Les environs** Cabourg, Deauville, Lisieux, Caen.

**Pour réserver** La Place
14430 Beuvron en Auge ✆ 02 31 39 00 62

## GILBERT ET JACQUELINE LALLEMAN

2 chambres à 33€

**Le lieu** Une maison en pierre de la région dans une cour avec pelouse.

**Les chambres** Chacune avec entrée indépendante, on peut même y cuisiner.

**Les plus** Sentiers pédestres ; volailles fermières au menu.

**Les environs** Les plages du Déarquement à 50 km, la vallée de Vire à 15 km.

**Pour réserver** Le Carrefour des Fosses
14260 Bremoy ✆ 02 31 77 83 22

## CHATEAU DES RIFFETS

4 chambres de 90 à 130 €

**Le lieu** Un château du XIXe siècle dans un parc de 15 ha.

**Les chambres** Vastes et raffinées, avec tentures murales.

**Les plus** Le parc avec piscine, les très belles salles de bain.

**Les environs** Caen, les plages du Débarquement, la Suisse Normande.

**Pour réserver** Anne-Marie et Alain Cantel
14680 Bretteville-sur-Laize
✆ 02 31 23 53 21 - Fax 02 31 23 75 14

## LES MARRONNIERS

5 chambres de 42 à 52 €

**Le lieu** Un manoir XVIIe avec deux bâtiments à colombages.

**Les chambres** Dans le manoir ou l'ancien pressoir, toutes avec accès indépendant et un décor soigné.

**Les plus** Un site très agréable, dans l'architecture comme le parc. Forêt juste à côté.

**Les environs** La Côte Fleurie, le Pays d'Auge.

**Pour réserver** Chantal Darondel
14340 Cambremer
✆ 02 31 63 08 28 - Fax 02 31 63 92 51

## DAVID ET CAROLE LEPILLEUR

4 chambres à 32,01 €

**Le lieu** D'anciennes étables en pierre, réaménagées.

**Les chambres** Mansardées et ouvertes sur le verger.

**Les plus** Une atmosphère apaisante, le charme des vieilles pierres.

**Les environs** Vire, Saint-Lô, viaduc de la Souleuvre.

**Pour réserver** Le Champ Touillon
14350 Campeaux ✆ 02 31 68 75 02

## LA FERME DU LOUCEL

3 chambres à 43 €

**Le lieu** Une grande ferme typique du Bessin dans un grand jardin clos.

**Les chambres** Grandes et personnalisées, elles sont correctement équipées.

**Les plus** La mer à 1 km, char à voile ; tennis, équitation.

**Les environs** Les Plages du Débarquement, les cimetières américains.

**Pour réserver** M. et Mme Petit Bernard
14710 Colleville sur Mer ✆ 02 31 22 40 95

## LE LOGIS

4 chambres de 33,53 à 38,11 €

**Le lieu** Un ancien corps de ferme en pierre typique du Bessin.

**Les chambres** Ouvertes sur la campagne, tranquilles avec du mobilier contemporain.

**Les plus** Un beau séjour en vieux pavés, avec un vieux ratelier, une situation très calme.

**Les environs** La mer, Bayeux, les plages du Débarquement.

**Pour réserver** Gilles et Florence Haelewyn
Escures Village 14520 Commes
✆ 02 31 21 79 56 - Fax 02 31 21 79 56

## MANOIR DE L'HERMEREL

4 chambres à 50 €

**Le lieu** Une ferme fortifiée du XVIIe siècle.

**Les chambres** Dans l'aile gauche du manoir, avec un décor à thèmes : mer, grands-parents.

**Les plus** Un bel ensemble, le salon d'été dans la chapelle du XVe siècle, la ferme pédagogique.

**Les environs** Le circuit des Plages du Débarquement.

**Pour réserver** Agnès et François Lemarié
14230 Géfosse-Fontenay
✆ 02 31 22 64 12 - Fax 02 31 22 76 37

## CHARLES ET MARIE POLIDOR

5 chambres à 35 €

**Le lieu** Une belle demeure 1850 en pierre de Caen au milieu de la verdure.

**Les chambres** Trois d'entre elles sont situées à l'étage (entrée indépendante), les deux autres dans un bâtiment mitoyen.

**Les plus** La visite de la ferme laitière; un petit bonjour à l'âne Mascotte; le jardin.

**Les environs** Les Plages du débarquement, Bayeux, Caen.

**Pour réserver** Le Landey, hameau de Verrières
14250 Lingèvres ✆ 02 31 80 91 17

## RAYMOND COLLIGNON

1 chambre de 28 à 46 €

**Le lieu** Une ancienne ferme en pierre.

**Les chambres** Une grande chambre claire à l'étage avec bureau et salon.

**Les plus** Le calme, le confort, un espace généreux.

**Les environs** Bayeux à 3 km, sa cathédrale, sa tapisserie, son Musée de la Dentelle.

**Pour réserver** Les Roquelines
14400 Monceaux-en-Bessin
✆ 02 31 92 44 30

## ANNE MARIE LEFEVRE

2 chambres de 38 à 52 €

**Le lieu** Une maison de caractère entourée d'une pelouse.

**Les chambres** Agréables et coquettes ; la plus spacieuse dispose d'un lit bébé.

**Les plus** Vue sur les champs de la ferme ; parking fermé.

**Les environs** Les Plages du Débarquement à 5 km ; centre équestre, tennis et sentiers de randonnée à 5 km.

**Pour réserver** Quartier d'Argouges
14400 Mosles ✆ 02 31 92 43 40

## ALAIN ET ANNE-MARIE DONIS

2 chambres de 38 à 43 €

**Le lieu** Une belle et typique maison normande du XVIIIe siècle.

**Les chambres** Dans une dépendance, une grande au rez-de-chaussée, une plus petite mansardée à l'étage.

**Les plus** La vue sur le parc arboré, le charme.

**Les environs** La mer, Honfleur, le bois du Breuil, Deauville.

**Pour réserver** La Vigne
Route de Trouville 14600 Pennedepie
✆ 02 31 88 89 61

## LA RENAUDIERE

2 chambres à 33,60 €

**Le lieu** Dans le village, une maison construite en 1804 par un grognard de Napoléon.

**Les chambres** Jolie vue sur la campagne, une décoration soignée et chaleureuse.

**Les plus** La campagne normande (vue sur un pré de pommiers), une maison agréable à vivre, avec pierre apparente et coloris ensoleillés.

**Les environs** Caen, plages du Débarquement.

**Pour réserver** M. et Mme Thomine
5, rue de l'Eglise 14980 Rots
✆ 02 31 26 64 59 - Fax 02 31 26 71 02

## JAMES ET MARIE-JOSEE HAMEL

5 chambres de 54 à 62 €

**Le lieu** Un ancien château fort du XIVe rénové.

**Les chambres** Toutes avec entrée indépendante, donnant sur le jardin, elles sont coquettes et douillettes.

**Les plus** Le château situé dans le parc naturel des Marais, son jardin, son étang.

**Les environs** Les plages du Débarquement, Bayeux, l'équitation, les promenades.

**Pour réserver** Château de Vouilly 14230 Vouilly
✆ 02 31 22 08 59 - Fax 02 31 22 90 58

## AUGUSTINE ET PIERRE SIMON

3 chambres à 40€

**Le lieu** Une maison moderne dans un cadre agréable à deux pas de la mer.

**Les chambres** Spacieuses et ouvertes sur la mer, alliant décor moderne et éléments plus rustiques.

**Les plus** Un cadre confortable, très bien situé pour la vue et de nombreuses activités.

**Les environs** Les îles Anglo-Normandes en face.

**Pour réserver** 18, avenue de la Roche Biard
50270 Barneville-Carteret ✆ 02 33 04 28 41

## LA TOURELLE

3 chambres à 38€

**Le lieu** Au centre du village près de l'église, une belle maison en pierre du XVIe siècle.

**Les chambres** Personnalisées, au décor sympathique et rétro.

**Les plus** Une belle situation, un cadre agréable et historique.

**Les environs** Carteret, La Hague, Valognes, un peu plus loin Cherbourg.

**Pour réserver** 5, rue du Pic Mallet
50270 Barneville-Carteret ✆ 02 33 04 90 22

## MANOIR DU FRESNE

2 chambres de 29 à 36€

**Le lieu** Un manoir du XVIe siècle reconnaissable à sa tour octogonale.

**Les chambres** Meublées en style Louis XV, ouvertes sur le jardin paysager et la tour.

**Les plus** Un ensemble élégant avec un jardin paysager, cuisine et salle de jeux indépendantes.

**Les environs** Les plages du Débarquement, la Hague, île de Tatihou.

**Pour réserver** Daniel et Madeleine Vasche
50500 Baupte ✆ 02 33 42 03 29

## JACQUELINE ET ROBERT SEBIRE

4 chambres à 35€

**Le lieu** Une belle bâtisse typique datant du XVIIe siècle.

**Les chambres** Agréables, avec notamment un intérieur chaleureux.

**Les plus** Un cadre charmant dans un village de pêcheur.

**Les environs** Coutances, les Iles Anglo-Normandes.

**Pour réserver** 11, rue du Vieux Lavoir
50560 Blainville-sur-Mer
✆ 02 33 47 20 31 - Fax 02 33 47 20 31

## THERESE LETERRIER

2 chambres à 36 €

**Le lieu** A la sortie du bourg, une grande maison de caractère en pierre.

**Les chambres** Ensoleillées et spacieuses.

**Les plus** Un beau mobilier d'époque, une ambiance agréable, un parc pour la détente.

**Les environs** Bricquebec, pour son château et son abbaye, Fierville-les-Mines et son moulin, la mer à 15 km.

**Pour réserver** Le Haut de Bailly. 40, rue Pierre Marie 50260 Bricquebec ✆ 02 33 52 21 87

## ANNICK LEBRUN

3 chambres de 32 à 35 €

**Le lieu** Une maison moderne au milieu d'un cadre verdoyant.

**Les chambres** Spacieuses, une avec terrasse.

**Les plus** Un cadre agréablement aménagé, avec un décor sobre et de bon goût.

**Les environs** Coutances et sa cathédrale, la mer, les plages du Débarquement.

**Pour réserver** La Chapelle 50210 Camprond-Belval ✆ 02 33 45 13 90 - Fax 02 33 45 71 40

## DOMAINE DU HAUL

5 chambres de 34 à 38 €

**Le lieu** Une ferme normande en pierre, joliment restaurée, chez des éleveurs de chevaux.

**Les chambres** Vastes avec de beaux meubles anciens.

**Les plus** Le confort soigné, les activités (hutte d'observation des marais), table d'hôtes.

**Les environs** Dans le parc naturel des Marais du Cotentin, plages du Débarquement, îles Anglo-Normandes.

**Pour réserver** Odile Langlois 50390 Catteville ✆ 02 33 41 64 69 - Fax 02 33 41 64 69

## BELLEVILLE

2 chambres à 55 €

**Le lieu** Une belle maison du XVIIe siècle en pierre.

**Les chambres** Un décor sobre et élégant, vue sur le mont Saint-Michel.

**Les plus** Une belle situation, un cadre agréable au milieu des prés.

**Les environs** Dans la baie du mont Saint-Michel, à 30 km du mont proprement dit.

**Pour réserver** Olivier et Florence Brasme Route de Saint-Marc 50530 Dragey ✆ 02 33 48 93 96 - Fax 02 33 48 59 75

## MANOIR DE GRAINVILLE

3 chambres à 46 €

**Le lieu** Un manoir du XVIIIe.

**Les chambres** Un agréable décor à l'ancienne, personnalisées, vue sur les champs et les marais.

**Les plus** Une belle situation à la campagne, à côté d'un verger.

**Les environs** Parc des Marais du Cotentin, île de Tatihou, Sainte-Mère-Eglise.

**Pour réserver** Bernard et Rolande Brecy
50310 Fresville
✆ 02 33 41 10 49 - Fax 02 33 21 59 23

## M. ET MME PASSENAUD

3 chambres de 35 à 40 €

**Le lieu** En pleine nature dans un bocage vallonné, une ancienne ferme en pierre.

**Les chambres** Spacieuses, avec entrée indépendante et vue sur les prés.

**Les plus** Une belle situation au cœur du Val de Saire, beaucoup de calme.

**Les environs** Ile de Tatihou, Saint-Vaast-la-Hougue, Barfleur, La Hague.

**Pour réserver** La Dannevillerie. Route de Quettehou
50630 Le Vast ✆ 02 33 44 50 45 - Fax 02 33 44 50 45

## MANOIR DE CABOURG

3 chambres de 35 à 40 €

**Le lieu** Un vieux manoir fortifié de la fin du XVe siècle derrière son double porche.

**Les chambres** Vastes et de caractères, avec le mobilier ancien et les murs blancs qui font ressortir les meurtrières et arquebusières.

**Les plus** Un jardin arboré et fleuri, une belle vieille maison.

**Les environs** La plage au bout du chemin, l'île de Tatihou, le fort de la Hougue.

**Pour réserver** Marie Marie 50760 Reville
✆ 02 33 54 48 42

## FERME DE LA PATRAIS

4 chambres à 35 €

**Le lieu** Une ancienne ferme restaurée en pierre de l'Avranchin.

**Les chambres** Confortablement aménagées, avec accès indépendant.

**Les plus** Les produits de la ferme au menu, une ambiance conviviale.

**Les environs** Le Mont-Saint-Michel à 20 km, Granville à 40 km, Fougères à 30 km.

**Pour réserver** 3, La Patrais - M. Carnet
50240 Saint-Aubin de Terregatte
✆ 02 33 48 43 13 - Fax 02 33 48 59 03

## LA GAUTRAIE

4 chambres de 28 à 52 €

**Le lieu** Une maison en schiste s'ouvrant sur un grand jardin.

**Les chambres** Confortables, avec un beau mobilier ancien.

**Les plus** Jeux pour enfants ; visite de la ferme, spécialités régionales à la table d'hôtes.

**Les environs** Le Mont-Saint-Michel, Avranches, Fougères à 20 km.

**Pour réserver** Tiffaine François et Catherine
50240 Saint-James
✆ 02 33 48 31 86 - Fax 02 33 48 58 17

## MANOIR DE LA PORTE

2 chambres à 49 €

**Le lieu** Un élégant manoir du XVIe siècle avec sa tour ronde.

**Les chambres** Assez vastes, avec une vue agréable sur le parc.

**Les plus** Un parc agréable avec plan d'eau, terrasse pour se reposer.

**Les environs** La mer, le mont Saint-Michel, les îles Anglo-Normandes.

**Pour réserver** Annick et Hervé Lagadec 50870 Sainte-Pience ✆ 02 33 68 13 61 - Fax 02 33 68 20 54

## MANOIR DE BELLAUNEY

3 chambres de 42 à 54 €

**Le lieu** Une ancienne demeure seigneuriale des XVe-XVIe siècles dans un parc composé d'arbres centenaires.

**Les chambres** Personnalisées à la hauteur de leur nom : la Normande, la Médiévale et la Louis XV ; toutes ont vue sur le parc.

**Les plus** Un beau cadre historique et tranquille.

**Les environs** Valognes à 3,5 km, Sainte-Mère Eglise à 18 km, Tatihou à 15 km.

**Pour réserver** M. et Mme Allix-Desfauteaux
50700 Tamerville ✆ 02 33 40 10 62

## LA GRANDE FERME

4 chambres à 37 €

**Le lieu** Un corps de ferme, belle maison ancienne couverte de lierre.

**Les chambres** Un décor plaisant, un style plutôt rustique.

**Les plus** Le charme de la propriété, les produits de la ferme à la table d'hôtes.

**Les environs** Le Haras du Pin, le mont Ormel, Camembert.

**Pour réserver** M. et Mme Maurice
Sainte-Eugénie 61160 Aubry-en-Exmes
✆ 02 33 36 82 36 - Fax 02 33 36 99 52

## FERME DU GRAND PARC

1 chambre à 34 €

**Le lieu** Sur la ferme, dans un ancien fournil.

**Les chambres** Avec séjour, indépendante, aménagée avec beaucoup de goût.

**Les plus** Vue sur la campagne, agréable à vivre dans le décor et l'équipement, un bon rapport qualité-prix.

**Les environs** Mortagne-au-Perche, forêt de Bellême.

**Pour réserver**
M. Ledemé 61560 Boëcé
✆ 02 33 25 14 64

## MADAME CLAPEAU

5 chambres à 45 €

**Le lieu** Une maison de 1848 au cœur du village, près du donjon du XIIe siècle.

**Les chambres** Spacieuses et agréables.

**Les plus** Le charme de la propriété, maison et parc arboré, et des chambres agréablement décorées.

**Les environs** Les châteaux et manoirs de l'Orne, le haras du Pin, mémorial de la Seconde Guerre mondiale.

**Pour réserver** 4, rue des Polonais
61160 Chambois ✆ 02 33 36 71 34

## M. ET MME SIMOEN

3 chambres de 37 à 40 €

**Le lieu** Sur une ferme d'élevage, une belle longère typique du Perche.

**Les chambres** Vue sur les prés ou la cour, deux avec pierres apparentes.

**Les plus** Un cadre chaleureux, une belle cour fleurie, beaucoup de calme. Table d'hôtes.

**Les environs** Le Parc naturel régional du Perche, Mortagne-au-Perche.

**Pour réserver** Ferme de l'Hôtel Neveu 61400 Courgeon ✆ 02 33 25 10 67 - Fax 02 33 83 39 57

## FERME EQUESTRE DES TERTRES

5 chambres de 30 à 37 €

**Le lieu** Une maison en pierre du pays avec vue sur la campagne normande.

**Les chambres** Confortables, avec vue sur la campagne.

**Les plus** Ambiance conviviale. Promenades à cheval avec ou sans accompagnateur, promenades en calèche et randonnées.

**Les environs** La forêt d'Ecouves, la cathédrale de Sées, le haras du Pin.

**Pour réserver** Les Tertres, M. et Mme Besniard
61500 La Chapelle-près-Sées ✆ 02 33 27 74 67

## GERARD BOURGAULT

2 chambres à 40 €

**Le lieu** Une belle ferme en briques et silex construite en 1696.

**Les chambres** Une à l'ouest, une à l'est, poutres apparentes, vue sur le jardin.

**Les plus** Une belle propriété, un charme rustique, beaucoup de calme.

**Les environs** Haras du Pin, Vimoutiers, vallée de la Touques, Livarot.

**Pour réserver** Les Roches 61470 Le Sap
✆ 02 33 39 47 39

## CHATEAU DE LA GRANDE NOE

3 chambres de 92 à 105 €

**Le lieu** Un château des XVe-XVIIIe siècle dans un vaste parc.

**Les chambres** Vastes et avec un élégant décor à l'ancienne, vue sur le parc.

**Les plus** Une belle propriété historique, beaucoup de calme.

**Les environs** Visite du parc naturel régional du Perche.

**Pour réserver** M. et Mme de Longcamp
Moulicent 61290 Longny-au-Perche
✆ 02 33 73 63 30 - Fax 02 33 83 62 92

## BERNARD LECUYER

2 chambres à 44 €

**Le lieu** Une longère ancienne restaurée, entourée d'une pelouse arborée.

**Les chambres** Tranquilles et agréables.

**Les plus** Piscine de plein air chauffée, promenades en forêt, prairie pour chevaux.

**Les environs** La Sarthe à 1 km, nombreuses forêts dans un rayon de 12 km.

**Pour réserver** Le Val Besnard - Cedex 2024
61170 Saint-Agnan-sur-Sarthe
✆ 02 33 84 85 24

## FERME DE LA GRAVELLE

4 chambres de 30 à 41 €

**Le lieu** Dans un petit village, une grande maison de pays à l'abri derrière un beau porche.

**Les chambres** Dans une aile de la propriété, certaines avec coin cuisine, vue sur le jardin.

**Les plus** Un cadre calme et agréable, un décor rustique et chaleureux.

**Les environs** Haras du Pin, châteaux de Carouge ou de Sassy.

**Pour réserver** Odile et Claude Sineux
41, rue de la Gravelle 61200 Sarceaux
✆ 02 33 67 04 47 - Fax 02 33 67 04 47

## LA FOLETERIE

1 chambre à 39 €

**Le lieu** Une longère normande entourée d'un jardin répertorié dans le guide Jardins en Normandie.

**Les chambres** Vastes et de plain-pied.

**Les plus** Détente dans le jardin, cuisine du terroir à la table d'hôtes.

**Les environs** Sées à 10 km, le haras du Pin à 20 km, Camembert à 30 km.

**Pour réserver**
Yves Ledemay 61390 Tremont
✆ 02 33 28 72 15

## M. ET MME BULTEY

2 chambres à 37 €

**Le lieu** Une belle vieille maison à colombages, reconnaissable à ses volets bleus.

**Les chambres** Spacieuses et meublées avec style, elles disposent en outre chacune d'une terrasse.

**Les plus** Un cadre agréable, une maison bien aménagée, atmosphère conviviale.

**Les environs** Honfleur et lacôte Fleurie, parc de Brotonne, Marais Vernier.

**Pour réserver** 835, rue des Coutances
27210 Beuzeville ✆ 02 32 57 75 54

## LA ROTONDE

1 chambre à 40 €

**Le lieu** Une très belle bâtisse avec deux façades différentes : l'une en brique Napoléon III, l'autre à colombages du XVIIIe.

**Les chambres** Vaste et décorée de gravures anciennes.

**Les plus** Le très beau jardin ombragé et fleuri.

**Les environs** Verneuil-sur-Avre, Evreux, le château du Champ de Bataille.

**Pour réserver** 79, rue Jacques Girard
Pierre et Rolande Mieuset
27160 Breteuil-sur-Iton ✆ 02 32 29 70 47

## BRUNO ET MARIE-CHRISTINE LEROY

2 chambres à 35,50 €

**Le lieu** Au cœur du village, sur une exploitation en activité, un beau corps de ferme rénové aux volets bleus.

**Les chambres** Décor chaleureux, mobilier ancien, vue sur la cour paysager.

**Les plus** Un cadre champêtre et agréable, une ambiance plaisante.

**Les environs** Verneuil-sur-Avre, vallée de l'Eure, de l'Avre et de l'Iton.

**Pour réserver** La Troudière 27570 Breux/Avre
✆ 02 32 32 50 79 - Fax 02 32 32 33 23

## LA FERME DU PRESSOIR

5 chambres à 50 €

**Le lieu** Une belle maison normande à colombages et sa mare aux canards.

**Les chambres** Charmantes, décoration cosy très accueillante et mobilier ancien.

**Les plus** Visite d'un ancien pressoir à cidre.

**Les environs** Honfleur à 12 km, la route des chaumières.

**Pour réserver** Le Hameau Potier 27210 Conteville
✆ 02 32 57 60 79 - Fax 02 32 57 60 79

## AUX BERGES DE L'AVRE HOUTMANS ET DELISSUS

5 chambres de 54 à 69 €

**Le lieu** Une ancienne forge de moulin du XIXe au sein d'un vaste parc arboré.

**Les chambres** D'un bon confort, elles sont calmes et bien entretenues.

**Les plus** La cuisine normande ; initiation à la pêche, jeux d'enfants, vélo.

**Les environs** Verneuil-sur-Avre, Rouen, Chartres, Honfleur, Deauville.

**Pour réserver** Rue de L'Avre - La Guigneterie
27100 Courteilles ✆ 02 02 02 70 27

## LES OMBELLES

2 chambres de 49 à 53 €

**Le lieu** Une grange du XVIIIe restaurée dans un jardin jouxtant la rivière.

**Les chambres** Confortables, avec un sympathique mobilier de famille.

**Les plus** Un cadre agréable et de caractère.

**Les environs** Giverny et les jardins de Monet, le château de Gisors à 7 km, Les Andelys à 20 km, la Roche Guyon à 20 km.

**Pour réserver** 4, rue du Gué 27720 Dangu
✆ 02 32 55 04 95 - Fax 02 32 55 59 87

## CHAMBRE D'HOTE DU HANNOY

1 chambre de 30 à 40 €

**Le lieu** Une maison à colombages du XVIIIe située à la lisière de la forêt de Montfort/Risle.

**Les chambres** Ouverte par une baie véranda.

**Les plus** Les plats normands au menu de la table d'hôtes, un grand jardin en bordure de forêt.

**Les environs** L'abbaye du Bec Hellouin à 8 km, le château du Champ de Bataille à 20 km, Rouen à 35 km.

**Pour réserver** Jean-Pierre et Marie-Thérèse. Picard
27290 Ecaquelon ✆ 02 32 42 62 15

## LA RESERVE

5 chambres de 84 à 145 €

**Le lieu** Une grande maison éclatante dans une clairière sur les hauteurs du village.

**Les chambres** La plupart très vastes, elles donnent sur les bois ; meublées avec goût.

**Les plus** La situation dans un village mythique, un beau décor fleuri.

**Les environs** Le musée Monet, la Roche Guyon, Vernon, les Andelys.

**Pour réserver** M. et Mme Brunet 27620 Giverny
✆ 02 32 21 99 09 - Fax 02 32 21 99 09

## LE BON MARECHAL

3 chambres de 46 à 62 €

**Le lieu** L'atelier d'artiste d'une ancienne pension de famille.

**Les chambres** Agréables et chaleureuses, une avec balcon.

**Les plus** Le jardin, la façade couverte de vigne vierge.

**Les environs** Les jardins de Giverny et le musée Claude Monet ; la vallée de la seine.

**Pour réserver** 1, rue du Colombier
Marie-Claire Boscher 27620 Giverny
✆ 02 32 51 39 70 - Fax 02 32 51 39 70

## MARIE NOEL

2 chambres à 38,12 €

**Le lieu** Une demeure campagnarde dans un joli jardin.

**Les chambres** Agréables avec leur décoration traditionnelle, douillettes et bien agencées.

**Les plus** Un centre équestre à proximité, le charme de cette maison de pays à l'intérieur chaleureux.

**Les environs** Conches-en-Ouche, Vascœuil, le château de Beaumesnil.

**Pour réserver** La Bourganière 27160 La Baux-de-Breteuil ✆ 02 32 30 68 18

## BERNARD ET NICOLE WILKIE

3 chambres à 44 €

**Le lieu** Dans un vaste jardin, une maison bourgeoise en brique rouge datant de 1870.

**Les chambres** Vastes et bien pensées, elles sont calmes et douillettes.

**Les plus** Un cadre agréable et typique, des chambres confortables, une table d'hôtes plutôt régionale.

**Les environs** Château d'Harcourt, abbaye du Bec Hellouin, base de loisirs de Brionne.

**Pour réserver** 47, route du Bec Hellouin
27890 La Neuville-du-Bosc ✆ 02 32 46 53 40

## ROSELION

3 chambres de 45 à 60€

**Le lieu** Une propriété du XIXe dans un village normand classé.

**Les chambres** Coquettes et bien agencées ; la plus chère est une suite familiale.

**Les plus** La piscine privée, le jardin d'hiver. Tous commerces et services sur place.

**Les environs** Le château de Beaumesnil à 4 km, Deauville à 65 km ; canoë, tennis.

**Pour réserver** 7, rte de Pont-Audemer
Annie-Claude Guillou 27760 La-Ferrière/Risle
✆ 02 32 30 10 85 - Fax 02 32 30 66 14

## CHAMBRES D'HOTES DE LA GALERIE DU BEC

3 chambres de 51,83 à 76,22€

**Le lieu** Près de la célèbre abbaye, une authentique maison normande à colombages.

**Les chambres** Agréables et chaleureuses ; l'une d'elles dispose d'une mezzanine.

**Les plus** Un mignon petit jardin, un décor soigné et sobre, petit déjeuner généreux.

**Les environs** Marais Vernier, forêt de Brotonne.

**Pour réserver** Place Guillaume le Conquérant
27800 Le Bec Hellouin
✆ 02 32 46 19 36 - Fax 02 32 46 19 36

## LA FERME DE NUISEMENT

4 chambres de 40 à 43€

**Le lieu** Une bâtisse normande chaleureuse et accueillante en pleine campagne.

**Les chambres** Raffinées, avec douche massante ou baignoire balnéo, vue sur la cour.

**Les plus** Un équipement confortable (salle de musculation, vélo), l'atmosphère champêtre.

**Les environs** Les villes médiévales, le château du Champ de Bataille.

**Pour réserver** Le Nuisement
Daniel et Annick Garnier 27240 Manthelon
✆ 02 32 30 96 90 27-478

## JACQUES ET ODETTE BOUTEILLER

4 chambres de 24 à 59€

**Le lieu** Une typique maison normande à colombages au cœur de la campagne.

**Les chambres** Ambiance champêtre et style rustique.

**Les plus** Le charme du cadre, la maison et ses meubles anciens comme l'agréable jardin fleuri, table d'hôtes généreuse.

**Les environs** Les Marais Vernier, parc de Brotonne, l'abbaye du Bec Hellouin.

**Pour réserver** Route d'Epaignes 27210 Martainville-en-Lieuvin ✆ 02 32 57 82 23

## LE CLOS MAHIET

3 chambres à 38,11 €

**Le lieu** Une ancienne ferme à colombages dans un jardin agréable.

**Les chambres** Disposant toutes d'une entrée indépendante, coquettes et assez spacieuses.

**Les plus** Une belle maison typique, des chambres agréables à vivre.

**Les environs** Train touristique vers Honfleur le week-end, abbaye du Bec Hellouin, parc de Brotonne, château d'Harcourt.

**Pour réserver** M. et Mme Vauquelin - Campigny 27500 Pont-Audemer ✆ 02 32 41 13 20

## NORBERT ET MARIE-MADELEINE DECEUNINCK

2 chambres à 42,68 €

**Le lieu** Une charmante maison dans le village.

**Les chambres** Coquettes et bien tenues, elles garantissent un bon séjour. L'une des deux peut accueillir 4 personnes.

**Les plus** Salon avec cheminée à la disposition des hôtes, jardin.

**Les environs** Lyons-la-Forêt, Les Andelys, Les Thilliers en Vexin.

**Pour réserver** 14, rue Gosse 27150 Puchay ✆ 02 32 55 73 55

## LE MANOIR D'HERMOS

2 chambres de 42 à 58 €

**Le lieu** Au cœur d'un parc boisé de 10 ha, un manoir construit pour le Duc de Guise en 1535, pavillon de chasse d'Henri IV.

**Les chambres** Une vaste sur le plan d'eau, une un peu plus petite sur le verger.

**Les plus** Un très beau domaine, avec esplanade, verger, plan d'eau. Décor soigné.

**Les environs** Abbaye du Bec Hellouin, châteaux d'Harcourt et du Champ de Bataille.

**Pour réserver** M. et Mme Noël-Windsor 27800 St-Eloy de Fourques ✆ 02 32 35 51 32

## OLIVIER DEMORY

1 chambre à 43 €

**Le lieu** Une ferme à colombages datant du XVIe au cœur de la vallée d'Auge.

**Les chambres** Une petite maison indépendante en duplex très spacieuse.

**Les plus** Atelier de poterie sur place, nombreuses activités dans les environs.

**Les environs** Evreux, Verneuil/Avre, Breteuil/Iton, Center Parcs à 20 km.

**Pour réserver** 20, rue de Monthule La Rançonnière 27320 Saint-Germain-sur-Avre ✆ 03 32 60 10 10 - Fax 02 32 60 08 84

## LA GENTILHOMMIERE

2 chambres de 34 à 46 €

**Le lieu** Un grand jardin et son allée de tilleuls accueille une jolie maison fin XVIIe.

**Les chambres** Un beau mobilier de famille, vue sur la campagne et la forêt de Lyons.

**Les plus** Une belle allure de gentilhommière, un séjour tranquille.

**Les environs** Le château de Martainville, Ry (village de Mme Bovary), le château de Vascœuil.

**Pour réserver** Paul et Ginette Cousin
76116 Auzouville-sur-Ry ✆ 02 35 23 40 74

## LE CLOS MELISE

3 chambres de 35 à 38 €

**Le lieu** Une maison du début XIXe entourée d'un jardin à l'anglaise.

**Les chambres** Une avec accès indépendant sur le jardin, une au caractère authentique, une autre au style plutôt cosy.

**Les plus** Un cadre élégant à 3 km de la mer.

**Les environs** Les falaises de la côte d'Albâtre, Le Tréport, Dieppe, Eu.

**Pour réserver** 14, rue de l'Eglise
Marie-José Klaes 76630 Biville-sur-Mer
✆ 02 35 83 14 71

## MARYLINE DUBUC - LES CHAUMES

2 chambres de 29 à 44 €

**Le lieu** Une chaumière normande de caractère et son jardin fleuri.

**Les chambres** Agréables et soignées, une avec lit à baldaquin.

**Les plus** Un bel environnement champêtre, cuisine de marché à la table d'hôtes.

**Les environs** Rouen à 11 km, les jardins de Vandrimare à 10 km, Vascœuil à 12 km.

**Pour réserver** 1098, rue de l'Ancienne Poste
Le Faulx 76520 Boos ✆ 02 35 80 76 51

## LE CHATEAU

4 chambres à 60 €

**Le lieu** Dans un grand parc arboré, un château XIXe en briques typique de la région.

**Les chambres** Très spacieuses, au décor personnalisé, avec vue sur le parc.

**Les plus** Un cadre raffiné, beaucoup d'espace et de calme, coin cuisine, salle de gymnastique.

**Les environs** Le Pays de Bray, abbaye de Sigy, Rouen.

**Pour réserver** 2, rue du Château
76750 Bosc-Roger-sur-Buchy
✆ 02 35 34 29 70

## LES POULES VERTES

4 chambres à 45€

**Le lieu** Une belle maison ancienne à 500 m de la Seine, entre Rouen et Le Havre.

**Les chambres** Paisibles, style classique et meubles rustiques, vue sur le jardin.

**Les plus** Le magnifique jardin de curé, une ambiance traditionnelle et chaleureuse.

**Les environs** Le Parc Naturel de Brotonne, les abbayes, le musée Victor Hugo.

**Pour réserver** 68, rue République
Christiane Villamaux 76490 Caudebec-en-Caux
✆ 02 35 96 10 15 - Fax 02 35 96 75 25

## M. ET MME MALO

5 chambres à 34€

**Le lieu** Masure traditionnelle du pays de Caux entourée de pommiers.

**Les chambres** Tranquilles et agréables dans une maison indépendante.

**Les plus** Ambiance conviviale et tranquille.

**Les environs** Les falaises d'Etretat, Fécamp, toute la côte d'Albâtre.

**Pour réserver** 265, route de Fongueusemarre
La Forge Vimbert 76110 Ecrainville
✆ 02 35 27 17 97

## CHATEAU DU MESNIL GEOFFROY

5 chambres de 60 à 110€

**Le lieu** Un château du XVIIIe, classé monument historique, dans un parc à la française.

**Les chambres** Décoration XVIIIe ou Empire, confort luxueux.

**Les plus** Le parc de 10 ha avec sa superbe roseraie, le cadre historique.

**Les environs** Saint-Valéry en Caux à 7 km, Veules-les-Roses, Fécamp, Etretat.

**Pour réserver** Prince et Princesse H. Kayali
76740 Ermenouville ✆ 02 35 57 12 77

## FERME DU JARDINET

6 chambres de 35 à 55€

**Le lieu** Dans un grand jardin arboré, une grande maison en brique de 1870, couverte de lierre.

**Les chambres** Vastes et meublées d'ancien, avec vue sur le jardin.

**Les plus** Un jardin primé, un beau décor typique de la région.

**Les environs** Etretat, Fécamp et la côte d'Albâtre.

**Pour réserver** Les Loges 76790 Etretat
✆ 02 35 27 04 07

## VILLA DES CHARMETTES

3 chambres à 70 €

**Le lieu** Une belle maison datant de 1860 au milieu d'un parc arboré.

**Les chambres** Tranquilles et confortables.

**Les plus** Le repos dans le jardin ; la plage à 5 min à pied.

**Les environs** Les falaises, l'église, le marché couvert, la Côte d'Albâtre.

**Pour réserver** M. et Mme Renard
Allée des Pervenches 76790 Etretat
© 02 35 27 05 54 - Fax 02 35 28 45 08

## JEAN ET DOMINIQUE MAIRESSE

3 chambres de 27 à 55 €

**Le lieu** Une demeure en briques fin XIXe entourée d'un bois privé avec un jardin et une grande cour.

**Les chambres** Décorées de meubles anciens, vue sur la cour fleurie ou le jardin.

**Les plus** Un cadre tranquille, une ambiance champêtre.

**Les environs** Le Tréport, Eu, Blang-sur-Bresle, le château de Rambure.

**Pour réserver** Ferme de la Haye
76340 Guerville © 03 22 26 14 26

## PRIEURE SAINTE-CROIX

5 chambres de 42 à 54 €

**Le lieu** Une ancienne ferme du château d'Eu datant du XVIIIe.

**Les chambres** Confortablement aménagées, kitchenette, séjour et jardin privatif pour celle du rez-de-chaussée.

**Les plus** Un cadre agréable et de caractère.

**Les environs** Eu, ville royale ; Le Tréport, port de plaisance.

**Pour réserver** 76470 Le Tréport
© 02 35 86 14 77

## JACQUELINE SIMON-LEMETTRE

5 chambres de 47 à 56 €

**Le lieu** Un château du XIXe en briques dans un parc de 2 ha aux arbres séculaires.

**Les chambres** Plutôt spacieuses, chaleureuses, avec vue sur le parc ou le jardin.

**Les plus** Un cadre agréable et une belle décoration de style anglais.

**Les environs** Château de Rambure, musée de la Verrerie à Blangy-sur-Bresle, château d'Eu.

**Pour réserver** Château des Landes 76390 Les Landes Vieilles et Neuves © 02 35 94 03 79

## CELLIER DU VAL BOURY

4 chambres à 39,64 €

**Le lieu** Un ancien cellier du XVIIe aménagé en salle de réception.

**Les chambres** Tranquilles et confortables.

**Les plus** Un cadre rustique et agréable avec poutres et colombages.

**Les environs** Forges-les-Eaux à 10 km, le château de Mesnières à 5 km.

**Pour réserver** Xavier Lefrançois - Le Val Boury
76270 Neufchâtel-en-Bray
✆ 02 35 93 26 95 - Fax 02 32 97 12 30

## COLETTE MARCHAND

3 chambres à 39,64 €

**Le lieu** Une maison d'architecte sur la falaise avec vue imprenable sur la mer.

**Les chambres** Décoration personnalisée, de plain-pied sur le jardin.

**Les plus** La piscine couverte et chauffée, une vue vraiment exceptionnelle.

**Les environs** La vallée de la Scie, les falaises de Varengeville/ Mer, Dieppe.

**Pour réserver** Les Hauts de Pourville
76550 Pourville/Mer ✆ 02 35 84 14 29

## CLAUDE ET BEATRICE LEROUX

3 chambres à 33,54 €

**Le lieu** Une maison récente, spacieuse et éclairée, à 10 km d'Etretat.

**Les chambres** Agréables, avec vue sur la campagne vallonnée et le bois.

**Les plus** Accueil charmant pour une étape tranquille.

**Les environs** Le GR 21, la plage à 7 km ; Etretat, Le Havre.

**Pour réserver** Chemin de la Marguerite
76133 Saint Martin du Bec ✆ 02 35 20 26 20

## CHEZ AGNES SAILLARD

4 chambres à 46 €

**Le lieu** Dans un clos-masure, une maison forestière face à la mare où nagent cygnes noirs et canards.

**Les chambres** Poutres apparentes et jolie décoration, entrée indépendante.

**Les plus** Une atmosphère reposante et agréable, petite cuisine à disposition.

**Les environs** Etretat, Fécamp, Honfleur.

**Pour réserver** 65A, La Petite Rue
76210 Saint-Eustache-la-Forêt
✆ 02 35 38 34 36 - Fax 02 35 38 33 67

## LES QUATRE OISEAUX

4 chambres à 34 €

**Le lieu** Une maison brayonne entièrement rénovée entourée d'un jardin.

**Les chambres** Charmantes, avec poutres apparentes.

**Les plus** Une étape rustique et typique, cuisine simple et savoureuse à la table d'hôtes.

**Les environs** Forges-les-Eaux à 15 km, Lyons-la-Forêt à 15 km, la vallée de la Seine à 30 km.

**Pour réserver** Jeanette et Keith Mills
16, rue du Bas 76780 Saint-Lucien
✆ 02 35 90 51 95

## LE VAL DE LA MER

3 chambres de 39 à 61 €

**Le lieu** Une maison normande à colombages.

**Les chambres** Agréables et confortables (salle de bains pour 2 d'entre elles et salle de douche pour la troisième).

**Les plus** Colombages et caractère.

**Les environs** Toute la Normandie à découvrir ; à proximité les falaises d'Etretat et Fécamp.

**Pour réserver** Mme Lethuillier
76400 Senneville-sur-Fécamp
✆ 02 35 28 41 93

## LA DEMEURE DE LITTEVILLE

3 chambres de 40 à 44 €

**Le lieu** Dans un petit hameau, une belle maison de maître du XIXe agréablement fleurie.

**Les chambres** 2 dans la maison principale, avec vue sur le jardin, 1 studio indépendant dans une dépendance en torchis et colombage.

**Les plus** Un cadre agréable, au charme rustique, un superbe magnolia de 150 ans.

**Les environs** Eu, Dieppe, vallée de la Bresle.

**Pour réserver** Mme Lefèbvre
4, rue du Belvédère 76910 Touffreville-sur-Eu
✆ 02 35 50 93 04

## MME VAUQUELIN

2 chambres de 28,96 à 38,11 €

**Le lieu** Une maison normande du XIVe siècle à colombages et son jardin d'agrément.

**Les chambres** Agréables, avec vue sur un jardin d'agrément.

**Les plus** Un cadre rustique et agréable : meubles régionaux, belle cheminée.

**Les environs** Au cœur du pays de Caux ; la route des Abbayes et des colombiers, les vallées de la Seine et de la Durdent.

**Pour réserver** 110, rue de l'Etang 76190 Yvetot
✆ 02 35 95 33 71

*Le Mont Saint-Michel, Manche ® iconotec.com / Pierre Delaguérard*

# ILE-DE-FRANCE

## HERRENSCHMIDT JEAN-GUY

2 chambres de 20 à 49 €

**Le lieu** Une petite maison entourée d'un jardin, en pleine campagne.

**Les chambres** Joliment décorées avec leur toile de Jouy, elles sont coquettes et disposent d'un coin cuisine.

**Les plus** Les bons petits-déjeuners, le calme.

**Les environs** Disneyland, la route des Châteaux, Paris à une demi-heure.

**Pour réserver** 3, rue de la Montagne
77600 Bussy-Saint-Martin
✆01 64 66 11 24 - Fax 01 64 66 11 24

## LA HERISSONIERE

5 chambres à 60 € TH

**Le lieu** Dans l'enceinte médiévale, au bord de la rivière, une maison construite dans le style traditionnel.

**Les chambres** Personnalisées, donnant sur la rivière.

**Les plus** Un décor soigné, des matériaux apparents, un jardin agréable. Cuisine.

**Les environs** Fontainebleau, Vaux-le-Vicomte.

**Pour réserver** 4, rue du Barrois
77580 Crécy-la-Chapelle
✆01 64 63 00 72 - Fax 01 64 63 00 72

## LA FERME DE VOSVES

3 chambres à 50 €

**Le lieu** Dans un grand jardin, une belle ferme ancienne avec des bâtiments en pierre.

**Les chambres** Vastes, récemment redécorées, ambiances personnalisées et poutres apparentes.

**Les plus** Un cadre agréable, avec un beau jardin, pensé par la propriétaire, artiste peintre.

**Les environs** Fontainebleau, Vaux-le-Vicomte.

**Pour réserver** Mme Lamarchand
155, rue de Boissise 77190 Dammarie-les-Lys
✆01 64 39 22 28 - Fax 01 64 79 17 26

## LE MANOIR DE BEAUMARCHAIS

1 chambre à 120 €

**Le lieu** Un manoir de style anglo-normand classé monument historique.

**Les chambres** Une vaste suite avec boudoir, avec un parquet Versailles et du mobilier XIXe.

**Les plus** Le parc de 12 ha ; randonnées, golf.

**Les environs** Fontainebleau, Vaux-le-Vicomte, Disneyland Paris, Meaux, Coulommiers.

**Pour réserver** M. et Mme Charpentier
77610 Les Chapelles-Bourbon
✆01 64 07 11 08 - Fax 01 64 07 14 48

## ANNICK ET JEAN-MARY DORMION

3 chambres à 40 € TH

**Le lieu** Un ancien presbytère adossé à une église du XIIIe.

**Les chambres** Tranquilles et charmantes.

**Les plus** Ambiance conviviale; les produits de la ferme à la table d'hôtes.

**Les environs** La cité médiévale de Provins à 12 km, les bords de Seine à 15 km.

**Pour réserver**
24, rue du Perré 77650 Lizines
✆01 60 67 32 47 - Fax 01 60 67 32 47

## LA MARECHALE

3 chambres de 45 à 55 €

**Le lieu** Au cœur du village dans son jardin, une belle maison de caractère.

**Les chambres** Agréables, ouvertes sur le jardin.

**Les plus** Un cadre soigné et agréable, tant à l'extérieur qu'à l'intérieur.

**Les environs** Moret-sur-Loing, Fontainebleau et sa forêt.

**Pour réserver**
7, Grande Rue 77940 Montmachoux
✆01 64 70 21 31 - Fax 01 64 70 29 68

## BELLEVUE

7 chambres de 50 à 65 €

**Le lieu** Une maison de maître briarde du XIXe siècle et son jardin de 5000 m2 à la sortie d'un village très calme.

**Les chambres** Joliment décorées, avec vue sur la campagne et le jardin.

**Les plus** Ambiance familiale et conviviale.

**Les environs** Eurodisney à 10 min, Vaux-le-Vicomte à 20 km, Fontainebleau à 40 km.

**Pour réserver** Isabelle et Patrick Galpin
77610 Neufmoutiers-en-Brie
✆01 64 07 11 05 - Fax 01 64 07 19 27

## FERME DU CHATEL, LEBEL ANNIE ET CLAUDE

5 chambres de 43 à 83 €

**Le lieu** Au cœur de Provins, une construction ancienne dans un corps de ferme en activité.

**Les chambres** Agréablement aménagées, avec vue sur le verger.

**Les plus** La terrasse sur les prés (chevaux), coin cuisine à disposition.

**Les environs** Sur place, Provins, cité médiévale des XIIe et XIIIe.

**Pour réserver** Ville Haute
5, rue de la Chapelle St-Jean 77160 Provins
✆01 64 00 10 73 - Fax 01 64 00 10 94

## VANDIERENDONK GILBERT ET MARIE-JO

3 chambres de 38 à 62 €

**Le lieu** Une jolie ferme briarde dans un petit village.

**Les chambres** Tranquilles et agréables.

**Les plus** Ambiance conviviale, du calme et du charme.

**Les environs** Disneyland Paris, Provins - ville médiévale, Rozay-en-Brie à 10 km.

**Pour réserver**
7, rue de Coulommiers 77141 Vaudoy-en-Brie
✆01 64 07 51 38 - Fax 01 64 07 52 79

## LE CHATEAU

6 chambres de 54 à 63 €

**Le lieu** Une belle demeure du XIXe dans un parc avec toutes sortes d'animaux.

**Les chambres** Décor personnalisé grâce à des meubles anciens de tous pays.

**Les plus** Un cadre soigné, tant l'intérieur que le parc, pain et yaourts maison au petit-déjeuner.

**Les environs** Rambouillet à 8 km, le château de Versailles à 22 km.

**Pour réserver** Le Bret François
2, rue de l'Eglise 78125 Poigny-la-Forêt
✆01 34 84 73 42 - Fax 01 34 84 74 38

## JAILLON PHILIPPE

2 chambres de 50 à 56 €

**Le lieu** Au cœur du village, dans un grand parc boisé, une maison bourgeoise fin XIXe.

**Les chambres** Décorées de meubles anciens.

**Les plus** Le décor soigné et respectueux du style de la maison, le parc agréable (mare, potager, gloriette).

**Les environs** Arpagon, Saint-Sulpice-de-Favière, Dourdan, Etampes.

**Pour réserver** 3, rue du Pont Cagé
91790 Boissy-sous-Saint-Yon
✆01 60 82 08 03

## PONTHIEUX SYLVIE ET ARNAUD

1 chambre de 36,50 à 58 €

**Le lieu** Une sympathique maisonnette individuelle donnant sur le jardin.

**Les chambres** En fait une maisonnette individuelle, dotée d'une terrasse permettant de profiter du beau jardin paysager.

**Les plus** De l'espace, un beau jardin paysager, un décor soigné évoquant Van Gogh.

**Les environs** L'Isle-Adam, Auvers-sur-Oise.

**Pour réserver** 1, rue du Haut Val Mary 95630 Mériel
✆01 34 48 11 98 - Fax 01 34 48 11 98

## M. DELALEU

4 chambres de 39 à 58 €

**Le lieu** Un corps de ferme, maison bourgeoise couverte de lierre.

**Les chambres** Spacieuses, au décor doux et chaleureux.

**Les plus** Agréable terrasse sur la cour, un cadre agréable à vivre, salon dans une cave voûtée.

**Les environs** L'Isle-Adam, Auvers-sur-Oise, parc régional du Vexin.

**Pour réserver** 131, rue du Maréchal Foch 95620 Parmain ✆ 01 34 73 02 92 - Fax 01 34 08 80 76

## BESQUENT DANIEL ET MONIQUE

2 chambres à 43 €

**Le lieu** Un maison moderne dans un jardin clos très fleuri.

**Les chambres** Communicantes, de plain pied, avec accès indépendant.

**Les plus** Un accueil soigné, des petits-déjeuners copieux, un quartier calme.

**Les environs** Enghien-les-Bains, Auvers/Oise, le Vexin français, Pontoise.

**Pour réserver** 4, rue de la Liberté 95390 Saint-Prix ✆ 01 34 10 48 30

*Le Mans, tour et muraille gallo-romaines illuminées ® Ville du Mans*

# PAYS DE LA LOIRE

## DEBRAY ANTHONY ET DENISE

2 chambres de 39 à 43 €

**Le lieu** Une maison classique recouverte de vigne vierge dans un parc d'1,5 ha.

**Les chambres** 1 chambre et 1 suite, bien équipées.

**Les plus** La terrasse de 180 m2 ; un accueil chaleureux, kitchenette.

**Les environs** Le parc régional de la Brière à 5 km, La Baule à 30 km, Guérande et les Marais Salants à 30 km.

**Pour réserver** Les Pierres Blanches 44160 Besne ✆ 02 40 01 32 51

## MARCEL PINEAU

3 chambres à 41 €

**Le lieu** Une grande maison blanche en pleine campagne dans un parc fleuri.

**Les chambres** Spacieuses et lumineuses, ouvertes sur le jardin.

**Les plus** Un cadre apaisant, un jardin fleuri primé et très agréable.

**Les environs** Parc de la Brière, Nantes, un peu plus loin la Baule et ses plages.

**Pour réserver** La Mercerais 44130 Blain ✆ 02 40 79 04 30

## DOMAINE DE LA PENISSIERE

4 chambres à 38,11 €

**Le lieu** Une grande maison 1900 au milieu des vignes, sur un domaine viticole.

**Les chambres** Vastes et personnalisées, le plus souvent ouvertes sur les vignes.

**Les plus** Beaucoup de calme, de beaux meubles anciens, découverte des vins du domaine.

**Les environs** Clisson, Saint-Fiacre, Vertou.

**Pour réserver** M. et Mme Brousseau 44690 Château-Chébaud ✆ 02 40 06 51 22 - Fax 02 40 06 51 22

## PRINCE NEUF

4 chambres à 43 €

**Le lieu** A l'orée de la forêt du Princé, un ancien relais de chasse du XIXe.

**Les chambres** Un joli cadre authentique. Vue sur la forêt et l'étang.

**Les plus** Une situation agréable au bord de la forêt, tennis.

**Les environs** Les plages à 15 minutes : Pornic, Saint-Brévin ; St Philbert de Grand-Lieu, Les Moutiers en Retz.

**Pour réserver** Hardy Hubert 44680 Chéméré ✆ 02 40 21 30 35 - Fax 02 40 21 30 35

## CHATEAU DE LA ROUSSELIERE

3 chambres à 70€

**Le lieu** Superbe château du XVIIIème entouré d'un parc de 25 ha.

**Les chambres** Très joliment décorées, parfaitement confortables.

**Les plus** Le cadre magnifique; piscine, billard, promenades dans le parc.

**Les environs** Le canal de la Martinière à 3 km, la mer à 18 km, les loisirs (pêche, kayak, ULM).

**Pour réserver** La Rousselière 44320 Frossay
✆ 02 40 39 79 59 - Fax 02 40 39 77 78

## LE TRICOT

4 chambres de 70 à 94€

**Le lieu** Dans l'enceinte fortifiée d'une ville médiévale, un hôtel particulier du XVIIIe avec jardin.

**Les chambres** Arrangées de façon très agréable.

**Les plus** Le jardin d'agrément et ses rosiers anciens, une situation enviable.

**Les environs** La Baule à 5 km.

**Pour réserver** M. et Mme de Champsavin
8, rue du Tricot 44350 Guérande
✆ 02 40 24 90 72 - Fax 02 40 24 72 63

## GIRARD FRANÇOISE ET PIERRE

3 chambres de 61 à 92€

**Le lieu** Un manoir du XVIIIe dans un jardin entouré de murs, à 800 m de la rivière.

**Les chambres** Très spacieuses et cossues, elles donnent sur un joli plan d'eau.

**Les plus** Un cadre historique remarquablement aménagé.

**Les environs** Nantes, La Baule, les Marais Salants, Guérande, la vallée de l'Erdre.

**Pour réserver** La Gandonnière 44240 La Chapelle-sur-Erdre ✆ 02 40 72 53 45 - Fax 02 40 72 53 45

## LA FERME DE MORICAN

5 chambres de 40 à 44€

**Le lieu** Dans une ferme de 40 ha (élevage de chevaux et agriculture biologique), une très belle longère en pierre.

**Les chambres** Personnalisées dans une maison indépendante.

**Les plus** Un site très calme en pleine nature, des chambres confortables et agréables.

**Les environs** Sur le Parc naturel de Brière (marais à 15 km), presqu'île de Guérande.

**Pour réserver** M. Cojean - Morican
44780 Missillac ✆ 02 40 88 38 82

## JOCELYNE ESLAN

2 chambres à 40 €

**Le lieu** Une maison en pierre fin XIXe, ancienne ferme, au milieu d'un parc.

**Les chambres** Beau mobilier ancien, entrée et terrasse indépendantes.

**Les plus** Le parc clos très fleuri et son plan d'eau protégé, spécialités régionales en table d'hôtes.

**Les environs** Le canal de Nantes à Brest, le château de Blain, le Gavre à 2 km.

**Pour réserver** L'Etriché - La Grigonnais 44170 Nozay ✆ 02 40 79 04 99

## PIERRE ET MONIQUE MARZELIERE

4 chambres à 39 €

**Le lieu** Une maison de caractère du XIXe, couverte de vigne vierge, dans un cadre de verdure.

**Les chambres** Charmantes et confortables, avec un décor raffiné.

**Les plus** Beaucoup de calme dans cette ancienne école d'agriculture ; des circuits de balade en vélo partent de la maison.

**Les environs** Chateaubriant à 25 km.

**Pour réserver** Grand Jouan 44170 Nozay ✆ 02 40 79 45 85 / 06 80 84 18 63

## VILLA DELPHINE

3 chambres à 50 €

**Le lieu** Une maison fin XIXe dans un jardin clos.

**Les chambres** Confort soigné et décor personnalisé.

**Les plus** Un cadre chaleureux et douillet, un accueil agréable.

**Les environs** La mer, thalassothérapie, le sentier douanier à 300 m.

**Pour réserver** 55, rue de la Source 44210 Pornic ✆ 02 40 82 67 79 / 06 62 36 67 79 Fax 02 40 82 67 79

## BOSSIS JACQUELINE ET LOIC

2 chambres à 33 €

**Le lieu** L'architecture résolument moderne et étonnante d'une maison solaire dans un très beau jardin.

**Les chambres** Fonctionnelles, avec accès indépendant et vue sur la campagne.

**Les plus** Une maison très confortable, très lumineuse, jardin primé. Table d'hôtes régionale.

**Les environs** Clisson, Nantes, le Puy du Fou.

**Pour réserver** Le Tremblay 44190 Saint-Lumine-de-Clisson ✆ 02 40 54 71 11

## CUPIDON

4 chambres de 42 à 50€

**Le lieu** Un vaste chalet à 50 m de la mer, sur un grand jardin arboré.

**Les chambres** Accès indépendant, au chaleureux décor lambrissé, avec vue sur la mer.

**Les plus** Un cadre agréable à vivre, lumineux et chaleureux. Piscine.

**Les environs** La Côte Sauvage.

**Pour réserver** M. Catu Mme Gagnot
Plage de Portmain 44210 Sainte-Marie-Pornic
✆ 02 51 74 19 61 - Fax 02 51 74 19 20

## MORISSEAU DOMINIQUE

3 chambres de 42 à 50€

**Le lieu** Une maison en pierres apparentes du XVIIIe siècle entourée d'un grand jardin.

**Les chambres** Offrant de beaux volumes, elles sont cossues et confortables.

**Les plus** La cuisine à disposition des hôtes, le salon de jardin.

**Les environs** Nantes, la côte avec la Baule et le Croisic.

**Pour réserver** Longrais 44850 St Mars du Désert
✆ 02 40 77 48 25

## AVENARD M.-ANNE ET BERNARD

3 chambres à 34€

**Le lieu** Une petite maison contemporaine dans un village très calme.

**Les chambres** Pas très grandes mais bien pensées, elles disposent de tout le confort nécessaire.

**Les plus** Pêche à l'étang, chemin pédestre.

**Les environs** Pornic à 22 km, le Marais Breton à 15 km, Noirmoutier à 60 km, Nantes à 28 km.

**Pour réserver** La Gerbretière
44680 Sainte-Pazanne
✆ 02 40 02 44 04 - Fax 02 40 02 44 04

## LE CLOS DE LA TOUCHE

2 chambres de 59 à 74€

**Le lieu** Dans un petit hameau, une ferme du XVIIIe bien restaurée.

**Les chambres** Très vastes, confortablement aménagées.

**Les plus** Un cadre soigné, tant l'intérieur que l'extérieur. Copieux déjeuner buffet.

**Les environs** Les atouts de la Loire : nature et patrimoine historique (châteaux, troglodytes).

**Pour réserver** M. et Mme Blanchard 49320 Blaison-Gohier ✆ 02 41 57 10 52 - Fax 02 41 57 25 72

## LOGIS DU PRESSOIR

5 chambres de 46 à 54 €

**Le lieu** Une ancienne ferme restaurée dans le style de la région dans un parc arboré.

**Les chambres** Spacieuse et confortable, avec des meubles anciens.

**Les plus** Un cadre agréable, le parc avec piscine, ambiance conviviale, y compris à la table d'hôtes.

**Les environs** Beaufort, Maze à 8 km, Angers.

**Pour réserver** Le Foulgocq J.-Marc et Anne Villeneuve 49250 Brion
© 02 41 57 27 33 - Fax 02 41 57 27 33

## LES LOGIS DES AULNAYS

15 chambres de 44 à 54 €

**Le lieu** En pleine nature, sur 12 ha de bocage vallonné, un ensemble de trois anciennes fermes entièrement restaurées.

**Les chambres** Vastes et ouvertes sur la campagne et la piscine, au décor très agréable.

**Les plus** Un cadre très agréable, étang, piscines intérieure et extérieure.

**Les environs** La Mine Bleue, la Petite Couère.

**Pour réserver** Le Haut Aulnay 49440 Challain la Potherie © 02 41 94 18 09 - Fax 02 41 94 17 49

## LA CHAUFOURNAIE

5 chambres à 42 €

**Le lieu** Une ancienne ferme du milieu du XIXe siècle dans un parc de 18 ha.

**Les chambres** Chambres confortables et tranquilles.

**Les plus** Salle de jeux avec table de snooker; dans le jardin, jeux de dames géant et terrain de pétanque.

**Les environs** Angers et son château à 35 km.

**Pour réserver** Susan et Peter Scarboro 49500 Chazé-sur-Argos
© 02 41 61 49 05 - Fax 02 41 61 49 05

## LA CROIX D'ETAIN

4 chambres de 60 à 74 €

**Le lieu** Un manoir Directoire entièrement restauré dans un parc arboré et fleuri.

**Les chambres** Confortables, dans un style agréable.

**Les plus** Un site naturel classé au bord de la Mayenne, beaucoup de calme.

**Les environs** Circuit des châteaux d'Anjou et de la vallée de la Loire.

**Pour réserver** M. et Mme Bahuaud 2, rue de l'Ecluse 49220 Grez-Neuville
© 02 41 95 68 49 - Fax 02 41 18 02 72

## LA COTINIERE

4 chambres à 55€

**Le lieu** Une très belle maison du XVIIIe, en pierre du pays.

**Les chambres** Personnalisées, décor raffiné.

**Les plus** Une maison superbe, avec la pierre chaleureuse et omniprésente, le jardin avec les habitations troglodytiques. Table d'hôtes.

**Les environs** Nombreux châteaux et sites troglodytiques, Angers, Saumur.

**Pour réserver** M. de Rocquigny - Le Clos d'Aligny 49320 Grézillé ✆ 02 41 59 72 21 - Fax 02 41 59 72 21

## LA ROUSSELIERE

5 chambres de 48 à 66€

**Le lieu** Dans un parc de 4 ha, un manoir du XVIIIe, dont les origines remontent à 1540.

**Les chambres** Vastes et confortablement équipées, avec vue sur le jardin.

**Les plus** Un cadre historique, parc très agréable, table d'hôtes régionale.

**Les environs** Corniche Angevine, Montjean-sur-Loire, Angers, le vignoble.

**Pour réserver** Mme Charpentier 49170 La Possonnière ✆ 02 41 39 13 21

## LA POIRIERE

3 chambres à 41€

**Le lieu** Dans un hameau agricole, une belle longère angevine.

**Les chambres** Spacieuses, avec vue sur le jardin ou la campagne, avec des meubles de famille.

**Les plus** Un jardin soigné, un cadre agréable et chaleureux, table d'hôtes.

**Les environs** Château de Brissac.

**Pour réserver** Mme Edon
49320 Maunit-Chemellier
✆ 02 41 45 59 50 - Fax 02 41 45 01 44

## CHATEAU DE MONTREUIL

4 chambres de 61 à 65€

**Le lieu** Un château avec pigeonnier et chapelle du XVIe.

**Les chambres** Vastes, elles donnent sur la rivière et sont aménagées confortablement dans un mobilier bourgeois.

**Les plus** Terrasse sur le Loir, grand parc de 16 ha, les promenades à pied ou en bateau.

**Les environs** Plusieurs châteaux à moins de 25 km : Bazouges, Le Plessis Bourré…

**Pour réserver** M. et Mme Bailliou
49140 Montreuil-sur-Loir ✆ 02 41 76 21 03

## LE JAU

3 chambres de 38 à 60 €

**Le lieu** Une belle maison de maître de la fin XVIIIe.

**Les chambres** Joliment décorées, bien agencées, elles donnent sur le parc et prodiguent un bon confort.

**Les plus** Le parc fleuri d'un hectare, la bonne table d'hôtes.

**Les environs** Les châteaux de la Loire, la Route des Vins.

**Pour réserver** Mme Terrière - Rte de Nantes 49610 Mûrs-Erigné ✆ 02 41 57 70 13

## M. ET MME COURAULT

5 chambres de 34 à 39 €

**Le lieu** Sur une ferme céréalière (agriculture biologique), une maison de caractère en pierre.

**Les chambres** Plutôt vastes (jusqu'à 27 m2), au décor sobre et agréable.

**Les plus** Beaucoup de calme, avec un jardin et la campagne environnante.

**Les environs** Noyant et son Musée des Vieux Métiers, les châteaux de la Loire, Saumur, Bourgueil et le vignoble.

**Pour réserver** Galmer 49490 Noyant ✆ 02 41 89 50 17

## LA CROIX DE LA VOULTE

4 chambres de 55 à 70 €

**Le lieu** Une belle propriété XVe en pierre de tuffeau dans un parc arboré de 3 ha.

**Les chambres** Vastes, avec mobilier d'époque.

**Les plus** La piscine dans le parc ; la situation très tranquille.

**Les environs** La Loire à 800 m, Saumur à 5 km, Fontevraud à 20 km.

**Pour réserver** M. et Mme Jean-Pierre Minder Route de Boumois - St-Lambert-des-Levées 49400 Saumur ✆ 02 41 38 46 66 - Fax 02 41 38 46 66

## ODILE GUYON

4 chambres de 20 à 35 €

**Le lieu** Une maison de caractère dans un havre de verdure.

**Les chambres** Dans un bâtiment indépendant (une ancienne longère) ; décor personnalisé.

**Les plus** Cadre très agréable, avec la mare et les beaux bâtiments, chambres au décor soigné.

**Les environs** Promenade autour et sur la Mayenne, Laval à 8 km.

**Pour réserver** La Verrerie - Route d'Ernée 53810 Changé ✆ 02 43 56 10 50 - Fax 02 43 56 10 50

## CHATEAU DE CRAON

7 chambres de 100 à 140 €

**Le lieu** Un magnifique château du XVIIIe siècle entouré d'un immense parc arboré de 40 ha.

**Les chambres** Situées dans le corps principal du château, spacieuses, avec mobilier de style.

**Les plus** Une piscine, un tennis, la rivière et les jardins à la française.

**Les environs** Renazé, les ardoisières et le Musée de l'Ardoise ; Cossé-le-Vivien et son musée Robert Tatin.

**Pour réserver** 53400 Craon
© 02 43 06 11 02 - Fax 02 43 06 05 18

## FLORENT ET CATHERINE GENDRON

3 chambres à 33 €

**Le lieu** Une maison ancienne joliment rénovée en pierres de granit.

**Les chambres** Bien pensées, avec un coin cuisine, elles sont confortables. L'une d'elles peut accueillir une famille.

**Les plus** La possibilité de participer aux activités de la ferme, les bons petits-déjeuners.

**Les environs** Mayenne, Vitré, le Mont-Saint-Michel à 70 km.

**Pour réserver** La Gasselinais 53500 Ernée
© 02 43 05 70 80

## LA CLOSERIE DES VALLEES

2 chambres à 40 €

**Le lieu** Une ferme des XIVe et XVIIe au cœur du parc régional Normandie-Maine.

**Les chambres** Plutôt spacieuses, avec vue sur les cerfs et les biches de l'élevage des propriétaires.

**Les plus** Visite de l'élevage, beaucoup de tranquillité.

**Les environs** Le château de Carrouges.

**Pour réserver** Gravy Philippe et Francine
53140 Lignières-Orgères
© 02 43 03 16 47 - Fax 02 43 03 16 47

## LOGIS VILLEPROUVE

4 chambres de 38,20 à 42,80 €

**Le lieu** Un ancien prieuré du XVIIe dans un jardin à l'anglaise.

**Les chambres** Spacieuses et charmantes avec leur lit à baldaquin, elles sont décorées à l'ancienne (faïence, objets anciens).

**Les plus** Pêche, randonnée, équitation ; la viande de la ferme au menu.

**Les environs** Le chemin de halage à 6 km.

**Pour réserver** M. et Mme Davenel
Ruille Froid Fonds 53170 Meslay-du-Maine
© 02 43 07 71 62 - Fax 02 43 07 71 62

PAYS DE LA LOIRE

## LE CRUCHET

1 chambre à 38 €

**Le lieu** Une gentilhommière des XVe et XVIe siècles avec jardin à l'anglaise.

**Les chambres** Confortable, plutôt grande et présentant un charme certain.

**Les plus** Le superbe jardin, le charme des vieilles pierres.

**Les environs** Evron, la ville romaine de Jublains, la forêt de la Grande Charnie.

**Pour réserver** Le Cruchet 53600 Mézangers
✆ 02 43 90 65 55

## GITE DE LA TUFFIERE

3 chambres de 34 à 38 €

**Le lieu** Un corps de ferme restauré dans un cadre serein au bord de la rivière la Vègre.

**Les chambres** Douillettes et bien agencées.

**Les plus** Une situation tranquille et agréable.

**Les environs** Asnières-sur-Vègre, village médiéval à 3 km, Solesmes à 8 km, toute la vallée de la Sarthe.

**Pour réserver**
David Mauricette et Yves 72430 Asnière-sur-Vègre
✆ 02 43 95 12 16 - Fax 02 43 92 43 05

## LA MAISON NEUVE

4 chambres de 43 à 46 €

**Le lieu** Dans un parc paysager avec plan d'eau, une belle ferme fin XIXe.

**Les chambres** Personnalisées, au décor soigné et meubles anciens.

**Les plus** Un cadre très agréable, tant l'architecture que le décor. Beau jardin.

**Les environs** La Flèche, Angers, Saumur, Malicorne.

**Pour réserver** M. et Mme Viellerobe
Chemin de la Gelopière 72200 Bazouges-sur-le-Loir
✆ 02 43 45 30 08

## LES BELMONDIERES

5 chambres à 33,80 €

**Le lieu** En pleine campagne, les bâtiments restaurés d'une ancienne exploitation agricole.

**Les chambres** Agréablement aménagées dans une ancienne écurie.

**Les plus** La piscine couverte et chauffée, 10 ha de gazon pour le swin-golf ; cuisine du terroir.

**Les environs** La vallée de la Sarthe à 20 km, Ste-Suzanne à 15 km.

**Pour réserver** Lemesle Guy et Chantal 72350 Brulon
✆ 02 43 95 60 63 - Fax 02 43 92 09 22

## ANNICK ET DANIEL DUVAL

5 chambres de 42 à 48 €

**Le lieu** Une maison contemporaine avec un grand jardin.

**Les chambres** De belle taille, elles offrent tout le confort attendu et beaucoup de calme.

**Les plus** La piscine, le terrain de boules, le petit donjon en pierres.

**Les environs** Le bois de Changé, le circuit des 24 Heures.

**Pour réserver** 17, route de Californie 72560 Changé
© 02 43 40 46 99 - Fax 02 43 40 46 99

## LE PATIS DU VERGAS

5 chambres de 43 à 52 €

**Le lieu** Une maison récente au bord d'un étang de plus de 1 ha.

**Les chambres** Fonctionnelles et agréables, avec vue sur le parc.

**Les plus** Le charme de la situation, pêche gratuite, volière. Petit déjeuner varié.

**Les environs** Tours, Le Mans, nombreux châteaux.

**Pour réserver** Mme Déagé 72310 Lavenay
© 02 40 05 08 18 Fax 02 43 35 38 18

## CHATEAU DE MONHOUDOU

5 chambres de 82 à 107 €

**Le lieu** Un château du XVIIIe entouré d'un vaste parc à l'anglaise de 20 ha.

**Les chambres** Offrant de beaux volumes, elles sont décorées avec raffinement et très bien équipées.

**Les plus** Les charmes indéniable de la propriété et de ses dépendances, la table d'hôtes luxueuse.

**Les environs** Les Alpes Mancelles.

**Pour réserver** 72260 Monhoudou
© 02 43 97 40 05 - Fax 02 43 33 11 58

## PARIS CHANTAL

2 chambres à 42 €

**Le lieu** Une maison de maître de la fin XVIIIe dans un parc boisé d'1 ha.

**Les chambres** Mobilier ancien, vue sur le pont romain et la rivière.

**Les plus** Le parc au bord de la rivière, le calme de la situation.

**Les environs** Les haras, le karting, le circuit des 24h du Mans.

**Pour réserver** 26, rue de l'Eglise 72450 Montfort le Gesnois © 02 43 76 13 46

## L'ABBAYE DE CHAMPAGNE

3 chambres de 49 à 67 €

**Le lieu** Au milieu des vergers et des herbages, une construction du XVIIIe sur la base d'une abbaye cistercienne des XIIe-XIIIe siècles.

**Les chambres** De caractère, bois omniprésent, cheminée.

**Les plus** Un cadre empreint de sérénité, piliers, salles voûtées, piscine, ferme-auberge.

**Les environs** Les Alpes Mancelles, Le Mans.

**Pour réserver** M. et Mme Luzu 72140 Rouez-en-Campagne © 02 43 20 15 74 - Fax 02 43 20 74 61

## CHATEAU DE SAINT-PATERNE

8 chambres de 85 à 180 €

**Le lieu** Aux portes de la vieille ville d'Alençon, un joli château du XVe qui abrita les amours d'Henri IV.

**Les chambres** Luxueuses et personnalisées, meublées d'époque.

**Les plus** Un cadre de caractère, une tranquillité parfaite grâce au vaste parc.

**Les environs** Le château d'Ô.

**Pour réserver** Ségolène et Charles-Henry de Valbray 72610 Saint-Paterne
© 02 33 27 54 71 - Fax 02 33 29 16 71

## MANOIR DU MONT PORCHER

4 chambres de 80 à 90 €

**Le lieu** A l'orée de la forêt de la Charnie, une maison forte des XIVe-XVIIe siècles.

**Les chambres** Aménagées avec goût, dont 3 vastes exposées au sud ouvertes sur le jardin.

**Les plus** Un caractère authentique, un cadre très agréable, sobre et orné de meubles anciens. Jardin à la française, table d'hôtes.

**Les environs** Abbaye de Solesmes, Le Mans.

**Pour réserver** M. et Mme Meyer de la Bretonnière 72240 Saint-Symphorien
© 02 43 20 75 61 - Fax 02 43 20 75 61

## LE FRESNE

3 chambres à 42 €

**Le lieu** Une jolie maison sarthoise en pleine nature.

**Les chambres** Charmantes avec leur joli sol de terre cuite, elles sont toutes de plain-pied et confortablement meublées.

**Les plus** La bonne table d'hôtes, le jardin.

**Les environs** L'abbaye de Solesmes et le zoo de La Flèche.

**Pour réserver** Lelièvre Marie-Armelle et Pascal 72300 Solesmes
© 02 43 95 92 55 - Fax 02 43 95 92 55

## LE DOMAINE DU GRAND GRUET

3 chambres de 60 à 99€

**Le lieu** Une ancienne demeure du XVIIe dans un joli cadre bocager.

**Les chambres** Très vastes, avec jardin privé, elles sont luxueuses et confortables.

**Les plus** Le superbe parc d'1 ha, le cadre très reposant.

**Les environs** La vallée du Loir, Le Mans et ses rues médiévales, les châteaux.

**Pour réserver** Mme Eveno-Sournia - Route de Challes 72440 Volnay ✆ 06 87 42 50 58 - Fax 02 43 35 68 65

## CHAMBRES D'HOTES DE LA TOUR

4 chambres de 35 à 49€

**Le lieu** Près de la ferme, un corps de bâtiments du XIXe typique de la région.

**Les chambres** Vastes, au beau décor sobre, dans une dépendance.

**Les plus** Cadre agréable, beau mobilier ancien, cuisine à disposition.

**Les environs** Au cœur du Marais Poitevin, à 10 km de la mer.

**Pour réserver** 1, route du Port - Moricq 85750 Angles ✆ 02 51 97 56 20 - Fax 02 51 28 98 25

## DAVIAUD-LECOUVREUX MICHEL ET M.-CLAUDE

1 chambre à 46€

**Le lieu** Dans un jardin ombragé, une maison de style rustique.

**Les chambres** Agréable, complétée avec salon de détente.

**Les plus** Un cadre chaleureux et rustique, un beau jardin d'aromates. Table d'hôtes.

**Les environs** Iles de Noirmoutier ou d'Yeu, ferme du Daviaud, le Marais Breton, passage du Gois.

**Pour réserver** 2, hameau Les Aubiers 85230 Beauvoir-sur-Mer ✆ 02 51 49 82 28

## LE PARADIS

5 chambres de 31 à 36€

**Le lieu** Une maison en retrait de la route, ancienne ferme, sur un propriété de 1,6 ha.

**Les chambres** Tranquilles et agréables, avec un décor plutôt rustique.

**Les plus** Ambiance conviviale, domaine avec piscine, trampoline, étang de pêche.

**Les environs** La Venise Verte à 15 km, les plages vendéennes à 30 km, Ré à 30 km.

**Pour réserver** Le Sableau - Janine Pizon 85450 Chaillé-les-Marais ✆ 02 51 56 72 15 - Fax 02 51 56 73 39

## LE CABANON DU PECHEUR

2 chambres de 43 à 56,41 €

**Le lieu** Une maison basse aux volets bleus, typique de l'architecture de l'île.

**Les chambres** Indépendantes au décor inspiré par la mer toute proche.

**Les plus** Un jardin très agréable, un séjour apaisant, un décor soigné.

**Les environs** Fort naturel de la Meule, Côte Rocheuse, Côte Sauvage, château.

**Pour réserver** M. et Mme Groisard
49, rue Saint Hilaire 85350 L'Ile-d'Yeu
✆ 02 51 58 42 30

## LOGIS DU RANQUINET

2 chambres à 46 €

**Le lieu** Dans un grand jardin paysager, un charmant logis vendéen des XVIIe-XVIIIe siècle.

**Les chambres** Personnalisées, sympathique mobilier ancien.

**Les plus** De belles vieilles pierres, des ambiances soignées, jardin agréable.

**Les environs** Fontenay-le-Comte, Marais Poitevin, Niort.

**Pour réserver** M. Reigner
8, impasse de la Fosse aux Loups 85200 L'Orbrie
✆ 02 51 69 29 27

## DEMEURE DU MARILLET

5 chambres de 37 à 74 €

**Le lieu** Une maison de style art déco au centre d'un petit bourg.

**Les chambres** Vastes et sympathiques, avec un équipement fonctionnel.

**Les plus** De nombreuses attentions : petite cuisine à disposition, piscine privée, vélos, billard.

**Les environs** La Roche/Yon, la mer à 35 km.

**Pour réserver** Fagot Laurent - 59, rue des frères Payraudeau 85310 La Chaize le Vicomte
✆ 02 51 40 11 62 - Fax 02 51 40 11 62

## CHATEAU DE LA FLOCELLIERE

6 chambres de 100 à 130 €

**Le lieu** Une ancienne demeure médiévale privée sur un parc de 15 ha.

**Les chambres** Personnalisées, très spacieuses, elles sont confortables et donnent sur le parc.

**Les plus** La table d'hôtes raffinée, les magnifiques salons du château.

**Les environs** Le Puy du Fou, Cholet, Pouzauges, Poitiers.

**Pour réserver** Erika Vignial
30, rue du Chateau 85700 La Flocellière
✆ 02 51 57 22 03 - Fax 02 51 57 75 21

## ROBIN JACKY ET M.-THERESE

4 chambres à 40 €

**Le lieu** Une ferme typiquement vendéenne sur une exploitation agricole.

**Les chambres** Petites et fonctionnelles, avec vue sur la campagne.

**Les plus** Ambiance conviviale, cadre champêtre, sentiers cyclotouristiques tout proches.

**Les environs** Noirmoutier à 70 km, la mer à 10 km, les Sables d'Olonne à 19 km.

**Pour réserver** La Jarrie 85220 Landevieille
✆ 02 51 22 90 92 - Fax 02 51 22 90 92

## FRERE CHANTAL

3 chambres de 32 à 49 €

**Le lieu** Une maison traditionnelle début XXe en pierre apparente au cœur du village.

**Les chambres** Agréables et bien équipées.

**Les plus** Convivialité et tranquillité, promenades en barque à 100 m.

**Les environs** La Rochelle à 45 km, les plages vendéennes, le Marais Poitevin.

**Pour réserver**
12, rue du Port 85420 Le Mazeau
✆ 02 51 52 95 49

## MARCHAIS JOEL

3 chambres de 40 à 50 €

**Le lieu** Une maison de maître du XIXe et son jardin de 2500 m2.

**Les chambres** Décoration contemporaine et fonctionnelle ; toutes équipées de baignoire.

**Les plus** Un cadre tranquille et agréable, un accueil convivial.

**Les environs** Le château de Barbe-bleue à 10 km, le Puy du Fou à 5 km, le Marais Poitevin.

**Pour réserver** 57, rue Monseigneur Masse
85500 Les Herbiers ✆ 02 51 64 95 10

## PERROCHEAU JOSIANE

2 chambres à 41,16 €

**Le lieu** Un petit lofis du XVIe siècle avec poutres apparentes et grandes cheminées.

**Les chambres** Très grandes, meublées en style vendéen, elles donnent sur la campagne.

**Les plus** Les 3000 m2 arborés en bordure de rivière, un immense parc à proximité.

**Les environs** Le Mémorial de Vendée à 100 m, la forêt de Grasla.

**Pour réserver** Le Chef du Pont 85170 Les Lucs sur Boulogne ✆ 02 51 31 22 42 ou 06 83 99 73 81
Fax 02 51 31 22 42

## CHAMBRES D'HOTES LE CENSIF

4 chambres de 32 à 38 €

**Le lieu** Une grande maison en pierre blanche datant du XVIIe située en bordure d'un marais.

**Les chambres** Spacieuses (de 20 à 26m2) meublées à l'ancienne en bois noble de pays.

**Les plus** Un cadre champêtre et agréable, un séjour apaisant.

**Les environs** La Rochelle à 40 km, Ré, Oléron à 60 km ; à 1 km, l'abbaye de Maillezais.

**Pour réserver** M. et Mme Robin Gabriel 85420 Maillezais ✆ 02 51 00 71 50 - Fax 02 51 00 71 50

## CHEZ MME BONNET

5 chambres de 55 à 59 €

**Le lieu** Près de l'abbaye, une maison de maître du XIXe dans un parc aux arbres multi-centenaires.

**Les chambres** Agréablement agencées, certaines avec vue sur le parc.

**Les plus** Un beau mobilier d'époque, du charme et du confort, agréable jardin.

**Les environs** Marais Poitevin, La Rochelle.

**Pour réserver** 69, rue de l'Abbaye 85420 Maillezais ✆ 02 51 87 23 00 - Fax 02 51 00 72 44

## LE LOGIS DE LA CORNELIERE

4 chambres de 96 à 116 €

**Le lieu** Dans un parc, un magnifique logis vendéen des XVIe-XVIIe siècles, classé Monument Historique.

**Les chambres** Très vastes, à l'ambiance raffinée, meubles anciens.

**Les plus** Un cadre magnifique, parfaitement aménagé (piscine, jeux d'enfant…).

**Les environs** Marais Poitevin, Vouvant, abbaye de Nieul-sur-l'Autize, Fontenay-le-Comte.

**Pour réserver** M. et Mme de Larocque Latour 85200 Mervent ✆ 02 51 00 29 25

## LE CHATEAU

6 chambres de 61 à 100 €

**Le lieu** Dans un parc, une maison de caractère des XVIIIe-XIXe siècles.

**Les chambres** Décor de style, beau mobilier, vue sur le parc ou la campagne.

**Les plus** Un beau parc avec des vestiges d'une ancienne abbaye, un décor soigné, table d'hôtes luxueuse, piscine.

**Les environs** Marais Poitevin, La Rochelle.

**Pour réserver** Mme Danièle Renard 85450 Moreilles ✆ 02 51 56 17 56 - Fax 02 51 56 30 30

## ROUX M.-ALICE ET J.-PIERRE

3 chambres de 30 à 36 €

**Le lieu** Une ferme en pleine campagne et son camping à 80 m.

**Les chambres** Tranquilles et agréables.

**Les plus** Un cadre agréable, avec cheminée et poutres apparentes, un plan d'eau, cuisine régionale à la table d'hôtes.

**Les environs** La Rochelle à 60 km, le Marais Poitevin à 50 km, le Puy du Fou.

**Pour réserver** Le Plessis Tesselin 85310 Saint-Florent-des-Bois ✆ 02 51 31 91 12 - Fax 02 51 46 72 22

## CHATEAU DE LA MILLIERE

5 chambres de 80 à 120 €

**Le lieu** Dans un parc de 20 ha aux allées ombragées, un château du XIXe.

**Les chambres** Vastes, avec vue sur le vallon ou la piscine, mobilier d'époque.

**Les plus** Un environnement très agréable, un décor de style luxueux.

**Les environs** Les Sables d'Olonne, château de Talmont, les marais salants.

**Pour réserver** Danielle et Claude Huneault
85150 Saint-Mathurin
✆ 02 51 22 73 29 - Fax 02 51 22 73 29

## LOGIS DE FIEF MIGNOUX

2 chambres à 45,74 €

**Le lieu** Un logis du XVIIe avec son bel escalier classé, ouvert sur de grands jardins.

**Les chambres** Vastes et lumineuses, donnant sur les jardins.

**Les plus** Le calme, la tranquillité, la beauté du cadre.

**Les environs** Le Marais Poitevin à 15 km, la mer à 50 km.

**Pour réserver**
M. et Mme Schnepf 85120 Saint-Maurice-des-Noués
✆ 02 51 00 81 42

## CHATEAU DE LA CACAUDIERE

4 chambres de 74 à 90 €

**Le lieu** Un petit château du XIXe entièrement rénové, entouré d'un beau parc de 2 ha.

**Les chambres** Vastes et soigneusement décorées, elles donnent sur le bocage ou sur le parc.

**Les plus** La salle de billard, la jolie piscine.

**Les environs** Le Puy du Fou, le Marais Poitevin, les plages à 50 km.

**Pour réserver** Mme Montalt
85410 Thouarsais-Bouildroux
✆ 02 51 51 59 27 - Fax 02 51 51 30 61

Epau, abbaye ® CDT Sarthe / B. Larv

# PROVENCE ALPES COTE-D'AZUR

## AU SOLEIL GOURMAND

3 chambres de 38 à 76 €

**Le lieu** Dans un hameau du parc naturel du Verdon, à côté de l'église, une ancienne école de village.

**Les chambres** Calmes et agréables, elles sont confortables et coquettes.

**Les plus** Le charme de la situation, le cadre pleine nature, une belle cuisine provençale.

**Les environs** Lac du Castillon, gorges du Verdon, Castellane.

**Pour réserver** La Baume 04120 Castellane
✆ 04 92 83 70 82 - Fax 04 92 83 70 82

## ASSOCIATION VITAVERDE

2 chambres de 35 à 48 €

**Le lieu** Une maison du XVIIe siècle entourée d'arbres centenaires.

**Les chambres** Plutôt vastes, dans un style sobre et clair très agréable.

**Les plus** Une belle propriété, eau de source, produits bio, champs de lavande.

**Les environs** Montagne de la Lure, Forcalquier, Sisteron.

**Pour réserver** Le Claus 04230 Creuis
✆ 04 92 77 00 89 - Fax 04 92 77 02 33

## ANNIE SAISSI

2 chambres de 42,70 à 59,45 €

**Le lieu** Une maison provençale en pierre de 1720 dans un hameau homogène de maisons de même époque.

**Les chambres** Coquettes et personnalisées, avec meubles anciens et vue panoramique.

**Les plus Les chambres** exposées au sud avec véranda, cadre charmant, cuisine à disposition.

**Les environs** Le village d'Entrevaux, les gorges du Verdon, le parc du Mercantour.

**Pour réserver** Le Plan 04320 Entrevaux
✆ 04 93 05 42 92

## CHATEAU D'ESPARRON

5 chambres de 110 à 200 €

**Le lieu** Une ancienne forteresse remaniée aux XVe et XVIIIe et son donjon du XIIe.

**Les chambres** Mobilier d'origine, cheminées et hauts plafonds leur donnent un cachet luxueux.

**Les plus** Les vieux platanes dans le parc, le jardin de roses sur la terrasse.

**Les environs** Les gorges du Verdon à 20 km, Manosque, Forcalquier, Aix-en-Provence.

**Pour réserver** Comte et Comtesse de Castellane
04800 Esparron-de-Verdon
✆ 04 92 77 12 05 - Fax 04 92 77 13 10

## MAISON D'HOTES DES MEANS

5 chambres de 56 à 85 €

**Le lieu** Une ferme château du XVIe dans un grand jardin en pleine montagne.

**Les chambres** Confortables et personnalisées, elles sont calmes et bien équipées.

**Les plus** Les plats régionaux. Pêche, randonnée, rafting, parapente.

**Les environs** Le lac de Serre-Ponçon à 15 km, le parc du Mercantour à 20 km.

**Pour réserver** Frédéric et Elisabeth Millet
La Fresquière 04340 Meolans-Revel
✆ 04 92 81 03 91 - Fax 04 92 81 03 91

## LE JAS DE LA CAROLINE

3 chambres de 49 à 69 €

**Le lieu** Une ancienne bergerie dans un jardin planté de conifères et d'arbres fruitiers.

**Les chambres** Assez vastes, la plus chère propose même une kitchenette privée.

**Les plus** L'agneau de Sisteron à Pâques ; randonnées à pied ou à vélo.

**Les environs** La vallée du Jabron, le mont Ventoux, le village abandonné du Vieux Noyers.

**Pour réserver** Chênebotte 04200 Noyers sur Jabron
✆ 04 92 62 03 48 - Fax 04 92 62 03 48

## DOMAINE DES RAYES

5 chambres de 49 à 58 €

**Le lieu** Sur un domaine de 50 ha, une ancienne bergerie du XVIIe superbement mise en valeur.

**Les chambres** Personnalisées et charmantes.

**Les plus** Une parfaite sérénité en pleine nature, un cadre charmeur décoré dans le style provençal, rustique et chaleureux. Table d'hôtes.

**Les environs** Sisteron, Forcalquier, vallée de la Durance.

**Pour réserver** M. et Mme Masure
04200 Saint-Geniez ✆ 04 92 61 22 76

## CHANTE L'OISEAU

3 chambres de 43 à 50 €

**Le lieu** Une propriété de caractère au calme dans les collines.

**Les chambres** Spacieuses et bien équipées, charmantes avec leur décoration rustique.

**Les plus** Sorties ornithologiques assurées par le propriétaire.

**Les environs** La montagne de Lure, le Luberon, les gorges du Verdon.

**Pour réserver** Domaine les Clots
Jean-Claude et Nathalie Genin 04300 Sigonce
✆ 04 92 75 24 35 - Fax 04 92 75 24 35

## LA MAISON DE MA COUSINE

5 chambres de 46 à 53 €

**Le lieu** Une maison entourée d'un grand jardin arboré à 150 m du Jabron.

**Les chambres** Personnalisées et confortables, deux d'entre elles disposent même d'un balcon.

**Les plus** La piscine privée ; filet de volley, badminton, pêche, pétanque.

**Les environs** Sisteron, le Luberon, les jolies chapelles des villages environnants.

**Pour réserver** Arnaud Andrée - Le Village
04200 Saint-Vincent-sur-Jabron
✆ 04 92 62 06 94 - Fax 04 42 91 42 48

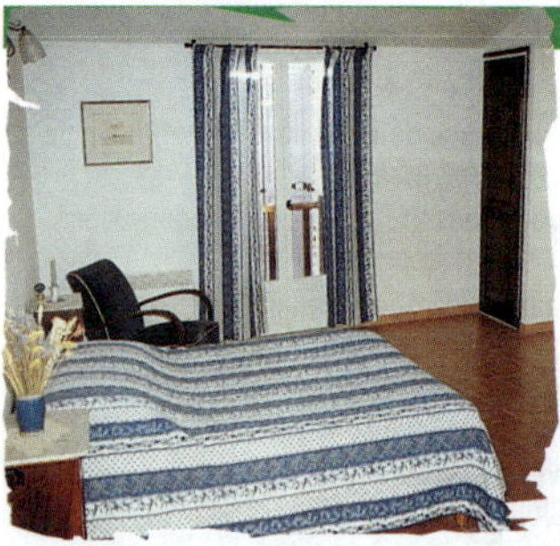

## LA FERME DE VALAURIS

4 chambres à 45,73 €

**Le lieu** Une vieille ferme rénovée, construite au XIXe siècle.

**Les chambres** Vastes, avec un beau décor sobre d'inspiration provençale, toutes avec accès indépendant.

**Les plus** Une propriété de caractère, avec ses pierres apparentes et ses 12 ha de nature.

**Les environs** Sisteron, les Pénitents des Mées, réserve géologique de Digne.

**Pour réserver** Claude et Christian Le Cleach
04200 Vaumeilh ✆ 04 92 62 13 99

## PATRICK ET HELENE LAUZIERE

2 chambres à 49 €

**Le lieu** Une maison bourgeoise du XIXe au cœur du village.

**Les chambres** Joliment décorées, elles offrent une jolie vue sur la montagne.

**Les plus** Ski alpin, ski de fond, raquettes ; local à skis sur place.

**Les environs** Le site de la Demoiselle Coiffée à 8 km, Saint-Véran à 15 km.

**Pour réserver** Villa Serre Poullin 05470 Aiguilles
✆ 04 92 46 76 63 - Fax 04 92 46 87 48

## LA GIRANDOLE MAISON D'HOTES NOEL MORE

5 chambres à 55 €

**Le lieu** Une ancienne ferme queyrassine surplombant le Val d'Azur.

**Les chambres** Au 1er étage de la maison, agréables e chaleureuses.

**Les plus** Une ambiance conviviale, cuisine à disposition, piscine.

**Les environs** La vallée du Queyras, St-Véran, Ville Vieille, le col d'Izoard.

**Pour réserver** Noël Morel - Brunissard 05350 Arvieux
✆ 04 92 46 84 12

## LE CAIRN

4 chambres à 39 €

**Le lieu** Une vieille maison entièrement rénovée dans un hameau calme.

**Les chambres** Mansardées et coquettes avec leur poutres apparentes, elles sont agréables.

**Les plus** Les recettes locales ; alpinisme, tennis, équitation, golf.

**Les environs** Saint-Bonnet, le Parc National des Ecrins, le lac de Serre Ponçon.

**Pour réserver** Gourdou Brigitte - Charbillac
05500 Bennevent-et-Charbillac
✆ 04 92 50 54 87 - Fax 04 92 50 54 87

## LES CHEMINS VERTS

4 chambres de 35 à 61 €

**Le lieu** Au-dessus de la vallée du Drac, une très belle ferme du XVIIIe en pierre.

**Les chambres** Tournées vers la nature, dans la vue comme le décor en bois naturel.

**Les plus** La vue absolument magnifique vers la vallée et les montagnes (terrasse panoramique) et une décoration sobre et agréable.

**Les environs** Saint-Bonnet, le Parc National des Ecrins, le lac de Serre Ponçon.

**Pour réserver** 05500 Buissard
✆ 04 92 50 57 57

## LES OULES

5 chambres de 32,50 à 35 €

**Le lieu** Un chalet situé dans le Parc Naturel Régional du Queyras.

**Les chambres** Coquettes et bien tenues, elles sont très agréables et donnent sur la montagne.

**Les plus** Sur place, ski de fond, randonnées ; les produits de la ferme, lait, lapin, veau, miel.

**Les environs** Une station à 10 km, le fort Vauban.

**Pour réserver** Chantal et François Humbert
Souliers 05350 Château Ville Vieille
✆ 04 92 46 76 39 - Fax 04 92 46 76 39

## LE CHANELOU

4 chambres de 38 à 43 €

**Le lieu** Une ancienne ferme restaurée avec des matériaux traditionnels.

**Les chambres** Un cadre clair et soigné, une chambre avec balcon sur la vallée, deux mansardées à l'étage.

**Les plus** Une belle propriété au-dessus d'un beau petit village, vue superbe, cuisine régionale, piscine avec nage à contre-courant.

**Les environs** Serres et la montagne.

**Pour réserver** La Calade
05700 La Piarre ✆ 04 92 67 08 35

## LA JARBELLE

6 chambres de 40 à 46 €

**Le lieu** Une ancienne ferme à l'architecture typique de la région (pierre, lauzes, mélèzes).

**Les chambres** Agréables, avec balcons.

**Les plus** Un cadre rustique et chaleureux, de belles balades alentours. Table d'hôtes conviviale.

**Les environs** Randonnées dans le parc des Ecrins ou celui du Queyras, lac de Serre-Ponçon, mont Dauphin.

**Pour réserver** Famille Hurault - Les Ribes
05200 Les Orres ✆ 04 92 44 11 33

## LES CARLINES

5 chambres de 44,20 à 49,30 €

**Le lieu** Un chalet confortable aux terrasses fleuries dans un parc arboré.

**Les chambres** Bien équipées et joliment meublées. Les deux de l'étage sont climatisées.

**Les plus** Le plan d'eau et l'aire de pique-nique sur place ; ping-pong, barbecue.

**Les environs** Le Parc National des Ecrins, le lac aménagé à 5 minutes.

**Pour réserver** Louis Velay - Les Vignes
05230 Prunières le Lac ✆ 04 92 50 63 27

## LES CLARINES

2 chambres à 43,44 €

**Le lieu** Au cœur de la verdure, une maison respectueuse du style local.

**Les chambres** Ouvertes sur les montagnes environnantes, décor sobre et rustique.

**Les plus** Beaucoup de calme, visite de la ferme, généreuse table d'hôtes avec les produits du jardin et de la ferme.

**Les environs** Parc des Ecrins.

**Pour réserver** M. et Mme Barban - Entrepierre
05800 Saint-Jacques-en-Valgaudemar
✆ 04 92 55 20 31 - Fax 04 92 55 20 31

## LA BASTIDE DU BOSQUET

3 chambres de 69 à 90 €

**Le lieu** Face à la Synagogue, une bastide des XVIIe-XVIIIe siècles.

**Les chambres** Personnalisées, elles donnent sur un joli jardin et sont meublées avec goût.

**Les plus** Un décor très agréable, sobre et de bon goût les plages à 5 mn à pied.

**Les environs** Iles de Lérins, Nice, Cannes, Grasse, Monaco.

**Pour réserver** M. et Mme Aussel
14, chemin des Sables 06160 Antibes Juan-les-Pins
✆ 04 93 67 32 29 - Fax 04 93 67 32 29

## LA MARJOLAINE

2 chambres à 58 €

**Le lieu** Une grande villa tropézienne typique dans une oliveraie.

**Les chambres** Personnalisées, avec terrasse.

**Les plus** Décor et équipement soigné : meubles anciens, salle de bain en marbre, TV, piscine. Table d'hôte d'inspiration régionale.

**Les environs** Nice, Menton et la côte, l'arrière-pays et le parc du Mercantour.

**Pour réserver** M. et Mme Teisseire
1692, route de Nice 06690 Aspremont
✆ 04 93 08 02 66

## CHAMBRES D'HOTES LES LYS

3 chambres à 45 €

**Le lieu** Sur une colline, un bel ensemble provençal.

**Les chambres** Meublées d'ancien, dans une maison indépendante, jolie vue sur la montagne.

**Les plus** Vue magnifique sur les montagnes et les arbres alentours.

**Les environs** Parc du Mercantour, les villages provençaux ou la Côte d'Azur.

**Pour réserver** 288, chemin de Meingarde
06390 Berre les Alpes
✆ 04 93 91 81 09 - Fax 04 92 12 13 41

## LE COTEAU DE MALBOSC

2 chambres de 70 à 74 €

**Le lieu** Une maison contemporaine de style provençal avec vue sur la baie de la Napoule.

**Les chambres** Meublées de façon rustique, elles sont spacieuses et cossues.

**Les plus** La piscine sur place, les terrasses privatives.

**Les environs** Les gorges du Loup, Gourdon, Saint-Paul de Vence, Causses, Antibes.

**Pour réserver** M. et Mme Malbrel
210, av Saint-Exupéry 06130 Grasse
✆ 04 93 36 41 31 - Fax 04 93 36 41 31

## MAS DES CIGALES

5 chambres à 77 €

**Le lieu** Une maison de type mas provençal.

**Les chambres** Vastes et de plain pied, décorées dans des teintes provençales avec des meubles peints à la main.

**Les plus** Belle situation dans un village pittoresque, piscine.

**Les environs** Saint-Paul de Vence, gorges du Loup, Nice.

**Pour réserver** 1673, route des Quenières
Camassade 06140 Tourrettes-sur-Loup
✆ 04 93 59 25 73 - Fax 04 93 59 25 78

## LA BASTIDE AUX OLIVIERS

4 chambres de 100 à 175€

**Le lieu** Une superbe bastide en pierre de pays.

**Les chambres** Beau décor provençal, 2 avec terrasse, une dans la tour ronde.

**Les plus** Une propriété magnifique avec piscine, tennis et vue sur la vallée du Loup.

**Les environs** Saint-Paul de Vence, Tourrettes-sur-Loup.

**Pour réserver** Laurence et Claude Ollivier
1260, chemin de la Sine 06140 Vence
✆ 04 93 24 20 33 - Fax 04 93 58 55 78

## LES QUATRE-VENTS

3 chambres de 84 à 90€

**Le lieu** Une maison provençale au pied des collines sur une propriété de 140 ha.

**Les chambres** Tons clairs et doux, poutres apparentes et mobilier rustique, terrasse privée.

**Les plus** Les beaux matériaux pour une atmosphère chaleureuse, piscine et tennis.

**Les environs** Calanques de Cassis, Aubagne, Aix-en-Provence, Marseille.

**Pour réserver** M. et Mme Arlès - Favery
Route de Lascours 13400 Aubagne
✆ 04 42 03 76 35 - Fax 04 42 18 98 58

## LE BALCON DES ALPILLES

5 chambres de 76,22 à 121,96€

**Le lieu** Au milieu des champs d'oliviers, une belle maison de caractère dans un jardin fleuri.

**Les chambres** Personnalisées, décorées dans un style provençal traditionnel, très agréables.

**Les plus** Une étape charmante pour la détente, piscine décor soigné.

**Les environs** Saint-Rémy, Les Baux, Avignon, Aix-en-Provence, la Camargue, le Luberon.

**Pour réserver** M. et Mme Gatti - Le Grand Verger
13930 Aureille ✆ 04 90 59 94 24 - Fax 04 90 59 94 24

## L'OULIVETO

3 chambres de 49 à 57€

**Le lieu** Une vieille maison provençale.

**Les chambres** Un beau décor provençal, teintes douces et beau mobilier ancien.

**Les plus** Un jardin avec piscine, un cadre typique et soigné, une belle situation.

**Les environs** Abbaye de Frigolet, les Baux de Provence, Saint-Rémy, Avignon.

**Pour réserver** Route de l'Abbaye de Frigolet 13150 Boulbon ✆ 04 90 43 90 40 - Fax 04 90 43 90 40

PROVENCE ALPES COTE-D'AZUR

## JACQUELINE SARRAZIN

3 chambres de 53 à 58 €

**Le lieu** Une belle et sobre maison dans un grand jardin.

**Les chambres** Accès indépendant, décor sobre et beau mobilier de style.

**Les plus** Un cadre soigné et chaleureux, une belle situation.

**Les environs** Saint-Rémy de Provence, Avignon.

**Pour réserver** 1001, chemin du Mas de Raton
13160 Châteaurenard
✆ 04 90 94 00 33 - Fax 04 90 94 00 33

## LA DEMEURE

2 chambres de 83,35 à €

**Le lieu** Une belle demeure XVIIIe au cœur du village.

**Les chambres** De l'espace et beaucoup de charme avec un décor soigné et chaleureux.

**Les plus** Le repos sous les cyprès du jardin clos de vieux murs, le cadre.

**Les environs** Les Alpilles, la Montagnette, les Baux de Provence.

**Pour réserver** Michelle et Christophe Angers
2, rue du Fosse Meyrol 13430 Eyguières
✆ 04 90 57 85 15 - Fax 04 90 57 85 15

## MAS DE COUPIER

3 chambres de 65 à 76 €

**Le lieu** Un mas provençal au pied des collines.

**Les chambres** Personnalisées, sobres et rustiques (poutres apparentes, vieux meubles), avec une belle vue sur le massif de la Beaume.

**Les plus** Le parc superbe avec ses arbres et ses fleurs, un cadre soigné.

**Les environs** Forêt et abbaye de Saint-Pons, calanques de Cassis, collines de Pagnol.

**Pour réserver** Chemin de Coupier 13420 Géménos
✆ 04 42 32 29 28 - Fax 04 42 32 29 86

## L'ESPELIDO

4 chambres de 50 à 54 €

**Le lieu** Une maison provençale à l'ancienne.

**Les chambres** Personnalisées dans des tons provençaux, avec un beau soin du détail.

**Les plus** Une étape tranquille au fond d'un beau jardin, un cadre soigné.

**Les environs** Les Baux de Provence, Saint-Rémy de Provence, Arles, Fontvieille.

**Pour réserver** Mireille Joly
Roue des Tours de Castillon 13520 Le Paradou
✆ 04 90 54 38 55 - Fax 04 90 54 38 55

## MAZET DU MARECHAL FERRAND

3 chambres à 50,30€

**Le lieu** Un mazet typiquement camarguais entre marais et roseaux.

**Les chambres** Rustiques et confortables, elles sont régulièrement améliorées.

**Les plus** Le cadre superbe, le charme des lieux.

**Les environs** Le parc ornithologique à 900 m, la mer à 3 km, équitation à 200 m.

**Pour réserver** Serre Andre Babeth
Route du Bac - D 85 13460 Les Saintes Maries de la Mer ✆ 04 90 97 84 60 - Fax 04 90 97 84 60

## LA CHARDONNERAIE

4 chambres à 60€

**Le lieu** Une maison de 1750, ancien mas de village bien restauré.

**Les chambres** Confortables et agréables, de 14 à 20 m2.

**Les plus** Une atmosphère agréable, le jardin, la piscine, une situation enviable.

**Les environs** Les Baux-de-Provence, Saint-Rémy, les Alpilles, Avignon, Arles.

**Pour réserver** Mme Reynaud
60, rue Notre Dame 13910 Maillane
✆ 04 90 95 80 12

## L'ACAMPADOU

1 chambre à 50€

**Le lieu** Une maison récente à l'architecture de type provençale.

**Les chambres** Une chambre avec son salon attenant, installés à l'étage pour profiter d'une belle vue sur les collines.

**Les plus** Une atmosphère tranquille et conviviale, une belle situation.

**Les environs** Calanques, la Sainte-Baume.

**Pour réserver** Anne-Marie et Pascal Ulivi
Les Nouvelles 13830 Roquefort-la-Bedoule
✆ 04 42 73 13 17 - Fax 04 42 73 13 17

## LA QUINTA DES BAMBOUS

2 chambres de 70 à 80€

**Le lieu** Une maison contemporaine inspirée de l'architecture asiatique.

**Les chambres** Avec vue sur le patio ou sur le jardin, décor de style asiatique sobre et élégant.

**Les plus** Une touche originale et agréable, vaste domaine boisé, jardin de rochers et bambous, piscine.

**Les environs** Aix-en-Provence, Sainte-Victoire.

**Pour réserver** M. et Mme Berthier
Chemin des Ribas 13100 St-Marc Jaumegarde
✆ 04 42 24 91 62 - Fax 04 42 24 91 62

## MAS DOM PATER

5 chambres de 91 à 114 €

**Le lieu** Un charmant vieux mas du XVIIe siècle.

**Les chambres** Personnalisées, tons sobres et chaleureux.

**Les plus** La tranquillité du parc, les nombreux détails soignés, copieux petits-déjeuners.

**Les environs** Les Baux de Provence, le Pont du Gard, Isle-sur-Sorgues.

**Pour réserver** Monique Bruno. Chemin du Prud'homme 13210 Saint-Rémy-de-Provence
✆ 04 90 92 01 39 - Fax 04 90 92 09 33

## MAS SHAMROCK

5 chambres de 85 à 115 €

**Le lieu** Dans un parc, un mas XVIIIe en pierre.

**Les chambres** Au décor provençal, ouvertes sur le parc et parées de poutres et de tissus clairs.

**Les plus** Un décor raffiné, avec de beaux meubles, maison de caractère, piano, piscine.

**Les environs** Saint-Rémy, Les Baux, Arles, Nîmes, pont du Gard, Fonvielle.

**Pour réserver** M. et Mme Walsh. Chemin de Velleron et du Prud'Homme 13210 Saint Rémy-de-Provence
✆ 04 90 92 55 79 - Fax 04 90 92 55 80

## MAS DE LA RABASSIERE

5 chambres à 115 €

**Le lieu** Un mas assez récent de forme traditionnelle sur un terrain planté d'oliviers.

**Les chambres** Soigneusement décorées, elles sont très confortables et cossues.

**Les plus** Tennis, natation, piscine ; cours de cuisine provençale.

**Les environs** Arles, Aix-en-Provence, les Baux, Avignon, Marseille.

**Pour réserver** Michael Frost
Route de Cornillon 13250 Saint-Chamas
✆ 04 90 50 70 40 - Fax 04 90 50 70 40

## MAS DE CASTELLAN

4 chambres à 77 €

**Le lieu** Un mas du XVIIIe avec un grand jardin.

**Les chambres** Exposées au sud, elles sont confortables et meublées d'ancien.

**Les plus** Le jardin d'hiver, la piscine privée.

**Les environs** St-Rémy de Provence à 9 km, les Baux de Provence à 12 km ; location de vélos à 2 km, équitation à 4 km.

**Pour réserver** M. René Pinet
Ancien chemin de Saint Rémy 13670 Verquières
✆ 04 90 95 08 22 - Fax 04 90 95 44 23

## DOMAINE DE CHANTERAINE

6 chambres de 50 à 85 €

**Le lieu** Un manoir du XVIIe situé en pleine campagne, avec vue sur le lac de Sainte-Croix.

**Les chambres** Agréables et meublées à l'ancienne.

**Les plus** Un cadre très agréable, dans l'architecture (une entrée du XIVe siècle) comme dans la vue.

**Les environs** Le lac de Sainte-Croix, les gorges du Verdon, Moustiers Sainte-Marie.

**Pour réserver** Mordelet 83630 Aiguines
✆ 04 94 70 21 01 - Fax 04 94 70 21 01

## LA BASTIDE COLLOMBE

3 chambres à 50,76 €

**Le lieu** Une belle bastide restaurée datant du XVIIe, entourée de vignes.

**Les chambres** Décor soigné et bon confort.

**Les plus** Un agréable caractère ancien et un peu hors du temps.

**Les environs** Aix-en-Provence à 46 km, la Provence Verte et ses villages typiques.

**Pour réserver** M. et Mme Domont 83119 Brue Auriac
✆ 04 94 80 91 60 - Fax 04 94 80 93 15

## DOMINIQUE FOEX

4 chambres à 50 €

**Le lieu** Une bâtisse simple et moderne sur un terrain de 5000 m2.

**Les chambres** Vastes et confortables, avec une décoration personnalisée.

**Les plus** La piscine sur place, le charme de la situation.

**Les environs** Les gorges du Verdon à 30 km, les villages perchés à 10 km, la mer à 25 km.

**Pour réserver** Les Clèdes
Route de Grasse - D 562 83830 Callas
✆ 04 94 47 86 71 - Fax 04 94 47 86 71

## L'AUMONERIE

4 chambres de 45 à 92 €

**Le lieu** Une maison ancienne dans un cadre exceptionnel face à la mer.

**Les chambres** Coquettes avec meubles anciens ou mobilier en rotin.

**Les plus** La plage toute proche, le cadre charmant.

**Les environs** Les îles d'Hyères à 5 km, Saint-Tropez à 60 km, le Haut-Var à 60 km.

**Pour réserver** M. et Mme Menard
620, av de Fond-Brun 83320 Carqueiranne
✆ 04 94 58 53 56

## GITE DU BOURRU

5 chambres de 53 à 68 €

**Le lieu** Un mas provençal dans une propriété viticole de 16 ha.

**Les chambres** Vastes, très bien équipées avec une très belle vue.

**Les plus** Le caractère ancien et authentique des lieux, le calme.

**Les environs** Saint-Tropez, Grimaud, le massif des Maures.

**Pour réserver** Jean-Pierre Senequier
Campagne Canadelle 83310 Cogolin
✆ 04 94 54 62 21 - Fax 04 94 54 62 21

## LA ROUGEONNE

4 chambres de 69 à 84 €

**Le lieu** Une bastide provençale du XIVe siècle sur un domaine de 80 ha.

**Les chambres** Vastes, beau mobilier ancien et décor soigné, toutes avec entrée indépendante.

**Les plus** Nombreuses activités (billard, piscine), jardin paysager, les produits de la ferme à la table d'hôtes.

**Les environs** Gorges du Verdon, le Luberon, massif de la Sainte-Beaume.

**Pour réserver** 83560 Ginasservis
✆ 04 94 80 11 31

## LA CYPRIADO

3 chambres à 58 €

**Le lieu** Une vieille ferme du XIXe siècle au milieu du vignoble de Bandol.

**Les chambres** Vastes et agréables, mobilier ancien et teintes harmonieuses.

**Les plus** Un cadre raffiné, au milieu des oliviers, des pins et des vignes.

**Les environs** Bandol, nombreux villages médiévaux.

**Pour réserver** 605, chemin de Fontanieu
83740 La Cadière-d'Azur
✆ 04 94 98 64 32 - Fax 04 94 98 64 32

## LA LEZARDIERE

3 chambres de 61 à 69 €

**Le lieu** Une maison de style italien du XIXe dans un jardin planté de palmiers.

**Les chambres** Confortables, accès indépendant pour les deux du rez-de-chaussée, balcon et vue sur la mer pour celle de l'étage.

**Les plus** Charme, tranquillité et confort à deux pas de la mer.

**Les environs** Le Castellet à 12 km, les îles de Hyères, Marseille à 45 km.

**Pour réserver** Jouan Norma - Allée des Tamaris
83500 La Seyne-sur-Mer ✆ 04 94 30 08 89

## LE VALLON

5 chambres à 68 €

**Le lieu** Une maison provençale basse avec jardin méditerranéen de 5000 m2 et piscine.

**Les chambres** Confortables et dotées de meubles anciens, avec portes-fenêtres donnant sur une terrasse.

**Les plus** Le calme et les activités à proximité.

**Les environs** Bandol à 8 km, les Iles du levant à 25 km, les villages pittoresques.

**Pour réserver** M. et Mme Guibert de Bruet - 1253 chemin de la Baro Nuecho 83330 Le Beausset
✆ 04 94 98 62 97

## LA HAUTE VERRERIE

3 chambres à 48 €

**Le lieu** Une ancienne verrerie de 1839 typiquement provençale.

**Les chambres** Ravissantes, dans un style provençale.

**Les plus** Le parc avec chevaux, la piscine entourée de lauriers, le charme des lieux.

**Les environs** Saint-Tropez à 35 km, Roquebrune à 30 km.

**Pour réserver** Route de Saint-Tropez
Bernard Brun 83340 Le Cannet-des-Maures
✆ 04 94 47 95 51

## BASTIDE DES MOURES

3 chambres à 91,47 €

**Le lieu** Une bastide XVIIIe en pierres du pays.

**Les chambres** Vastes (plus de 30 m2) et personnalisées, dans des tons chaleureux.

**Les plus** Chaleur des vieux matériaux, propriété de 14 ha, piscine.

**Les environs** Abbaye du Thoronet, château d'Entrecosteaux, gorges du Verdon.

**Pour réserver** Lieu-dit les Moures
83340 Le Thoronet
✆ 04 94 60 13 36 - Fax 04 94 60 13 36

## LEI SOUCO

6 chambres de 76 à 95 €

**Le lieu** Au milieu de 10 ha de vignes et de senteurs envoûtantes, un beau mas provençal.

**Les chambres** Spacieuses et bien équipées (TV, téléphone, etc), avec poutres apparentes, certaines avec terrasse.

**Les plus** Le cadre superbe, un décor provençal soigné Tennis.

**Les environs** Saint-Tropez, la côte, les Maures.

**Pour réserver** Plaine de Camarat 83350 Ramatuelle
✆ 04 94 79 80 22 - Fax 04 94 79 88 27

## VASKEN

6 chambres de 60,98 à 76,22 €

**Le lieu** Une bergerie dans 2 ha de pinède.

**Les chambres** Chaleureuses et confortables, toutes avec terrasse privée.

**Les plus** La superbe piscine sur place, les croissants maison (le patron est un pâtissier à la retraite) au petit-déjeuner.

**Les environs** Saint-Raphaël à 19 km, Sainte-Maxime à 20 km.

**Pour réserver** M. et Mme Kuerdjian
Les Cavalières 83520 Roquebrune-sur-Argens
© 04 94 45 76 16 - Fax 04 94 45 71 47

## DOMAINE DE GARRADE

5 chambres à 70 €

**Le lieu** Une bastide provençale sur les bases d'une ancienne bergerie.

**Les chambres** 4 avec terrasse privée, confortables et parfaitement calmes, redécorées l'an passé.

**Les plus** Un domaine de 16 ha de bois et de plantes aromatiques, un calme parfait, piscine.

**Les environs** Saint-Maximin, Aix-en-Provence.

**Pour réserver** Route de Bras
Chemin de Garade 83470 Saint Maximin
© 04 94 59 84 32 - Fax 04 94 59 83 47

## SAINT-AMOUR

3 chambres de 64 à 69 €

**Le lieu** Une authentique bastide du XVIIIe dans un parc de 2 ha.

**Les chambres** Chaleureuses et charmantes.

**Les plus** Le lac privé, la cascade ; la piscine à débordement.

**Les environs** La mer à moins de 50 km (Cannes, St-Tropez, Ste-Maxime) ; les gorges du Verdon à 40 km.

**Pour réserver** 986, route de la Motte
Marie-Camille Wahl 83720 Trans en Provence
© 04 94 70 88 92 - Fax 04 94 70 88 92

## LE CLOS DE LA COUSIN

3 chambres de 43 à 47 €

**Le lieu** En pleine campagne, un vieux mas typique recouvert de vigne vierge.

**Les chambres** Vue sur la campagne ou le Ventoux. Accès indépendant, personnalisées.

**Les plus** Un îlot de verdure très agréable, une maison au style typique. Table d'hôtes locale.

**Les environs** Fontaine-de-Vaucluse, Isle-sur-la-Sorgue, Avignon, dentelles de Montmirail.

**Pour réserver** Alain Bonton
426, chemin de Toutblanc 84210 Althen des Paluds
© 04 90 62 13 88 - Fax 04 90 62 13 88

## LE MAS DU GRAND LUBERON

5 chambres de 55 à 60 €

**Le lieu** Un ancien mas entièrement rénové avec une piscine au milieu d'un terrain de 5000 m2.

**Les chambres** Confortables et personnalisées, avec accès indépendant.

**Les plus** La vue sur le Luberon ; la cuisine provençale à la table d'hôtes.

**Les environs** Le château d'Ansouis, le château Lourmarin, les villages pittoresques.

**Pour réserver** La Parine -Jacqueline Cordier 84240 Ansouis © 04 90 09 97 92 - Fax 04 90 62 13 88

## LES ARBOUSIERS SAINT-PIERRE

2 chambres de 48,20 à 70 €

**Le lieu** Un mas provençal en pierre sur un ha de collines arborées.

**Les chambres** Chaleureuses et accueillantes.

**Les plus** La jolie piscine sur place ; promenade à pied dans le village troglodyte de Borry.

**Les environs** Les gorges de l'Ardèche à 20 km, les promenades à cheval, le golf.

**Pour réserver** Jean et Nadine Delarque 84500 Bollène © 04 90 40 49 61

## LE CLOS DES SAUMANES

4 chambres de 75 à 110 €

**Le lieu** Une bastide du XVIIIe siècle au sommet des coteaux d'Avignon.

**Les chambres** Personnalisées, décoration plutôt moderne, tons d'inspiration provençale.

**Les plus** Des extérieurs soignés (plusieurs jardins), de belles salles de bain, piscine.

**Les environs** Avignon, Isle-sur-la-Sorgue, le Luberon.

**Pour réserver** 519, chemin de la Garrigues 84470 Châteauneuf-de-Gadagne © 04 90 22 30 86 - Fax 04 90 22 30 68

## LA MUSCARDINE

2 chambres de 63 à 66 €

**Le lieu** Une belle maison vigneronne en pierre au cœur du village.

**Les chambres** Vastes et décorées dans un style chaleureux, vue sur le jardin.

**Les plus** Un grand jardin ombragé, belle salle à manger avec cheminée provençale.

**Les environs** Le vignoble, le Luberon, Vaison-la-Romaine, St-Rémy et les Baux de Provence.

**Pour réserver** 3, rue du Puits Neuf 84230 Châteauneuf-du-Pape © 04 90 83 53 86 - Fax 04 90 83 53 86

## LA RESPELIDO

2 chambres de 45 à 55 €

**Le lieu** Au cœur du village médiéval (site classé), un ancien moulin à huile.

**Les chambres** Cadre de caractère, avec mobilier ancien.

**Les plus** Un site magnifique, la maison et ses alentours, une superbe vue panoramique.

**Les environs** Vaison-la-Romaine, les dentelles de Montmirail, le mont Ventoux, les Baronnies.

**Pour réserver** M. et Mme Veit
Rue du Calvaire 84110 Crestet
✆ 04 90 36 03 10 - Fax 04 90 36 03 10

## AU RALENTI DU LIERRE

5 chambres de 60 à 100 €

**Le lieu** Une belle maison de village du XVIIIe, évidemment recouverte de lierre.

**Les chambres** Personnalisées, ambiance brocante et matériaux apparents, vue sur le massif du Luberon ou terrasse sur le jardin.

**Les plus** Jardin en restanque avec piscine, un décor vraiment adorable.

**Les environs** Gordes, Roussillon, Isle-sur-la-Sorgue et tout le Luberon.

**Pour réserver** Les Beaumettes 84220 Gordes
✆ 04 90 72 39 22 - Fax 04 90 72 43 12

## IVERNENCO

6 chambres de 68 à 80 €

**Le lieu** Une belle et vaste maison bourgeoise construite en 1810.

**Les chambres** Vastes (plus de 25 m2) et chaleureuses, avec tommettes, meubles provençaux et vue sur la campagne.

**Les plus** Une belle propriété, avec son parc (lavande, arbres fruitiers).

**Les environs** Grignan, Valréas, Montélimar.

**Pour réserver** Route de Colonzelle 84600 Grillon
✆ 04 90 35 01 16 - Fax 04 90 35 01 16

## MAS DU CLOS DE L'ESCARRAT

4 chambres de 54 à 84 €

**Le lieu** Un mas provençal du XVIIe dans un jardin fleuri et ombragé.

**Les chambres** Vastes (plutôt des studios que des chambres), belle vue, décor provençal.

**Les plus** Un cadre chaleureux, jardin ombragé, piscine avec nage à contre-courant.

**Les environs** Dentelles de Montmirail, mont Ventoux, Orange, Avignon.

**Pour réserver** M. et Mme Charles Barail
Route de Carpentras 84150 Jonquières
✆ 04 90 70 39 19 - Fax 04 90 70 39 19

## LA PASTORALE

4 chambres à 60 €

**Le lieu** Une maison en pierre début XIXe.

**Les chambres** Très vastes (plus de 25 m2), bien équipées, avec de beaux fauteuils anciens.

**Les plus** Jardin et terrasse pour la détente, cuisine à disposition.

**Les environs** Fontaine-de-Vaucluse, Gordes, Avignon, Saint-Rémy-de-Provence.

**Pour réserver** Les Gandiolles 84800 Lagnes
✆ 04 90 20 25 18 - Fax 04 90 20 21 86

## LA CARRAIRE

5 chambres de 55 à 70 €

**Le lieu** Une maison familiale au milieu d'un domaine viticole.

**Les chambres** Tranquilles et chaleureuses.

**Les plus** Le petit-déjeuner sous le tilleul, la piscine, ambiance conviviale.

**Les environs** Au cœur du parc régional du Luberon; aux environs, les villages, Aix-en-Provence, Avignon.

**Pour réserver** Michel Cuxac
Chemin de la Carraire 84360 Lauris
✆ 04 90 08 36 89 - Fax 04 90 08 40 83

## LA MAISON DES SOURCES

4 chambres de 71 à 73 €

**Le lieu** Au calme sur un terrain de 3 ha, un beau mas en pierre sur restanques.

**Les chambres** Spacieuses et très bien aménagées, vue sur la vallée de la Durance.

**Les plus** Un paysage superbe, un décor d'un goût exquis, une maison magnifique.

**Les environs** Le Ventoux, Aix-en-Provence, Avignon, les Alpilles, la Camargue.

**Pour réserver** Mme Collart
Chemin des Fraisses 84360 Lauris
✆ 04 90 08 22 19 - Fax 04 90 08 22 19

## DOMAINE DE LA LOMBARDE

4 chambres de 60 à 64 €

**Le lieu** Un mas de caractère en pierre, construit au XVIIe siècle.

**Les chambres** Vastes et confortablement équipées, avec terrasse privée.

**Les plus** 10 ha boisé autour de la maison, sur un site classé, équipements pratiques, piscine.

**Les environs** Le Luberon, le Colorado provençal.

**Pour réserver** M. et Mme Lèbre - BP 32 84160 Lourmarin ✆ 04 90 08 40 60 - Fax 04 90 08 40 64

## L'AGAPEE

6 chambres de 65 à 87 €

**Le lieu** Une belle maison ancienne, entièrement rénovée.

**Les chambres** Personnalisées avec goût, belle vue sur les alentours, vastes lits.

**Les plus** Décor soigné, avec les peintures des propriétaires, jardin avec piscine et tennis.

**Les environs** Carpentras, Isle-sur-Sorgue, Avignon, le Luberon, le mont Ventoux.

**Pour réserver** 910, chemin du Moulin 84380 Mazan
✆ 04 90 69 65 49 - Fax 04 90 69 89 08

## LA GRANGE DE JUSALEM

4 chambres de 54 à 61 €

**Le lieu** Une maison provençale du XVIIIe siècle.

**Les chambres** Sobres et très agréables, avec des teintes douces.

**Les plus** Le calme de la situation au milieu des vignes, piscine, tonnelle.

**Les environs** Carpentras, gorges de la Nesque, Fontaine-Vaucluse.

**Pour réserver** Mme du Lac - Rte de Malemort
84380 Mazan ✆ 04 90 69 83 18
Fax 04 90 69 63 53

## LA MAGNANERIE

6 chambres de 70 à 80 €

**Le lieu** Un mas du XVIIIe siècle entièrement rénové en 1998 au cœur d'une propriété de 4 hectares avec vignes, oliviers et garrigue.

**Les chambres** Vastes, confortables et meublées à l'ancienne, vue sur la campagne.

**Les plus** Des prestations raffinées, un cadre superbe ; cuisine élégante.

**Les environs** Nombreux villages classés : Ménerbes même, Lacoste, Bonnieux, Gordes.

**Pour réserver** Le Roucas 84560 Ménerbes
✆ 04 90 72 42 88 - Fax 04 90 72 39 42

## LE MOULIN PICCA

5 chambres de 38 à 44 €

**Le lieu** Un ancien moulin et sa piscine privée au milieu des champs de lavande.

**Les chambres** Sympathiques et décorées à l'ancienne ; vue sur la campagne.

**Les plus** Le grand jardin et son allée de marronniers.

**Les environs** Le Mont Ventoux à 20 km, les gorges de la Nesque à 2 km.

**Pour réserver**
M. et Mme Picca 84390 Monieux
✆ 04 90 64 04 64

## LES HAUTS DE VERONCLE

4 chambres de 46 à 48 €

**Le lieu** Grande maison tout en pierre de la région surplombant les gorges de Véroncle.

**Les chambres** Confortables et agréablement décorées.

**Les plus** La vue, la tonnelle avec glycine ; cuisine généreuse et méditerranéenne.

**Les environs** Les gorges de Véroncle, Gordes à 7 km, falaise d'Ocre de Roussillon à 6 km.

**Pour réserver** Prisca et Didier Del Corso 84220 Murs
✆ 04 90 72 60 91 - Fax 04 90 72 62 07

## DOMAINE DE LA PETITE CHEYLUDE

4 chambres de 60 à 65 €

**Le lieu** Une belle grande ferme du XVIIe siècle.

**Les chambres** Vastes (plus de 20 m2), sobres et chaleureuses, dans les couleurs comme le mobilier.

**Les plus** Un très beau site, avec une propriété de caractère et 2 ha de jardin.

**Les environs** Le mont Ventoux, Isle-sur-la-Sorgue, Dentelles de Montmirail, Avignon.

**Pour réserver** Hak Jan - 518, route de la Gasqui
84210 Pernes-Les-Fontaines
✆ 04 90 61 37 24 - Fax 04 90 61 67 00

## LA NESQUIERE

4 chambres de 51 à 61 €

**Le lieu** Un mas du XVIIIe décoré avec goût.

**Les chambres** Spacieuses et personnalisées, équipées de télévisions et de petits réfrigérateurs ; une avec coin cuisine.

**Les plus** L'espace, le calme, le silence ; cuisine régionale et vin maison à la table d'hôtes.

**Les environs** Avignon, le Luberon, le mont Ventoux, les villages et les antiquaires.

**Pour réserver** 5419, route d'Althen - Isabelle De Maintenant 84210 Pernes-Les-Fontaines
✆ 04 90 62 00 16 - Fax 04 90 62 02 10

## SAINT-BARTHELEMY

5 chambres à 52 €

**Le lieu** Une maison du XVIIe restaurée avec goût dans un joli parc ombragé.

**Les chambres** Spacieuses et plutôt coquettes avec leur décoration en style provençal.

**Les plus** Le parc avec piscine et tennis et une agréable cascade.

**Les environs** Les villages du Luberon, Avignon, L'Isle-sur-la-Sorgue, Orange.

**Pour réserver** Mme Mangeard - Chemin de la Roque
84210 Pernes-les-Fontaines
✆ 04 90 66 47 79 - Fax 04 90 66 47 79

## LA FORGE

4 chambres à 87 €

**Le lieu** Dans un site protégé, des bâtiments classés du XIXe siècle.

**Les chambres** Vastes et chaleureuses, personnalisées.

**Les plus** Un site superbe, dans son architecture comme son environnement.

**Les environs** Le Colorado Provençal, le Luberon.

**Pour réserver** D. Ceccaldi et C. Berger
Notre-Dame-des-Anges 84400 Rustrel
✆ 04 90 04 92 22 - Fax 04 90 04 95 22

## LA CALADE

4 chambres de 60 à 70 €

**Le lieu** Dans le village, une belle maison typique noyée sous la verdure.

**Les chambres** Décorées avec goût avec notamment de beaux meubles anciens.

**Les plus** Un cadre soigné, un agréable patio fleuri et une vue magnifique depuis la terrasse.

**Les environs** Vaison-la-Romaine, le mont Ventoux, les dentelles de Montmirail, Orange.

**Pour réserver** M. Haggai et M. Terrisse
Rue Calade 84110 Saint-Romain-en-Viennois
✆ 04 90 46 51 79 - Fax 04 90 46 51 82

## LE MAS DES GRANDES ROQUES

5 chambres de 70 à 82 €

**Le lieu** Dans un parc de 3 ha entouré par le vignoble de Vacqueyras, un mas du XVIIIe.

**Les chambres** Confortables et personnalisées.

**Les plus** Une cadre agréable et détendant, avec piscine ; cuisine provençale.

**Les environs** Le Mont Ventoux, Carpentras, Orange, Avignon, Vaison-la-Romaine.

**Pour réserver** Sébastien Lejeune
Quai des Roques - Route de Vacqueyras 84260
Sarrians ✆ 04 90 12 39 42 - Fax 04 90 12 39 56

## SAINT-JEAN

3 chambres de 76 à 90 €

**Le lieu** Dans un parc arboré, une belle grande maison aux volets bleus.

**Les chambres** Des ambiances personnalisées, teintes douces et mobilier ancien.

**Les plus** Un aménagement confortable et de bon goût, parc avec bassin, piscine et chapelle.

**Les environs** Vaison-la-Romaine, mont Ventoux, Dentelles de Montmirail.

**Pour réserver** Chemin Montvert l'Esclade 84110
Séguret ✆ 04 90 46 91 76 - Fax 04 90 46 83 88

## L'EVECHE

4 chambres de 66 à 73 €

**Le lieu** Au cœur de la cité médiévale, une maison du XVIIe décorée de meubles anciens, ancien évêché.

**Les chambres** Personnalisées, récemment redécorées de vieux meubles et de bibelots.

**Les plus** Un cadre décoré avec goût et recherche.

**Les environs** Orange, Avignon.

**Pour réserver** Rue de l'Evêché
84110 Vaison-la-Romaine
✆ 04 90 36 13 46 - Fax 04 90 36 32 43

## LA MAISON AUX VOLETS BLEUS

5 chambres de 72 à 125 €

**Le lieu** Une très belle maison du XVIIe au cœur du village, face au mont Ventoux.

**Les chambres** Vastes et personnalisées, vue panoramique sur des paysages magnifiques.

**Les plus** Une adorable cour, un chaleureux décor provençal et meubles d'époque.

**Les environs** Carpentras, Gordes, le Luberon, Isle-sur-la-Sorgue, Avignon.

**Pour réserver** Martine et Jérôme Maret 84210 Vénasque ✆ 04 90 66 03 04 - Fax 04 90 66 16 14

## LE CAMP LONG

5 chambres de 42 à 51 €

**Le lieu** Un mas rénové avec pergola et terrasse au cœur des collines.

**Les chambres** Coquettes et bien équipées, avec un beau mobilier rustique.

**Les plus** La piscine dans un cadre superbe (jardin ombragé), le coin cuisine à disposition.

**Les environs** Gordes, les marchés de Provence, l'Isle-sur-la-Sorgue.

**Pour réserver** Régis et Marie-France Borel 84210 Vénasque ✆ 04 90 66 03 56 - Fax 04 90 60 60 34

# RHONE-ALPES

Lac Léman
HAUTE-SAVOIE
Bourg-en-Bresse
AIN
Roanne
LOIRE
Lyon
RHÔNE
Annecy
Aix-les-Bains
Albertville
Chambéry
Vienne
Saint-Etienne
ISÈRE
SAVOIE
Grenoble
Valence
Privas
DRÔME
ARDÈCHE
Montélimar
50 km

## FERME DES GRANDS HAUTAINS

4 chambres de 31 à 37 €

**Le lieu** Une ferme en activité tout près des hauts sommets alpins.

**Les chambres** Récemment rénovées, elles dispensent un confort rustique et soigné.

**Les plus** Salon de lecture, pétanque, VTT, randonnées ; visite de l'exploitation.

**Les environs** Le Lac du Bourget à 20 km, les grottes de la Balme, Belley à 3 km.

**Pour réserver** Le petit Brens - Veyron Noël et Monique 01300 Belley ✆ 04 79 81 90 95 - Fax 04 79 81 90 95

## LE PRESSOIR

2 chambres de 34 à 61 €

**Le lieu** Une maison datant de 1772 dans un jardin clos de 800 m2.

**Les chambres** Chacune avec entrée indépendante, elles sont spacieuses et possèdent une kitchenette.

**Les plus** Baignade, promenade, vélo, équitation, parapente.

**Les environs** Le Lac du Bourget à 15 km, Chambéry et Annecy à 35 km.

**Pour réserver** Avrissieu - Bosso Jacques 01350 Ceyzerieu ✆ 04 79 87 92 56

## SALMON ALAIN ET SOLANGE

5 chambres à 44,50 €

**Le lieu** Une belle maison de caractère sur la route des Etangs.

**Les chambres** Bien équipées, rénovées et meublées à l'ancienne, elles sont toutes personnalisées et portent des noms de fleurs.

**Les plus** Le jardin sur l'arrière.

**Les environs** La route des vins, le parc ornithologique de Villers-les-Dombes.

**Pour réserver** 150, Place du Champ de Foire 01400 Châtillon-sur-Chalaronne ✆ 04 74 55 06 86 - Fax 04 74 55 42 56

## M. ET MME DEBENEY-TRUCHON

6 chambres de 28 à 46 €

**Le lieu** Dans un petit village, sur une exploitation agricole en activité, une sympathique maison noyée sous la verdure.

**Les chambres** Elles sont aménagées dans un ancien grenier et une grange, avec vue sur le jardin ou une petite place.

**Les plus** Une atmosphère conviviale, un agréable jardin. Coin cuisine à disposition.

**Les environs** Pérouges, la Dombes, la Bresse.

**Pour réserver** L'Hôpital 01150 Chazey-sur-Ain ✆ 04 74 61 95 87 - Fax 04 74 61 95 87

## FERME EQUESTRE DE MALAFRETAZ

6 chambres de 31 à 42 €

**Le lieu** Dans une cour ombragée, une ferme bressane typique.

**Les chambres** Meublées d'ancien, elles sont bien équipées et confortables. Deux d'entre elles partagent leurs sanitaires.

**Les plus** Un cadre convivial et sympathique, les loisirs de la ferme équestre, table d'hôtes autour des produits maison.

**Les environs** Eglise de Brou, Bourg-en-Bresse.

**Pour réserver** 01340 Malafretaz
✆ 04 74 30 81 19 - Fax 04 74 30 81 19

## AUBERGE FLEURIE

3 chambres à 36 €

**Le lieu** Une maison récente dans un petit village de montagne à 850 m d'altitude.

**Les chambres** Deux d'entre elles ont accès à une terrasse avec salon de jardin. Bon confort.

**Les plus** Ski de fond, tennis, sentiers de randonnée ; la route du Bugey. Restaurant sur place.

**Les environs** Le lac d'Ambléon à 12 km, Chambéry et Aix-les-Bains à 50 km.

**Pour réserver** Laracine René et Michèle
01510 Ordonnaz ✆ 04 74 40 90 20

## CHATEAU DE MARMONT

2 chambres à 79 €

**Le lieu** Un manoir du milieu du XIXe, plein de romantisme.

**Les chambres** Meublées d'ancien, très vastes (35 m2), jouissant d'un calme absolu, elles sont d'un confort sans concession.

**Les plus** Le grand parc de 5 hectares aux arbres centenaires.

**Les environs** Brou et son église.

**Pour réserver** Geneviève et Henri Guido-Alhéritière
01960 St-André-sur-Vieux-Jonc ✆ 04 74 52 79 74

## LE JEU DU MAIL

4 chambres de 47 à 58 €

**Le lieu** Une ancienne magnanerie du XIXe dans un jardin arboré.

**Les chambres** Bien équipées et meublées avec goût, elles sont lumineuses et offrent une jolie vue.

**Les plus** La piscine privée ; visite du site archéologique et médiéval.

**Les environs** Les gorges de l'Ardèche à 35 km.

**Pour réserver** Arlaud Maurice et M.-Françoise
07400 Alba La Romaine
✆ 04 75 52 41 59 - Fax 04 75 52 41 59

## LE CHATEAU DE BESSAS

4 chambres de 46 à 78 €

**Le lieu** La partie rénovée d'un château du Moyen Age ceinte d'un mur abritant cours intérieures et terrasses.

**Les chambres** Toutes décorées dans un joli style provençal, elles sont très agréables.

**Les plus** La piscine avec hydromassage et solarium, la bibliothèque régionale.

**Les environs** Les gorges de l'Ardèche.

**Pour réserver** Bonnefin Brigitte - Thoulouze Claude
07150 Bessas
✆ 04 75 38 64 34 - Fax 04 75 38 60 90

## L'ENSOLLEIADE

5 chambres de 39 à 46 €

**Le lieu** Une bâtisse récente au cœur des vergers et des vignes.

**Les chambres** Spacieuses et claires, elles sont décorées avec soin.

**Les plus** Sur place, piscine et escalade ; barbecue, ping-pong.

**Les environs** Villages pittoresques, les Gorges de l'Ardèche, les Vans à 10 km.

**Pour réserver** Negre Jean 07460 Casteljau
✆ 04 75 39 01 14 - Fax 04 75 39 01 14

## LE CHATEAU

5 chambres à 46 €

**Le lieu** En pleine nature au-dessus des gorges d'un torrent, un moulinage en pierre.

**Les chambres** 5 chambres spacieuses avec vue sur les Cévennes Ardéchoises, meubles en châtaignier.

**Les plus** Une nature superbe, un agréable cadre rustique. Cuisine équipée.

**Les environs** Antraigues, Aubenas.

**Pour réserver** Bernadette et Jean-Michel François
07600 La Bastide sur Besorgues
✆ 04 75 88 23 67 - Fax 04 75 88 23 67

## CHATEAU DE LIVIERS

5 chambres de 50 à 55 €

**Le lieu** Un château et son parc de 14 hectares classés aux Monuments Historiques.

**Les chambres** Vastes, de 20 à 30 m2, personnalisées, elles donnent sur le Ventoux, les terrasses ardéchoises ou sur les Monts Ardéchois.

**Les plus** Le charme indéniable des lieux.

**Les environs** Les 7 hectares de bois du domaine, les Monts Ardéchois.

**Pour réserver** 07000 Lyas
✆ 04 75 64 64 00 - Fax 04 75 64 38 00

## LE CHASTAGNIER

4 chambres à 42,69 €

**Le lieu** Sur 5 ha de lande, forêt, ruisseau, étang, une maison en granit du XVIIe.

**Les chambres** Très confortables, meublées dans le style de la région.

**Les plus** Pêche ; élevage de moutons, jardin potager, le gibier en saison.

**Les environs** Le Pont d'Arc à 30 km, le Mont-Gerbier de Jonc à 50 km, le Mont Lozère à 50 km.

**Pour réserver** Francis Chazalon
07140 Montselgues ✆ 04 75 36 97 00

## CHAMBRES D'HOTES DU COL DU MARCHAND

4 chambres à 39 €

**Le lieu** Une ferme ardéchoise en granit, accrochée à la montagne.

**Les chambres** Confortables et calmes, on y profite d'une belle vue sur les sommets.

**Les plus** Sur place, élevage de chevaux de pure race espagnole. Au menu, spécialités ardéchoises et alsaciennes.

**Les environs** Le Mont Gerbier de Jonc.

**Pour réserver** Le Petit Marchand - Jacques Andry et Régine Rimmele 07410 Pailhares
✆ 04 75 06 06 80 - Fax 04 75 06 13 46

## LA CROIX DU SERRE

1 chambre de 35 à 63 €

**Le lieu** En retrait du village sur le GR 42, une maison provençale aux larges baies vitrées.

**Les chambres** Une suite avec accès indépendant, au décor simple et chaleureux.

**Les plus** Belle vue sur la chaîne du Vivarais, un espace confortable et pratique (coin cuisine, salon), piscine.

**Les environs** Vallée du Doux, Tournon.

**Pour réserver** M. Gaubert-Amy 07300 Plats
✆ 04 75 07 65 76 - Fax 04 75 07 65 76

## CHEZ MARCELLE GOETZ

4 chambres de 45 à 56 €

**Le lieu** A flanc de colline, une authentique maison ardéchoise en grès du XVIIe.

**Les chambres** Aménagées dans l'ancienne bergerie, elles sont dotées de meubles anciens et donnent sur les collines.

**Les plus** Un charme rustique, une vue agréable, une cuisine familiale.

**Les environs** Montagne ardéchoise, gorges de l'Ardèche, Privas, vallée de l'Eyrieux.

**Pour réserver** 07000 Pourchères
✆ 04 75 66 81 99 - Fax 04 75 66 81 99

## LA CAMPANE

2 chambres de 46 à 68 €

**Le lieu** Au cœur d'un beau village médiéval, une ancienne chapelle (elle en a conservé son clocher) en pierre du XVIe.

**Les chambres** En fait une suite de deux chambres avec terrasse donnant sur les sommets.

**Les plus** Un cadre superbe et chaleureux.

**Les environs** Montélimar, le Teil, le Pays du Coiron, les gorges de l'Ardèche.

**Pour réserver** Mme Bellanger - Rue de la Violle 07400 Rochemaure ✆ 04 75 49 00 06

## LE MOULINAGE CHABRIOL

6 chambres à 57 €

**Le lieu** Un ancien moulin de soie du XVIIIe au bord d'une rivière.

**Les chambres** Vraiment charmantes avec leurs pierres apparentes, leurs plafonds voûtés et leurs meubles anciens, elles donnent en outre sur la rivière.

**Les plus** Le petit parc fleuri de 1,5 ha, l'aménagement et la déco de la maison.

**Les environs** Le Mont Gerbier de Jonc.

**Pour réserver** Chabriol Bas 07190 St-Pierreville ✆ 04 75 66 62 08 - Fax 04 75 66 65 99

## LA MARTINADE

4 chambres à 42,70 €

**Le lieu** Sur une propriété de 27 ha, une ancienne ferme rénovée, maison de famille depuis plus de 100 ans.

**Les chambres** Certaines disposent d'une terrasse et toutes sont très agréables à vivre.

**Les plus** La chaleur des vieilles pierres, le parfum de la lavande, une ambiance conviviale. Table d'hôtes.

**Les environs** Vallon-Pont d'Arc.

**Pour réserver** Mme Mialon 07700 Saint-Remèze ✆ 04 75 98 89 42 - Fax 04 75 04 36 30

## GITE DU BEC

3 chambres à 40 €

**Le lieu** Une maison ancienne de caractère dans un jardin de rocaille où se mêlent plantes vivaces et roches granitiques.

**Les chambres** Leur décoration rustique respire l'authenticité et l'apaisement.

**Les plus** Nombreux sentiers de randonnée, le Belvédère du Pic et son sentier à thèmes.

**Les environs** Le pont romain sur le Duzon, le train du Vivarais à Tournon.

**Pour réserver** M. Léveillé - Le Bec 07130 Saint-Romain-de-Lerps ✆ 04 75 58 50 10

## CHAMBRES D'HOTES LA CHASTANHA

6 chambres de 45,50 à 75,25 €

**Le lieu** Un solide bâtiment en pierres apparentes sur trois niveaux.

**Les chambres** De taille moyenne, chaleureuses avec leurs poutres apparentes et leurs murs cirés à l'ancienne, elles sont décorées en fonction de leur nom (orientale, occitane...).

**Les plus** Le jardin ombragé et le verger.

**Les environs** Le parc régional du Pilat.

**Pour réserver** Christophe Collinet - Le Village
07290 Saint-Symphorien-de-Mahun
✆ 04 75 34 90 08 - Fax 04 75 34 90 08

## LES MURIERS

4 chambres de 39 à 50 €

**Le lieu** Une maison en pierre du pays et son jardin ombragé.

**Les chambres** Personnalisées et joliment décorées, elles sont lumineuses et agréables.

**Les plus** Le petit-déjeuner pris l'été sur la terrasse à l'ombre du mûrier ; randonnées.

**Les environs** Les gorges de l'Ardèche à 25 km, le Pont du Gard à 50 km, les Cévennes, Nîmes.

**Pour réserver** Dumas Christian et Elisabeth
Pierregras 07460 St-André-de-Cruzière
✆ 04 75 39 02 02 - Fax 04 75 39 02 02

## LA DESIRADE

6 chambres de 31 à 43 €

**Le lieu** Une maison bourgeoise du XIXe sur un parc d'1 ha planté de vignes en appellation Saint-Joseph.

**Les chambres** Décorées de meubles d'époque, elles donnent sur le vignoble.

**Les plus** Ping-pong, tennis, randonnée ; civet de lapin, canard au romarin au menu.

**Les environs** Le train vapeur à Tournon, le Palais Idéal du Facteur Cheval à 30 km.

**Pour réserver** M. et Mme Meunier
07340 St-Désirat ✆ 04 75 34 21 88

## ROISELAND

5 chambres à 49 €

**Le lieu** Une maison de maître en centre-ville avec jardin et piscine privée.

**Les chambres** Confortables et décorées avec originalité, elles sont également calmes.

**Les plus** Non-fumeurs. Exposition de gravures contemporaines et coquines.

**Les environs** Les châteaux et villages médiévaux de 2 à 30 km.

**Pour réserver** Roland Esposito
10, rue Boissy d'Anglas 07240 Vernoux-en-Vivarais
✆ 04 75 58 19 32

## MAS DE FOUNERY

4 chambres de 46 à 60€

**Le lieu** Au bout d'un petit chemin, un beau mas provençal en pierre du XVIIe siècle.

**Les chambres** Spacieuses et bien équipées, elles sont décorées de meubles de brocante.

**Les plus** Une maison superbe, un décor sobre qui met en avant le matériau. Piscine.

**Les environs** Site naturel de Vallon-Pont-d'Arc, nombreux villages pittoresques.

**Pour réserver** M. et Mme Hennico. Route de St-Andéol de Berg 07170 Villeneuve-de-Berg
✆ 04 75 94 83 73

## L'EYGALIERE

3 chambres à 55€

**Le lieu** Une ferme restaurée avec goût sur 2300 m2 de jardin arboré et fleuri.

**Les chambres** Meublées à l'ancienne avec vue sur un grand patio, elles sont en outre très calmes.

**Les plus** Piscine privée, vélos à disposition.

**Les environs** Le Vercors à 8 km, le musée de la Chaussure à Romans.

**Pour réserver** Eric Benedic et Nathalie Lochard Quartier Coussaud 26300 Alixan
✆ 04 75 47 11 13 - Fax 04 75 47 13 35

## MAISON FORTE DE CLERIVAUX

4 chambres à 52€

**Le lieu** Une maison forte du XIIIe au fond d'un vallon préservé.

**Les chambres** Les chambres, agréables, sont groupées autour d'une cour centrale vraiment typique.

**Les plus** Les promenades, la ferme équestre.

**Les environs** Romans à 9 km, le Vercors à 25 km, le Palais Idéal du Facteur Cheval à 24 km.

**Pour réserver** M. et Mme Josquin
26750 Châtillon-St-Jean
✆ 04 75 45 32 53 - Fax 04 75 71 45 43

## FAMILLE CHAIX

6 chambres à 40€

**Le lieu** Une ancienne ferme aux vastes bâtiments entourée d'un parc ombragé.

**Les chambres** Simples et coquettes, elles sont calmes et donnent sur un vaste pré.

**Les plus** Fruits et légumes du jardin au menu ; découverte de la Drôme, promenades à pied ou à vélo.

**Les environs** Le Vercors, les musées.

**Pour réserver** La Mare - Route de Montmeyran D 111b 26800 Etoile sur Rhône
✆ 04 75 59 33 79 - Fax 04 75 59 33 79

## LES BAUMES DE TERSANNE

7 chambres à 44 €

**Le lieu** 40 ha de bois et de prairies entourent cette ferme du début XIXe construite en galets.

**Les chambres** Toutes indépendantes, elles sont très bien aménagées et coquettes.

**Les plus** 2 piscines sur place, location de VTT, randonnées accompagnées en quad, volley, ping-pong.

**Les environs** Le Palais Idéal du Facteur Cheval à 3 km, Romans à 25 km.

**Pour réserver** Tersanne 26390 Hauterives
✆ 04 75 68 90 56 - Fax 04 75 68 90 56

## DOMAINE SAINT-LUC

6 chambres de 67,08 à 99,09 €

**Le lieu** Une jolie ferme du XVIIIe au milieu des chênes, des vignes et des genêts.

**Les chambres** Assez spacieuses et joliment décorées dans le style provençal. Les plus chères sont deux vastes studios de grand confort.

**Les plus** Le superbe jardin naturel, la piscine, la généreuse table d'hôtes.

**Les environs** Le Mont Ventoux.

**Pour réserver** 26790 La Baume-de-Transit
✆ 04 75 98 11 51 - Fax 04 75 98 19 22

## GITE DU VAL DES NYMPHES

4 chambres à 43 €

**Le lieu** Une maison du XVIIe siècle sur une exploitation agricole de 30 hectares.

**Les chambres** De taille modeste mais bien pensées et décorées avec goût, elles donnent sur les vergers et les collines.

**Les plus** La grande piscine, les belles spécialités de la table d'hôtes.

**Les environs** La ferme aux Crocodiles.

**Pour réserver** Andruejol Isabelle et Christian - Domaine de Magne 26700 La Garde-Adhémar
✆ 04 75 04 44 54

## MAS DE PANTAI

3 chambres à 77 €

**Le lieu** Un domaine de 5 ha aux chênes tricentenaires, un authentique mas provençal du XVIe siècle.

**Les chambres** Au décor provençal et meublées d'ancien, elles sont chaleureuses et confortables.

**Les plus** Beaucoup de charme, vue superbe sur le mont Ventoux et les dentelles de Montmirail.

**Les environs** Grignan, la Garde Adhémar.

**Pour réserver** Sergio Chiorino 26230 Réauville
✆ 04 75 98 51 10 - Fax 04 75 98 58 59

## LES VOLETS BLEUS

5 chambres de 50 à 75 €

**Le lieu** En pleine nature entre bois et prairie, une ancienne ferme en pierre, reconnaissable bien sûr à ses volets bleus.

**Les chambres** Lumineuses, avec un décor soigné autour de meubles d'époque, elles sont confortables et chaleureuses.

**Les plus** Le calme, l'air pur, la vue sur la campagne et les Pré-Alpes, le charme.

**Les environs** Montélimar, Dieulefit.

**Pour réserver** Pilar et Carlo Fortunato 26460 Truinas
✆ 04 75 53 38 48 - Fax 04 75 53 49 02

## FERME DE RUTHIERES

4 chambres à 40 €

**Le lieu** Dans un hameau typique, une belle construction typique de la région.

**Les chambres** Spacieuses, au décor chaleureux.

**Les plus** Une vue superbe, depuis les chambres ou le jardin, un cadre très agréable, une magnifique salle voûtée.

**Les environs** Parc naturel du Vercors.

**Pour réserver**
Hameau de Ruthières 38930 Chichilianne
✆ 04 76 34 45 98 - Fax 04 76 34 45 98

## LE PRESSOIR

1 chambre à 42 €

**Le lieu** Tranquillement installée dans la campagne dauphinoise, une maison typique en pierres apparentes.

**Les chambres** Avec entrée indépendante, pierres apparentes.

**Les plus** Un site tranquille et agréable, une maison bien aménagée. Table d'hôtes.

**Les environs** Grottes de la Balme, Crémieu.

**Pour réserver** Bénédicte et Olivier Vanverdeghem - Tirieu 38510 Courtenay ✆ 04 74 80 85 78

## LA CHICHOLIERE

5 chambres à 43 €

**Le lieu** Au cœur du vieux village, une ferme en pierre rénovée dans un terrain clos.

**Les chambres** Confortables et soignées, avec vue imprenable sur la chaîne du Vercors.

**Les plus** Un cadre sympathique, restaurant sur place.

**Les environs** Le Mont Aiguille à 3 km, le point culminant du Vercors à 1 km.

**Pour réserver** Mouttet Janick et Gérard
L'Eglise 38650 Gresse-en-Vercors
✆ 04 76 34 33 70 - Fax 04 76 34 33 70

## LA SOURIS VERTE

1 chambre à 46 €

**Le lieu** Une maison de campagne entièrement rénovée à la lisière d'une forêt.

**Les chambres** Sympathiques et agréables, avec vue sur la montagne.

**Les plus** Un cadre tranquille et agréable, une belle terrasse.

**Les environs** La Grande Chartreuse ; le musée d'art sacré contemporain à 12 km.

**Pour réserver** Caracache Nadine et Roger
Le Gouillat 38700 Le Sappey en Chartreuse
✆ 04 76 88 84 91 - Fax 04 76 88 84 91

## LA BRUYERE

6 chambres de 68,50 à 84 €

**Le lieu** Une grande ferme dauphinoise, joliment recouverte de lierre.

**Les chambres** Sobres et claires avec leur décor pastel, télévision, grands lits, vue sur le parc ou la campagne.

**Les plus** Un parc pour le calme, piscine avec nage à contre-courant.

**Les environs** Lac de Paladru, parc Walibi, route de Saint-Jacques de Compostelle.

**Pour réserver** 34, rue Perron 38490 Les Abrets
✆ 04 76 32 01 66 - Fax 04 76 32 06 66

## LE SAINT-HILAIRE

5 chambres de 35 à 58 €

**Le lieu** Une maison en pierre à côté de l'épicerie-bar des propriétaires.

**Les chambres** Tranquilles, ouvertes sur le jardin et la piscine, une avec terrasse.

**Les plus** Une ambiance conviviale, la piscine.

**Les environs** Crémieu, Pérouges, Lyon.

**Pour réserver**
Coupard Andrée et Maurice - Village
38460 Saint-Hilaire-de-Brens
✆ 04 74 92 81 75 - Fax 04 74 92 81 91

## L'ABRI

2 chambres à 41 €

**Le lieu** Un chalet au calme de la campagne.

**Les chambres** Vastes et bien équipées, calmes.

**Les plus** Tranquille terrasse pour se reposer, cuisine régionale à la table d'hôtes.

**Les environs** Eglise Saint-Hugues, musée d'Art Contemporain, monastère de la Grande Chartreuse, Grenoble.

**Pour réserver**
Baffert Michel - Les Egaux 38380 Saint-Pierre-de-Chartreuse ✆ 04 76 88 60 86 - Fax 04 76 88 69 22

## AU BOUT DU CHEMIN

3 chambres à 41 €

**Le lieu** Une ancienne ferme en pierre sur un terrain de 7000 m2 dominant la vallée.

**Les chambres** Personnalisées et parfaitement calmes.

**Les plus** Un cadre agréable au bord de la forêt, pour les amoureux de la nature.

**Les environs** Château de Vizille à 10 km, le petit train de la Mure à 15 km.

**Pour réserver** Cotte Fournier 38220 Séchilienne
✆ 04 76 72 15 06 - Fax 04 76 72 15 06

## LE CHAMP DE PIN

5 chambres de 42 à 62 €

**Le lieu** Un chalet montagnard dans un vaste jardin arboré.

**Les chambres** Plutôt rustiques et chaleureuses.

**Les plus** Cuisine régionale au restaurant sur place, cadre charmant avec ses boiseries et ses couleurs chatoyantes.

**Les environs** Le chalet est à la lisière du Parc Naturel des Ecrins.

**Pour réserver** Amevet Christiane - La Bérarde
38520 St-Christophe-en-Oisans
✆ 04 76 79 54 09 - Fax 04 76 79 54 09

## PETRAUD CHANTAL

1 chambre à 100 € (2 nuits minimum)

**Le lieu** Une maison moderne, construite dans un style provençale, sur 4400 m2 paysagers.

**Les chambres** Un studio indépendant donnant sur la piscine.

**Les plus** Equipement pratique et confortable : réfrigérateur, télévision, mezzanine, piscine.

**Les environs** L'abbaye Saint-Antoine à 15 km, le musée de la Chaussure à Romans, le fromage à St-Marcellin.

**Pour réserver** La Noiseraie - La Baudière
38840 St-Lattier ✆ 04 76 64 32 07

## LE VAL SAINTE-MARIE

3 chambres à 46 €

**Le lieu** Tranquille au bout de son chemin privé, une construction typique du Vercors, en pierre et toit de lauzes, vieille de plus de deux siècles.

**Les chambres** Du caractère, avec poutres apparentes et décor romantique.

**Les plus** Beaucoup de calme, beau jardin fleuri aux beaux jours, cadre typique et agréable.

**Les environs** Grenoble, le Vercors.

**Pour réserver** Le Bois Barbu 38250 Villard de Lans
✆ 04 76 95 92 80 - Fax 04 76 95 92 80

## GITE DE CHATELUS

4 chambres de 31 à 40€

**Le lieu** Une ancienne ferme des Monts du Lyonnais sur un terrain de 2000 m2.

**Les chambres** Confortables, dans une ambiance campagnarde.

**Les plus** Auberge de campagne pour une cuisine traditionnelle et généreuse, cadre typique de la région.

**Les environs** Le Parc Naturel du Pilat à 30 km.

**Pour réserver** La Prébende 42140 Chatelus
✆ 04 77 20 76 12 - Fax 04 77 20 76 12

## A LA FERME DES RIVIERES

3 chambres à 30,50€

**Le lieu** Un bâtiment spacieux et confortable.

**Les chambres** Confortables, vue sur la campagne ; une avec balcon.

**Les plus** Ambiance conviviale, produits maison ou de la région à la table d'hôtes.

**Les environs** Les gorges de la Loire à 15 km, tous les châteaux.

**Pour réserver** Palais Bernard et Simone
42110 Oivens ✆ 04 77 26 11 93

## L'ECUSSON

4 chambres à 48,79€

**Le lieu** Une maison de caractère dans un village médiéval.

**Les chambres** Personnalisées, joli décor à l'ancienne, vue sur l'église fortifiée du village ou la plaine du Forez.

**Les plus** Une situation agréable dans un village charmant, cuisine forézienne avec les légumes du jardin.

**Les environs** Château de la Bastide d'Urfé.

**Pour réserver** Le Bourg 42560 Marols
✆ 04 77 76 70 38 - Fax 04 77 32 64 40

## PLATELIN

2 chambres à 52€

**Le lieu** Une ancienne ferme rénovée.

**Les chambres** Décor sympathique et clair, vue sur le jardin et la montagne.

**Les plus** Grand jardin avec piscine, beaucoup de calme.

**Les environs** Le vignoble de la Côte Roannaise, nombreux villages médiévaux, la montagne.

**Pour réserver**
M. et Mme De Bats 42370 Renaison
✆ 04 77 64 29 12 - Fax 04 77 62 14 79

## JANINE ET PIERRE MARCOUX

2 chambres de 30,50 à 33,55 €

**Le lieu** Dans une ferme à l'écart du village, dans une maison ancienne indépendante.

**Les chambres** Style rustique et chaleureux, agréables à vivre.

**Les plus** De l'espace, un décor réussi, beaucoup de calme, table d'hôtes avec les produits de la ferme.

**Les environs** Montbrison, château de Sail.

**Pour réserver** La Chaize
42940 Saint Bonnet le Courreau
✆ 04 77 76 81 05

## CHEZ JACOTTE ET ELIA

4 chambres à 56 €

**Le lieu** Une ancienne ferme fortifiée et sa cour intérieure pavée.

**Les chambres** Agréables et personnalisées.

**Les plus** Ambiance champêtre, beau cadre historique, tennis privé, jacuzzi.

**Les environs** Saint-Etienne, Montbrison, thermes à Montrond-les-Bains.

**Pour réserver** Mme Catteau et Mme Vernay - Le Plat
42330 Saint-Galmier ✆ 04 77 54 08 27 / 06 10 19 83 99 - Fax 04 77 54 18 94

## FERME-AUBERGE LE MAZET

12 chambres de 36 à 39 €

**Le lieu** Une magnifique ferme-auberge de style forézien, en pleine nature.

**Les chambres** Sobres et bien tenues.

**Les plus** Une étape tranquille et agréable, les bons produits de la ferme, au petit déjeuner, à la table d'hôtes ou à ramener.

**Les environs** Montbrison, parc de la Droséra.

**Pour réserver**
M. et Mme Decombe 42990 St-Georges en Couzan
✆ 04 77 24 80 95 - Fax 04 77 24 80 95

## LA RIVOIRE

5 chambres à 46 €

**Le lieu** Face aux collines de l'Ardèche, une maison médiévale remaniée au XVIe siècle, aménagée récemment en chambres d'hôtes.

**Les chambres** Orientées au sud et ouvertes sur la vallée.

**Les plus** Le charme des vieilles pierres et des tons chauds, le panorama superbe.

**Les environs** Parc naturel du Pilat, Annonay.

**Pour réserver** M. et Mme Thiollière 42220 St-Julien-Molin-Molette ✆ 04 77 39 65 44 - Fax 04 77 39 67 86

## GITES DE LA FERRIERE

5 chambres à 40 €

**Le lieu** Une maison de village du XVIIIe, ancienne dépendance du château.

**Les chambres** Ambiance douce et chaleureuse, avec des couleurs pastel, des aquarelles et un beau mobilier régional.

**Les plus** Vue sur les monts du Forez, ambiance conviviale, cuisine forézienne.

**Les environs** Saint-Galmier.

**Pour réserver** Gouillon Jean et Michèle
Place de l'Eglise 42330 Saint-Médard-en-Forez
© 04 77 94 04 44 - Fax 04 77 94 13 49

## LUCETTE ET RENE CLAIR

3 chambres à 36 €

**Le lieu** Une maison moderne, respectueuse du style régional, sur une exploitation agricole.

**Les chambres** Personnalisées, ouvertes sur la campagne.

**Les plus** Un parc arboré, beaucoup de calme, un bon rapport qualité-prix.

**Les environs** Village médiéval de Pommiers, château de Bastié d'Urfe.

**Pour réserver** Saint-Sulpice 42110 Sainte-Foy-Saint-Sulpice © 04 77 27 81 08

## LA MARCHE

1 chambre à 53,50 €

**Le lieu** Une grande maison fin XVIIIe couverte de lierre.

**Les chambres** Au calme, donnant sur l'arrière de la maison, une suite pour 4 à l'étage.

**Les plus** Le charme des maisons anciennes, parc arboré avec piscine.

**Les environs** Roanne, gorges de la Loire, cascade de la Pisserotte.

**Pour réserver** Pinoncely Jacqueline et Marc
Caqueret 42370 St-Haon-le-Vieux © 04 77 64 42 95

## L'ECHAUGUETTE

4 chambres de 50 à 60 €

**Le lieu** Dans la zone piétonne, une maison construite dans les remparts du château.

**Les chambres** Toutes indépendants, vastes (plus de 30 m2) et très claires, décor sobre et moderne.

**Les plus** Vue superbe, sur le donjon ou sur le lac de Villerest, que domine le balcon-terrasse.

**Les environs** Côte Roannaise, Roanne.

**Pour réserver** Didier et Michèle Alex
Rue Guy de la Mure 42155 St-Jean-St-Maurice
© 04 77 63 15 89

## IL FUT UN TEMPS...

5 chambres de 42 à 57 €

**Le lieu** Maison traditionnelle en pierre de taille entièrement restaurée.

**Les chambres** Douces et agréables, aux noms tirés de contes de fée.

**Les plus** Le cadre traditionnel avec le bois omniprésent. Très belle vue sur la nature et les Monts du Forez.

**Les environs** Château d'Urfé, Notre-Dame de l'Hermitage, découverte du Roannais.

**Pour réserver** Hauck Anne-Marie - Les Gouttes 42430 St-Marcel-d'Urfé ✆ 04 77 62 52 19

## SUZANNE ET JEAN DELOIRE

3 chambres à 35,06 €

**Le lieu** Une maison confortable dans un environnement fleuri.

**Les chambres** Spacieuses et récemment rénovées, avec vue sur l'étang.

**Les plus** Visite de la ferme, pêche dans l'étang, un cadre tranquille et campagnard ; les produits de la ferme à la table d'hôtes.

**Les environs** Le vignoble de la Côte roannaise, le château de la Roche, lac de Villerest.

**Pour réserver** Ferme de Montissut 42590 Vendrangues ✆ 04 77 64 90 96

## CAMILLE ET MARCELLE RIVAL

2 chambres à 39 €

**Le lieu** Sur une exploitation en activité (agriculture biologique), un corps de ferme typique du XVIIIe, en pierre du pays.

**Les chambres** Dans un bâtiment indépendant, simples et conviviales.

**Les plus** De beaux bâtiments, porches et blasons, un petit musée paysan, un cadre rustique et chaleureux, coin cuisine.

**Les environs** Parc Livradois-Forez.

**Pour réserver** Le Soleillant 42600 Verrières-en-Forez ✆ 04 77 76 22 73

## LAPRUN PHILIPPE ET MARIE

2 chambres à 35 €

**Le lieu** Une maison simple au cœur du vignoble et son petit jardin avec jeux pour enfants.

**Les chambres** Tranquilles et confortables.

**Les plus** Sentiers VTT et pédestres au départ de la maison ; conseils de l'œnologue de la maison, la terrasse récemment aménagée.

**Les environs** Beaujeu à 15 km, circuits viticoles.

**Pour réserver**
Chantemerle en Morne 69430 Beaujeu
✆ 04 74 04 89 26

## DOMAINE DE SAINT-ENNEMOND

3 chambres à 45 €

**Le lieu** Une ancienne demeure beaujolaise au cœur des vignes.

**Les chambres** Spacieuses et ouvertes sur le vignoble, mobilier plutôt rustique.

**Les plus** Une situation tranquille, la découverte des vins du domaine.

**Les environs** Le vignoble, château de Pizay.

**Pour réserver** Christian et Marie Bereziat - St-Ennemond 69220 Cercié-en-Beaujolais
✆ 04 74 69 67 17 - Fax 04 74 69 67 29

## DOMAINE DE LA GROSSE PIERRE

5 chambres à 50 €

**Le lieu** Sur un domaine viticole au milieu des vignes, un peu à l'écart du village, une maison typique de la région.

**Les chambres** Agréables, au beau mobilier, avec vue sur les vigne ou la piscine.

**Les plus** Cadre apaisant et très agréable, piscine, visite des caves du domaine.

**Les environs** Tout le vignoble du Beaujolais.

**Pour réserver** M. et Mme Passot 69115 Chiroubles
✆ 04 74 69 12 17 - Fax 04 74 69 13 52

## JULIETTE FONT

2 chambres à 43 €

**Le lieu** Une demeure simple et traditionnelle sur un coteau dominant le Rhône.

**Les chambres** Spacieuses et confortables.

**Les plus** La vue magnifique sur le Rhône ; accueil chaleureux.

**Les environs** Promenades dans le Parc du Pilat, visite des sites archéologiques de Vienne, le village médiéval de Malleval.

**Pour réserver** Côte Chatillon 69420 Condrieu
✆ 04 78 87 88 27

## LES GODILLOTS

2 chambres de 30 à 40 €

**Le lieu** Sur une propriété de 1 ha, deux maisons début XXe.

**Les chambres** Confortables et ouvertes sur la montagne.

**Les plus** Un cadre tranquille et convivial, jardin et vue sur la campagne.

**Les environs** Caveaux du Beaujolais, Villefranche-sur-Saône, lac des Sapins.

**Pour réserver** M. et Mme Bibos
Route de Goutel 69870 Grandris
✆ 04 74 03 11 35 - Fax 04 74 03 11 35

## LA GLORIETTE

3 chambres à 40€

**Le lieu** Une maison beaujolaise typique construite au XIXe siècle.

**Les chambres** Plutôt grandes (20 m2), avec un décor sobre et romantique.

**Les plus** Une cour typique avec ses galeries, un sympathique jardin avec sa tonnelle et sa gloriette.

**Les environs** La roche de Solutré, Cluny.

**Pour réserver** A. et J.-L. Bazin - Le Bourg 69840 Jullié
✆ 04 74 06 70 95 - Fax 04 74 06 70 94

## DOMAINE DE LA FONT-CURE

3 chambres de 34 à 43€

**Le lieu** Une maison de caractère au milieu des vignes.

**Les chambres** Dans une partie indépendante, avec salon, coin cuisine, vue sur le vignoble.

**Les plus** Les vins du domaine, la situation parfaitement calme.

**Les environs** Le vignoble.

**Pour réserver** Françoise Gouillon - Saburin
69430 Quincié-en-Beaujolais
✆ 04 74 04 36 33 - Fax 04 74 04 36 33

## LA JAVERNIERE

9 chambres de 46 à 90€

**Le lieu** Une maison typiquement beaujolaise du XVIIIe dans un parc de 4000 m2 et sa belle allée de tilleuls.

**Les chambres** Spacieuses, vue sur le vignoble ; mobilier recherché.

**Les plus** Un cadre tranquille et raffiné, dégustation de vin.

**Les environs** Le Beaujolais, le Mâconnais, la Bourgogne.

**Pour réserver** Mme Roux 69910 Villié-Morgon
✆ 04 74 04 22 71 - Fax 04 74 69 14 44

## CRUPEL JEAN-FRANÇOIS

1 chambre à 54€

**Le lieu** Une demeure datant de 1935 avec jardin et piscine.

**Les chambres** Une vaste suite confortablement équipée.

**Les plus** Atmosphère tranquille autour de la piscine, accueil soigné, découverte des vins à la table d'hôtes.

**Les environs** Le Parc National des Bauges, le lac St-André et le lac du Bourget.

**Pour réserver** 145, rue Jean Jaurès 73190 Challes-les-Eaux ✆ 04 79 72 75 76

## SOUS LA COLLINE

4 chambres de 38 à 42 €

**Le lieu** A l'orée d'un bois, une ferme typique de l'Albanais, tout en longueur.

**Les chambres** Ouvertes sur le Semnoz, tranquilles.

**Les plus** Une ambiance conviviale, de nombreuses possibilités de balades.

**Les environs** Lac du Bourget, Annecy, Aix-les-Bains.

**Pour réserver** M. et Mme Goury Villette 73410 La Biolle ✆ 04 79 54 76 79 - Fax 04 79 54 70 70

## CHALET LE PARADOU

5 chambres de 41,16 à 52 €

**Le lieu** Un chalet en bois très accueillant qui domine la vallée de la Tarentaise.

**Les chambres** Cadre tranquille et agréable, exposition sud, terrasse.

**Les plus** Bernard est moniteur de ski et accompagnateur en montagne ; Elizabeth cuisine des spécialités montagnardes.

**Les environs** Stations de ski entre 4 et 30 km.

**Pour réserver** Hamard Bernard - Pré Berard 73210 La Côte-d'Aime ✆ 04 79 55 67 79 - Fax 04 79 55 67 79

## CROZE JEAN

3 chambres à 48 €

**Le lieu** Une bâtisse caractéristique des Bauges dans un jardin de 3000 m2.

**Les chambres** Confortablement aménagées.

**Les plus** L'architecture plaisante de vieille ferme, le jardin paysager.

**Les environs** Le lac d'Aix-les-Bains, Annecy, Chambéry.

**Pour réserver** Le Pré Colomb - La Combe 73230 Les Deserts ✆ 04 79 25 83 37 - Fax 04 79 25 83 37

## MALEZAN

4 chambres de 42 à 55 €

**Le lieu** Un chalet typiquement savoyard avec pelouse, verger, à la lisière de la forêt.

**Les chambres** Confortablement aménagées avec téléviseur, terrasse.

**Les plus** L'aire de jeux ; les terrasses.

**Les environs** Le Parc de la Vanoise, le musée de l'Artisanat et des Traditions Populaires ; équipements olympiques.

**Pour réserver** Merel Sylvain et M.-Hélène Route de la Plagne 73210 Macot-la-Plagne ✆ 04 79 55 69 90 - Fax 04 79 09 75 80

## LE THEX

2 chambres de 44 à 88€

**Le lieu** Une grande maison fleurie au-dessus de la vallée de la Tarentaise.

**Les chambres** Indépendantes avec TV, une ornée de meubles anciens, l'autre très vaste, dans un style chalet, terrasse et coin cuisine.

**Les plus** Vue sur le Mont Blanc, jardin très agréable.

**Les environs** Dans le parc naturel des Bauges, abbaye de Tamié, lac d'Annecy.

**Pour réserver** 323, route de Chevron 73200 Mercury
✆ 04 79 32 43 84 - Fax 04 79 32 43 84

## L'ARCHE

1 chambre à 46€

**Le lieu** Sur un coteau de la vallée du Rhône, une ancienne ferme à l'architecture traditionnelle.

**Les chambres** 1 chambre en rez-de-jardin, vaste et lumineuse.

**Les plus** Un superbe jardin, un décor très agréable, coin cuisine.

**Les environs** Aix-les-Bains, lac du Bourget, marais de Lavours, vignoble.

**Pour réserver** M. et Mme Baltz - Lachat
73310 Ruffieux ✆ 04 79 54 20 18

## M. ET MME COLLE

2 chambres à 60€

**Le lieu** Une maison forte du XVIIIe siècle, ancienne dépendance d'un château, au cœur du vignoble.

**Les chambres** Vastes et coquettement meublées, avec vue sur la peupleraie.

**Les plus** Une architecture de caractère, un jardin fleuri primé.

**Les environs** Lac du Bourget, abbaye de Hautecombe, Chanaz.

**Pour réserver** Chessine 73310 Ruffieux
✆ 04 79 54 52 35 - Fax 04 79 54 52 35

## CHAMPFLEURY

4 chambres à 38€

**Le lieu** Dans un petit hameau, un grand chalet savoyard typique.

**Les chambres** Indépendantes, avec balcon ou terrasse, simples et chaleureuses.

**Les plus** Ambiance typique et agréable, un mobilier savoyard typique, le charme des montagnes.

**Les environs** Abondance, Yvoire.

**Pour réserver** Nadine Avocat-Maulaz
Richebourg 74360 Abondance
✆ 04 50 73 03 00 - Fax 04 50 73 03 00

## LES JARDINS DU CHATEAU

6 chambres de 60 à 78 €

**Le lieu** Au cœur de la vieille ville, une vieille maison entièrement rénovée près du château.

**Les chambres** Personnalisées, certaines avec balcon et coin cuisine.

**Les plus** Une situation enviable, un cadre chaleureux, jusque dans le jardin, la vue sur le château.

**Les environs** La vieille ville d'Annecy, le lac.

**Pour réserver** M. et Mme Michel
1, place du Château 74000 Annecy
✆ 04 50 45 72 28 - Fax 04 50 45 72 28

## LA GIRANDOLE

3 chambres à 58 €

**Le lieu** Un joli chalet de montagne avec vue sur le Mont-Blanc et le Glacier des Bossons.

**Les chambres** Chaleureuses et confortables.

**Les plus** Ambiance montagnarde avec la vue panoramique sur la chaîne du Mont-Blanc.

**Les environs** Excursions à la Mer de glace, l'Aiguille du Midi, le Brévent, la Flégère.

**Pour réserver** M. et Mme Pierre Gazagnes
46, chemin de la Persévérance 74400 Chamonix-Mont-Blanc ✆ 04 50 53 37 58 - Fax 04 50 55 81 77

## LE GITE SAVOISIEN

4 chambres de 38,70 à 43 €

**Le lieu** Au cœur du hameau de Corbier, dans une ancienne ferme savoisienne rénovée.

**Les chambres** Simples et chaleureuses, avec un mobilier en pin.

**Les plus** Une ambiance conviviale, le spectacle des montagnes. Généreuse table d'hôtes autour des recettes montagnardes.

**Les environs** Lac d'Annecy, gorges du Fier.

**Pour réserver** 98, route de Corbier 74650 Chavanod
✆ 04 50 69 02 95 - Fax 04 50 69 02 95

## LA CAVE DE LA FERME

2 chambres à 42 €

**Le lieu** Dans un petit village, une vieille ferme traditionnelle.

**Les chambres** Donnant sur une terrasse à l'arrière de la maison.

**Les plus** Une étape chaleureuse, un décor typique, possibilité de manger à l'auberge (spécialités montagnardes) et de goûter les vins de la propriété.

**Les environs** Annecy, lac de Genève.

**Pour réserver** 302, rue du Grand Pont 74270 Frangy
✆ 04 50 44 75 04 - Fax 04 50 44 75 04

## LA SENCE

3 chambres à 36,06 €

**Le lieu** Un chalet trapu dans la vallée.

**Les chambres** Sobres et rustiques, avec le bois omniprésent et chaleureux.

**Les plus** Un cadre agréable, le torrent près du chalet, l'ambiance familiale.

**Les environs** La Clusaz, le Grand Bornand, Annecy, Genève.

**Pour réserver** M. et Mme Suize
Le Gotty 74220 La Clusaz
✆ 04 50 02 42 81

## L'ENVALA

4 chambres de 55 à 90 €

**Le lieu** Un gros chalet à l'architecture typiquement savoyarde.

**Les chambres** Orientées au sud, décoration chaleureuse tout en bois, vue sur les alpages.

**Les plus** Un cadre typique et chaleureux, possibilité de demi-pension.

**Les environs** Lac Léman, domaine des Portes du Soleil, le Mont Blanc.

**Pour réserver** M. et Mme Gosset - Route des Platons 74260 Les Gets ✆ 04 50 75 89 15 - Fax 04 50 75 89 15

## LES SEYTTES

4 chambres à 48 €

**Le lieu** Un vieux chalet d'alpage, déplacé et restauré.

**Les chambres** Avec entrée indépendante, beau mobilier régional.

**Les plus** Un charme rustique et authentique, beaucoup de calme.

**Les environs** Chamonix, Aiguille du Midi et la montagne.

**Pour réserver** 101 chemin Georgeanne 74310 Les Houches ✆ 04 50 54 42 70

## REMI ET PASCALE BALTAZARD

4 chambres de 24 à 32 €

**Le lieu** Un ancien hôtel du XIXe dans un jardin ombragé.

**Les chambres** Accueillantes et confortables, avec vue sur le jardin.

**Les plus** Cuisine équipée à disposition des hôtes.

**Les environs** Le Lac d'Annecy à 25 km, le Grand Bornand, La Clusaz.

**Pour réserver** Le Col du Marais 74230 Serraval
✆ 04 50 27 50 42

## LES PIEDS DANS L'EAU

2 chambres de 92 à 122 €

**Le lieu** Une superbe maison moderne sur le lac d'Annecy.

**Les chambres** Modernes et claires, dans les tons bleus, avec terrasse.

**Les plus** Une situation superbe sur le lac, tennis, une délicieuse véranda.

**Les environs** Le lac, la montagne du Semnoz.

**Pour réserver** Ponton Dany
169, Allée des Mongets 74320 Sevrier
✆ 04 50 52 42 94 - Fax 04 50 52 42 94

## LES BRUYERES

3 chambres à 115 €

**Le lieu** Une ancienne ferme savoyarde sur 2 ha de jardin paysager.

**Les chambres** Vastes (plutôt des suites) et personnalisées.

**Les plus** Tennis, croquet, observation d'oiseaux; une cuisine raffinée.

**Les environs** Le lac d'Annecy à 15 km, Aix-les-Bains à 15 km, Chamonix à 60 km.

**Pour réserver** M. et Mme Betts - Mercy 74540 St-Félix
✆ 04 50 60 96 53 - Fax 04 50 60 94 65

## JOSSERAND GILBERT

5 chambres de 30 à 40 €

**Le lieu** Un peu en retrait du village, une maison à l'allure de chalet typique.

**Les chambres** Au 2e étage de la maison, certaines avec balcon.

**Les plus** Un décor sobre et chaleureux, un cadre montagnard vert et plaisant, nombreuses animations.

**Les environs** Annecy, massif des Aravis.

**Pour réserver** Route de la Clusaz - Pré Varens
74230 Thones ✆ 04 50 02 12 22 - Fax 04 50 02 12 22

## LA FERME SUR LES BOIS

4 chambres à 46 €

**Le lieu** Au milieu des prés et des bois, une grande ferme savoyarde du XIXe.

**Les chambres** De beaux meubles savoyards peints à la main, ouvertes sur la campagne et les montagnes.

**Les plus** Le cadre agréable, très ensoleillé, le beau mobilier. Stage d'attelage ou balade.

**Les environs** Annecy, château de Montrottier, gorges du Fier.

**Pour réserver** Annecy Attelage - M. Skinazy
74150 Vaulx ✆ 04 50 60 54 50

# INDEX DES CHAMBRES D'HOTES